SIN MÁSCARA

SIN MÁSCARA

EXPONIENDO EL ASALTO CULTURAL SEXUAL

JIM ANDERSON
CON HEIDI KARLSSON

PREFACIO DE LOU ENGLE

Sexuality Unmasked
A Lifeline Ministries Ministry
PO Box 8071
Spokane, WA 99203

509.325.2852

www.sexualityunmasked.org
info@sexualityunmasked.org

Sin Máscara
Exponiendo el asalto sexual cultural
Por Jim Anderson y Heidi Karlsson
Traducido por Benjamín Núñez

Título original *Unmasked*
Exposing the Cultural Sexual Assautl
Copyright © 2012 by Jim Anderson
Lifeline Ministries

Diseño de portada por Sarah Mejia

ISBN en inglés: 978-0-9828642-0-3
ISBN en español: 978-0-9828642-3-4

DEDICATORIA

Dedico este libro al amor de mi vida, mi esposa Lisa, mi amiga, mi ayuda idónea y la madre de nuestros ocho hijos. Eres el corazón de nuestra familia, de nuestro hogar y de nuestro ministerio. Este libro es posible debido a ti, y le doy gracias a Dios por el regalo que eres para mí.

AGRADECIMIENTOS

Este libro no hubiese sido posible sin la labor de amor de Heidi Karlsson al haber tomado un año de su vida para compilar todas mis notas y sermones para convertirlo en el manuscrito original. Dios te bendiga Heidi. Creo que tu obra bendecirá a mucha, pero mucha gente.

Muchas gracias a nuestros gurús de computación, el "Doctor" Chuck Boren y James Bishop, quienes fielmente nos ayudaron en cada crisis tecnológica. Gracias Noreen Bechard por todo tu trabajo de edición y por contestar nuestras preguntas con tanta gracia cada vez que te llamábamos con otra pregunta más. Estoy tan agradecido por el aporte de Larry Alberts y el Dr. Lance Wonders con respecto al manuscrito. Estoy agradecido por los jóvenes creativos que Dios ha traído a nuestras vidas y quienes han contribuido a este proyecto; me refiero a Hanna Robinson (www.worldsapartphotography.com), quien tomó la fotografía original para la cubierta, y a Sarah Mejía junto a Lee Watson, nuestro yerno, quienes trabajaron pacientemente con nosotros en el diseño de la cubierta. ¡Gracias por usar sus dones para servirnos y ayudarnos!

Quisiera reconocer el apoyo fiel y a largo plazo que he recibido de los siguientes miembros de *Lifeline Clergy Council*: Ed Cain, Sonny Clemmer, Dan Henshaw, Barry Hill, John Macpherson y Doug Malott. La mayoría de estos hombres han estado firmes apoyándome durante años.

Me he sentido apoyado también, y muy animado, por los muchos directores de escuelas de discipulado a las que he atendido: Tom Hardebeck, Marco Prado, Kevin McCuen, Gerald Evans y Tim Ainley. El mensaje de este libro se desarrolló y expandió, en parte, a medida que me alentaron y enseñaron a enseñar y ministrar en sus escuelas año tras año.

Muchas gracias a nuestros intercesores, quienes por años pacientemente soportaron nuestras peticiones de oración para "terminar el libro". Nuestras oraciones colectivas han sido contestadas. ¡El libro está listo!

RECOMENDACIONES
POR PARTE DE LÍDERES MINISTERIALES

Jim Anderson ha hecho una exposición clara de los planes del enemigo y acerca de cómo ser totalmente libre de los mismos en su nuevo libro, futuro *bestseller*, *Sin máscara*. No solo es una lectura obligada para todo creyente, ¡también tiene el antídoto secreto que puede salvar del veneno nuestras vidas, familias y a nuestra nación!

Dios nos escogió antes de la fundación del mundo para que fuéramos santos y sin mancha delante de Él, ya que sin santidad, nadie verá a Dios. Somos el templo del Dios viviente. Dios necesita vasijas santas a través de las cuales él pueda traer su Reino a la tierra, así como lo es en el Cielo. Como resultado, el truco más grande de Satanás ha sido seducir a los hijos de Dios para que pequen sexualmente.

¡Gracias a Dios por esta oportuna y profética obra maestra que clara y prácticamente expone el plan del enemigo y ofrece la gloriosa revelación que Dios da acerca de la victoria!

Bob Weiner
Weiner Ministries International

En *Sin máscara*, Jim Anderson nos ofrece una *lectura* —sustancial y considerable, la cual es radical, real, relevante, reveladora y, sí, revolucionaria si se considera y se obedece—. Este hermano claramente ama a las hijas de Dios y ha obtenido mucha sabiduría divina acerca de cómo los esposos, padres, hermanos y pastores —hombres en general— pueden y deben proteger y cuidar las necesidades de sus hermanas. Aunque controversial y radical en algunas partes, el libro de Jim es una corrección muy necesaria para las *tradiciones* no bíblicas y dominadas por la cultura que los llamados *cristianos* hemos estado siguiendo en las recientes generaciones. *Sin máscara* es una lúcida bocanada de aire fresco, liberadora y llena de esperanza en una atmósfera de desesperación.

Larry J. Alberts
Anciano Principal, *Way of the Lord Church Apostolic*
Líder de equipo de *Fathers and Families Together Network*
Minneapolis, Minnesota

Sin máscara no solo es otro libro acerca del discernimiento espiritual o la vida familiar. Las verdades enunciadas en las páginas de este libro tienen una calidad de fuego espiritual que puede encender toda una generación. Verdaderamente este libro tiene el potencial de ayudar a crear un contexto para el más grande mover de Dios que este mundo haya visto: un tercer Gran Avivamiento. Jim Anderson pelea por nuestras hijas e hijos, de hecho por familias enteras para lograr lo imposible. No tengo dudas de que *Sin máscara* cambiará tu vida, liberará a tus hijas y se volverá un arma en tu arsenal espiritual.

Bob Brasset
Ministerios Extreme Healing
Victoria, British Columbia, Canadá

Mi buen amigo Jim Anderson es un verdadero profeta con un mensaje estratégico para el Cuerpo de Cristo. *Sin máscara* representa lo mejor de toda la sabiduría que ha obtenido del Señor a través de muchos años de servicio en el Reino. *Sin máscara* nos da revelación clave en cuanto a nuestra misión para reformar a la Iglesia y transformar nuestro mundo. Estoy haciendo de este libro una lectura obligatoria para todos nuestros líderes en todas nuestras iglesias. Naciones enteras pueden ser impactadas a través de *Sin máscara*, y estoy ansioso de ser uno de esos líderes que se asegure que este mensaje llegue a decenas, aún cientos y miles de personas.

George Bakalov
Fundador y Apóstol Supervisor
Iglesia Reformada de Sofía
Bulgaria

Hay historias tristes, pero verdaderas, de pequeñas comunidades envenenadas por agua contaminada. Enfermedades y muertes prematuras continúan hasta que el problema es descubierto y la fuente de agua es tratada y la salubridad es restaurada. Vivimos en una cultura que, en muchas formas, está enferma y muriendo. *Sin máscara* expone las fuerzas que operan para destruir a nuestros seres queridos y a nuestra cultura.

Cada pastor, padre de familia y joven adulto debe leer este libro. En sus páginas, los planes del enemigo están expuestos. *Sin máscara* tiene las respuestas que restaurarán la salud en nuestras familias y en nuestras culturas.

Craig Lotze Pastor Principal
Victory Faith Fellowship
Spokane, Washington

Gedeón tenía temor de destruir los lugares altos, así que lo hizo durante la noche. Jim, a través de *Sin máscara,* está destruyendo abiertamente los lugares altos que hemos permitido que se enraícen en nuestra cultura y aun en nuestros hogares. Te reto a que te unas a nosotros al exponer este asalto cultural sexual y luego a que camines en pureza radical, de manera que

Steve Weber.
Director Regional CIS
Christian Broadcasting Network Worldreach

En los últimos años se me ha dado la increíble oportunidad de llamar a una generación joven a tener una devoción radical por Jesucristo. He visto de primera mano que el asalto cultural enfocado contra la pureza sexual es una de las principales estrategias del enemigo en su intento de volver a este ejército inefectivo. En su libro *Sin máscara,* mi amigo Jim Anderson nos ayuda a avanzar en la revelación de la pureza sexual y la libertad. Yo quiero animarte, especialmente si eres parte de la generación más joven, y también si estás llamado a ser un padre para dicha generación, que tomes estos principios porque creo que te ayudarán a navegar a través del campo que ha sido minado con inmoralidad sexual, puesto para destruir y robar el destino de tantos. ¡Que este libro se disemine a lo ancho y a lo largo como una voz que Dios use, tanto para sanar como para empoderar a una generación!

Rick Pino
Fire Rain Ministries

Sin máscara es verdaderamente un libro de sanación. No solo habla de salud en hijas que han sido dañadas, sino también en hombres que han sido llamados por Dios para volverse hijos y padres por medio del arrepentimiento. El enemigo ataca a nuestras familias. Su objetivo es apartar a la próxima generación de los planes de Dios con respecto a lo que debería ser una familia.

Este libro está llamado a restaurar los corazones de los padres para que los corazones de sus hijos puedan ser vueltos hacia ellos.

Cal Pierce
Director
Healing Rooms Ministries
Spokane, Washington

Cuando leí por primera vez Sin Máscara, sentí que el Señor me susurraba "Jim es un padre que lleva un mensaje profético para sanar a generaciones de hijos e hijas" Como resultado yo inmediatamente contacté a Jim y lo invité a ministrar en nuestra escuela; la verdad de esa palabra fue confirmada cuando vi a Jim ministrar. Lo que sucedió durante esa semana de ministración fue exactamente lo que observé en todo lugar donde el mensaje de sin mascara es predicado: revelación que lleva al arrepentimiento del pecado, sanidad de injusticia y liberación de la adicción y la vergüenza. Estoy convencido que este es uno de los mensajes más críticos en la tierra hoy en día. ¡Que el evangelio de la sexualidad siga adelante y que el Sol de Justicia se levante con sanidad en Sus alas!

Adam Narciso
Pionero & Visionario, Catalyst Ministries
Franklin, TN

El mensaje de Jim Anderson sobre la sexualidad no es como ningún mensaje que hayamos alguna vez escuchado. Nosotros creemos que su revelación acerca del corazón de una hija es la pieza que falta en muchas enseñanzas acerca de la sexualidad y el pilar que falta en el discipulado de la iglesia como unidad. Nosotros hemos incorporado sus revelaciones sobre la identidad en Dios, la unidad familiar y las relaciones en Dios como parte de nuestro proceso de discipulado, y nosotros ahora estamos viendo múltiples generaciones caminar en la pureza y el poder de esta enseñanza. Cada vez que Jim viene, trae un depósito de revelación y transformación sin paralelo. Nosotros creemos totalmente que este es el mensaje más importante para que la iglesia se tome de él y vea sanidad verdadera y un avance en nuestra misión de transformar la cultura en los días venideros.

Brandon Naramore & Ryan Murphy
Pastores, Rock of Roseville
Roseville, CA

DECLARACIONES DEL DISEÑO ORIGINAL

HIJAS

Engañosa es la gracia y vana la belleza, pero la mujer que teme al Señor, ésa será alabada. Proverbios 31:30
(Recibirá atención apropiada)

1. Tu fuiste diseñada por Dios con la necesidad de seguridad, protección, permanencia y compromiso.

2. Tu fuiste diseñada por Dios para ser amada por quien tu eres como persona y no por lo que puedas dar a algún hombre sexualmente.

3. Primeramente eres hecha para convivir con tu esposo y en segundo lugar sexualmente dentro del pacto del matrimonio. El matrimonio te permite abrir esta parte personal y sagrada de tu vida a tu esposo porque te hizo un pacto público de por vida.

HIJOS

Maridos, amad a vuestras mujeres, así como Cristo amó a la iglesia y se dio a sí mismo por ella. Efesios 5:25
(Con el tema de sacrificio, dedicación y sufriendo por otros)

1. Tu fuiste diseñado por Dios para hacer lo que es correcto y no lo que es fácil.

2. Dios te diseñó para que cuando te veas en el espejo, veas a alguien de quien puedas estar orgulloso.

3. Dios te ha llamado a ser un protector, no un depredador.

4. Nunca fuiste diseñado por Dios para ser esclavo a tu naturaleza. Dios quiere derramar su gracia sobre ti para entregarte el dominio sobre tu sexualidad en vez de que seas dominado por ella.

PALABRAS DE JIM Y LISA ANDERSON:

Nuestro deseo y oración es ver vidas cambiadas y sanadas del impacto negativo de lo que la sociedad considera normal en cuanto a la sexualidad e identidad. Hemos trabajado sin descanso por casi 28 años, difundiendo las buenas nuevas de la verdad de Dios en todo el mundo.

Confiamos que Sin Mascara le ha ayudado a profundizar más en lo que Dios le ha llamado a ser y que su verdad le ha traído una gran medida de sanidad y restauración a su vida. Nos encantaría escuchar su historia y como Dios ha usado este mensaje de Sin Mascara para tocar su vida. Lo invitamos a mandarnos su testimonio a: testimony@sexualityunmasked.org. Por favor indique si es "privado" o "autorizado para compartir" en la linea del asunto.

También puede visitarnos en nuestra pagina de internet: sexualityunmasked.org o en Facebook, Twitter, Google+, YouTube e Instagram.

Si nuestro ministerio ha impactado su vida por favor considere colaborar con nosotros a travez de un regalo único o una donación mensual. Esto lo puede hacer a travez de nuestra pagina de internet o mandando un cheque por correo a nombre de "Lifeline Ministries", a la dirección: Lifeline Ministries PO Box 8071 Spokane, WA 99203

Lifeline Ministries es una organización sin fines de lucro "501(c)(3)" y opera gracias a generosas donaciones de iglesias, negocios e individuos como usted.

No podríamos llevar a cabo el mandato de Dios sin el fiel apoyo de nuestra familia y amigos.

¡Gracias!

¡Dios le bendiga! Jim & Lisa Anderson

Si le gustaría invitar a Jim con su mensaje de Sin Mascara a su iglesia u organizar una conferencia en su ciudad y region, por favor no dude en contactarnos en mailto: info@lifeline-ministries.org.

CONTENIDO

PREFACIO

*Hay momentos en la historia en los que se abre una puerta
hacia un cambio gigante. Grandes revoluciones para bien
o para mal ocurren en el vacío creado por estas aperturas.
Es en estos momentos que hombres y mujeres clave,
aun generaciones enteras, arriesgan todo para volverse
las bisagras de la historia, ese punto esencial
determina hacia donde se va a mover la puerta.*

Elías fue un hombre así. Nacido en uno de los tiempos más oscuros de la historia de Israel en donde solo siete mil individuos, de una nación de diez millones, se habían rehusado a doblar sus rodillas ante Baal. El llamado de Elías era volver a una nación entera hacia Dios. En ese entonces, el rey Acab y su esposa pagana Jezabel parecían estar en una misión personal salida del infierno para deshacerse de la poca rectitud que todavía había en Israel. Ellos sirvieron a los viles ídolos cananeos Baal y Astarot, príncipes demoníacos que, en sus rituales de fertilidad, demandaban inmoralidad sexual, perversión y la sangre de bebés inocentes. En un arrebato violento contra la justicia, Jezabel construyó altares paganos y asesinó a los profetas del Señor reemplazándolos por más de 800 sacerdotes paganos, adivinos y prostitutas de templo. Israel, una nación con raíces y herencia piadosas, nación que le pertenecía al Señor, se había hundido en la más profunda ciénaga moral. La influencia del poder demoníaco que operaba a través de Jezabel era tan grande que de diez millones de israelitas, solo siete mil fueron considerados fieles al Señor. Jezabel había hecho que dejaran su pacto con Dios y era responsable por haber corrompido a una nación entera. ¡Bienvenidos a los Estados Unidos de América!

Sin embargo, en medio de la seducción espiritual, Elías irrumpió en la escena para confrontar a Acab y a Jezabel y a sus legiones de hechiceros paganos. En medio de una depravación inimaginable, Elías se presentó como una voz solitaria a favor de la rectitud, y su revolución espiritual venció el régimen de Acab y volvió a muchos al Señor su Dios; así empezó un movimiento generacional que sacudió la historia.

La buena noticia es que la misma *revolución de Elías* —del tiempo del profeta— está prometida de nuevo antes del regreso del Señor. *Estoy por enviarles al profeta Elías... Él hará que los padres se reconcilien con sus hijos y los hijos con sus padres* (Malaquías 4:5-6). Es con la mirada puesta en esa revolución de Elías que Dios levantó *TheCall* un movimiento de oración que ha reunido a cientos de miles de jóvenes en el Monte Carmelo en momentos detonantes de la historia, donde se habla vida sobre los fuegos de avivamiento por medio de la oración y el ayuno. Pero el *Monte Carmelo* no es suficiente para volver a una nación. Aunque necesitamos un *chispazo* de avivamiento, debemos también mantener la *llama estable*, la cual se produce cuando nos volvemos padres de la siguiente generación. Escucho el susurro desde la cima de la montaña: "Ve y unge a Eliseo".

El libro que estás a punto de leer no es solamente un susurro. es un grito, y emociona mi corazón. Es una evidencia y a la vez un testigo de que esta revolución de Elías es ahora y está a la mano en los días más oscuros de América. En *Sin máscara* escucharás el rugido de un profeta, un grito de guerra al estilo de Elías a medida que describe un panorama profético de nuestra presente cultura, la cual está quebrantada sexualmente y dominada por la muerte. Es el llanto de un papá, un llanto lleno de preocupación íntima y celos ardientes por la protección de sus hijas. Es el trueno de *Abba* exponiendo a los lobos voraces de la cultura sexual de América que buscan devorar a nuestros seres amados. Es la ira santa de Dios el Padre haciendo erupción con la siguiente advertencia: "¡No te atrevas a tocar a mis pequeños gorriones!". Es un manual de guerra para padres y líderes que no están satisfechos con la coexistencia casual y pacífica que hay con los altares del sexo y del aborto, los cuales están haciendo estragos en los hijos e hijas de esta nación.

Durante años, he visto a Jim Anderson como un pilar y activista de oración santa desde los inicios del movimiento provida. Él no ha permitido que su corazón se amargue, sino que lo ha mantenido con el aceite de la oración. Él ha permanecido en las trincheras ministrando a miles de jóvenes, primordialmente a jovencitas. Los testimonios de libertad y liberación que tienen estos jóvenes están difundiéndose a lo largo de toda la nación, testimonios acerca de cómo encontraron sobrenaturalmente su identidad en Cristo. Un querido amigo de California me acaba de llamar para contarme acerca del poderoso efecto que el ministerio de Jim ha tenido recientemente en los hijos e hijas de sus propias escuelas ministeriales.

En nuestras reuniones masivas, *TheCall* habla vida sobre el *fuego del Carmelo*. El ministerio de Jim Anderson es como el Elías poniéndose rostro sobre rostro, ojo sobre ojo, boca sobre boca, corazón sobre corazón sobre la juventud emocional y sexualmente huérfana, a manera de levantarlos de entre los muertos. Antes de que Elías pudiera levantar una nación, él tuvo que levantar a un niño muerto.

El ministerio de Jim es algo así como el momento de la verdad con respecto al combate espiritual mano a mano que se libra por el alma individual. Este libro proclama verdades espirituales a través del amor y poder de Jesucristo manifestados a través de un padre que llora y pelea por la generación joven y con sabiduría destilada a través de años de operar en un *ministerio tipo Elías*. Estoy tan contento de que tú, Jim Anderson, hayas escrito este libro. Me da esperanza el hecho de ver que la revolución sigue ocurriendo y está progresando poderosamente.

Lou Engle
Cofundador y Presidente de *TheCall*

INTRODUCCIÓN

El mensaje de este libro se ha desarrollado a lo largo de 15 años de enseñanza en escuelas de entrenamiento ministerial, escuelas de discipulado y escuelas bíblicas, con nombres tan diversos como *Thunder School, S.O.L.D. Out, Foundations, Generational Leadership, The Master's Commission, School of Leadership, Table Internship* y *YouthStorm*. Estos programas nacieron del sueño de mi generación de discipular a la próxima generación en las cosas de Dios. Fueron dados a luz por aquellos que había *matado a sus miles* pero querían ver a sus hijos e hijas *matar a sus diez miles*. El mandato de Malaquías —de volver los corazones de los padres a sus hijos y el corazón de los hijos a los padres— fue el ímpetu tras de estas escuelas y programas. Como un líder que ha tenido el privilegio de ministrar año tras año, mi deseo es ver a la gente joven tener una experiencia con Jesús que resulte en un cambio en sus vidas, y que este cambio dure toda la vida.

He acuñado dos términos que creo son ingredientes necesarios en el discipulado con los jóvenes: la *urgencia profética* y la *longevidad estratégica*. La urgencia profética marca mucho nuestro ministerio hacia la gente joven un sentido de misión urgente que abarca todo desde los viajes de misiones, hasta la oración de 24 horas al día, ayuno, sanidad, profecía y aun las *búsquedas del tesoro*. Requiere adoración, intercesión y palabras de ciencia. En algunos círculos representa hablar en lenguas, el que tus manos o tu cuerpo tiemblen bajo la presencia de Dios, sueños espirituales o visiones celestiales; es decir, la manifestación de lo sobrenatural en medio nuestro.

Es vitalmente importante que nuestros hijos e hijas experimenten la presencia sobrenatural de Dios. Sin estas experiencias con Dios, ellos van a ser atraídos a las "realidades secundarias" de las drogas, el alcohol, el sexo, las experiencias extremas, el materialismo y los *hobbies* adictivos. Sin embargo, creo que les estamos fallando a nuestros jóvenes si solamente les damos una experiencia sobrenatural. Necesitamos ir más allá de la *urgencia profética* e incluir la *longevidad estratégica*.

Déjenme explicarlo mejor. Cuando un joven *experimenta* a Dios con la manifestación sobrenatural de su presencia, aquella que se puede sentir, yo me emociono mucho por ellos. Sin embargo, quiero formularles la *pregunta de la longevidad estratégica* y casarla con su *experiencia de la urgencia profética*. En otras palabras, quiero decirles: "La presencia de Dios te tocó en la reunión de anoche, pero ¿pudo la misma presencia hacer que sacaras la basura y sirvieras a tu mamá hoy en la mañana?".

Les voy a dar otro ejemplo. Cuando un joven me dice que vio a un ángel en la reunión de oración, me emociono mucho por él. Yo nunca he visto un ángel. Sin embargo, quiero hacerle la pregunta de la longevidad estratégica: "¡Qué increíble que hayas visto a un ángel anoche! Pero, ¿estás *siendo* un ángel con la gente del sexo opuesto?". Necesito unir, casar lo práctico con los sobrenatural en el entrenamiento que le estoy dando a la próxima generación. Como líderes necesitamos darles ambas cosas. La emoción de lo sobrenatural necesita producir intimidad con Dios, intimidad que les lleva a tener sus raíces profundas para que su *árbol espiritual* pueda crecer y tener un fruto a largo plazo que les afecte en el día a día en las áreas prácticas de sus vidas. En otras palabras, si solo les damos una experiencia en una reunión o en una ministración, pero no les equipamos para ser capaces de tener matrimonios duraderos, no estamos siendo los papás y las mamás espirituales que debemos ser para ellos.

En medio del asalto sexual cultural, dos de las mejores formas estratégicas con las que podemos discipular a nuestros jóvenes son:

•Proveer sanidad de los efectos del pecado sexual.

•Ayudarles a saber cómo relacionarse con el sexo opuesto en una forma que honre a Dios.

A lo largo de sus vidas, ambas enseñanzas les ayudarán a tener matrimonios seguros y duraderos y familias estables (porque, ultimadamente, es la "cosa" del Reino que importa más). Nuestra oración es que este libro le hable a diferentes grupos. Oramos para que traiga revelación y entendimiento a una generación de mujeres jóvenes y mayores. Oramos que les ayude a entender que ha habido un asalto sexual mundial y demoníaco contra ellas persuadiéndolas a que adopten cierta identidad en su sexualidad que las hace renunciar a la identidad que Dios ordenó para ellas. Oramos para que la revelación en este libro pueda crear un deseo en ellas de reclamar su verdadera identidad.

Oramos pidiendo que la verdad en este libro les enseñe a los hombres de todas las edades dar pasos importantes hacia una hombría auténtica. Anhelamos ver que hombres jóvenes y también los de más edad tomen su lugar en esta guerra contra la mujer que ha sido desatada por los poderes de las tinieblas. Y para poder hacerlo, necesitamos dos revelaciones:

•La revelación (entendimiento) del corazón de una hija.

•La revelación (entendimiento) del odio diabólico contra lo que hay en el corazón de una hija y el conocimiento de que las mujeres han estado en la mira para ser destruidas por los poderes de las tinieblas en cada nación de la tierra.

He visto que estas dos revelaciones cambian la lucha personal de todo hombre a favor de la pureza en sus propias vidas. También ayudan a los hombres a entender de qué manera pueden tomar su apropiado lugar como protectores de las mujeres que les rodean. El último grupo que ha estado en la mira son los líderes en las iglesias. Creemos que la revelación que contiene este libro con respecto al corazón de la mujer, a la hombría auténtica y al regalo divino de la sexualidad provea sanidad, liberación y restauración en las iglesias. *Sin máscara* ha sido escrito en el espíritu del mandato que Pablo le dio a la Iglesia: *Y no participéis en las obras estériles de las tinieblas, sino más bien, desenmascaradlas* (Efesios 5:11 [LBLA]). Hemos visto en escuela tras escuela que el simple, pero poderoso compromiso de hablar y exponer el asalto cultural sexual del enemigo ha sido el primer paso en la positiva obra de reformación a la que hemos sido llamados. El mandato de Jeremías fue el de desarraigar, derribar, echar fuera y destruir. Luego de esto él fue llamado a construir y plantar. He visto que la simple disposición, de parte de los líderes, de empezar a hablar tales cosas es el paso esencial, el primero que ha de darse para poder ver desmantelado el plan, el poder y la influencia del enemigo. Es mi oración que las verdades escritas en este libro sean los primeros bloques de construcción en los cimientos para los sermones, enseñanzas y mensajes que habrán de ser sembrados en el corazón de una generación. La iglesia de Tiatira en Apocalipsis 2 fue reprendida por Dios por no haber lidiado con Jezabel y por haberla tolerado en medio de ellos, permitiéndole llevar al pueblo de Dios a la inmoralidad sexual. Nuestra oración es que las verdades aquí nos levanten y dejemos la tolerancia, echemos fuera de nuestras iglesias al espíritu de inmoralidad de Jezabel, de manera que la pureza pueda ser desatada en medio nuestro. Entonces, creo yo, estaremos en posición para recibir la promesa de Apocalipsis 2:26: *Al que salga vencedor y cumpla mi voluntad hasta el fin, le daré autoridad sobre las naciones.* Una iglesia pura, conformada por individuos, matrimonios y familias sanas y enteras, está posicionada para tener autoridad y traer sanidad e integridad a las naciones.

Finalmente creo que el mensaje de este libro toca los asuntos candentes de la esclavitud sexual. Yo he observado tendencias en los últimos 20 años, y una de mis preocupaciones es que nosotros actuemos con la esclavitud sexual de la misma forma en la que actuamos, y tristemente seguimos actuando, con respecto al asunto del aborto en los años 90. Ponemos al aborto en un *gueto ideológico*. Nos dijimos a nosotros mismos que las mujeres que han sido afectadas por esta situación del aborto son las mujeres que van a ayudar a las otras que están siendo afectadas, y que realmente todo eso no tiene nada que ver con el resto de nosotros. ¡No nos tomó mucho tiempo darnos cuenta que son tonterías religiosas! La única diferencia entre las mujeres que fueron a las clínicas de aborto y las que no lo hicieron, es que las que fueron a la clínica *pensaban* que estaban embarazadas o *estaban*, de hecho, embarazadas. El resto de sus vidas era igual. La sexualización afectó a ambos

grupos de la misma forma. Los mensajes negativos de la cultura
—igualando su valía a su sexualidad— tuvo el mismo efecto en
ambos grupos. La imágenes de despersonalización de las mujeres
en todas las revistas, shows de televisión y en cada cartelera, continuamente bombardeó por igual a todas.

Tendemos a tener opiniones similares con el asunto de la esclavitud sexual. Puedo escuchar las conversaciones en América,
Europa y Asia: "Estas son las chicas que fueron atrapadas en el
tráfico humano. Esta es la gente que las va a ayudar y a rescatar
de este horror para ser restauradas, pero no afecta realmente al
resto de las mujeres de nuestra cultura". De nuevo, ¡tonterías! Esa
es una de las razones por las que he escrito este libro. Justo como
reaccionamos ante el aborto en los años noventa, tendemos a poner la esclavitud sexual en una pequeña caja, limpia, sin relación
con nosotros y en otro *gueto ideológico*. Lo hacemos, ya sea porque somos incapaces de ver cuan relacionados estamos a las cues-
tiones más amplias de la sexualidad en nuestra cultura, o porque
no queremos encarar las injusticias morales que están ocurriendo
hoy en día.

Necesitamos revelación para entender cómo estos temas están
relacionados a los asuntos más amplios de la sexualidad en nuestra
cultura. Necesitamos conectar la esclavitud sexual con los pasillos
de las escuelas de preparatoria. Necesitamos conectar la esclavitud
humana a la filosofía de *Sex and the City*. ¿Qué es lo que quiero
decir con esto? Déjenme explicarles. Las raíces de la esclavitud
sexual pueden ser rastreadas hasta los pasillos de nuestras escuelas. Vemos esos orígenes al observar los efectos de los mensajes
negativos que nuestra cultura ha puesto en la identidad de nuestras
hijas. Las raíces de la esclavitud sexual se ven en el entretenimiento popular que idolatra esos mismos valores. Hemos permitido que
nuestras hijas sean sexualizadas, despersonalizadas y transformadas en objetos, creando así una atmósfera en la cuales abundan los
predadores sexuales. Este proceso de volver a nuestras hijas sim-
ples objetos sexuales lleva a la creación de la industria pornográfica, la cual, a su vez, alimenta la industria de la esclavitud sexual.
Cuando permitimos que nuestra cultura esté llena del mensaje de

que el valor primordial de la mujer es su sexualidad, ¿cómo podemos sorprendernos cuando la gente acepta la invitación de participar de lo que se les está ofreciendo? El hambre de esclavitud sexual que tienen las naciones occidentales, es resultado directo de esta alteración de la identidad, este robo de identidad que se le ha hecho a la generación de jovencitas. Cuando ya no toleremos la filosofía de *Sex and the City* en medio nuestro, solo ahí empezaremos a ver los efectos de la guerra que se está librando contra la trata de blancas. De lo contrario le estamos pidiendo a los zorros que guarden el gallinero en una sociedad que audazmente declara (y vive) la filosofía de que nadie debería limitar nuestras experiencias o nuestras expresiones sexuales. Yo oro para que las verdades en este libro nos den una idea de la naturaleza de nuestra lucha contra estos problemas y nos lleven a obtener la victoria sobre las fuerzas de la oscuridad que tan profundamente están afectando a nuestros hijos e hijas, nuestros hogares, nuestros matrimonios y como resultado, nuestra misma cultura y nación.

Quisiera cerrar con el testimonio de una joven a quien llamaré Emily. Es por la sanación y restauración de jóvenes como Emily y por los hombres que fueron sus "amigos", que quiero que este libro salga a la luz.

EL TESTIMONIO DE EMILY

No hace mucho, estaba tomando analgésicos, trabajando doble turno y asegurándome de tener suficientes pastillas a la mano para levantarme y hacer todo de nuevo la siguiente mañana. Hubo ocasiones en las que me acostaba temblando, pensando que ciertamente había tomado demasiadas píldoras, dudando si iba a poder levantarme al otro día. Era una mujer de 22 años, perdida y sin esperanza, sin sentido de valor propio ni autoestima. Estaba llena de vergüenza, culpa y remordimiento. Algunas veces tomaba ducha tras ducha porque me sentía tan sucia por dentro, como si nunca iba a poder recobrar el sentimiento de estar limpia de nuevo. Conforme iba creciendo, depositaba mi identidad en ser una atleta, hasta que en mi segundo año de preparatoria dejé los deportes para convertirme en una *fiestera o en la novia de alguien.* No tenía dominio propio cuando se trataba de drogas, alcohol o muchachos. A veces me despertaba sin saber quién estaba al lado mío (o cómo había llegado ahí). Las relaciones se volvieron un juego para mí y empecé a *venderme* a cambio de nada. Salía deseando vivir una *buena noche,* pero era un riesgo porque no sabía lo que iba a ocurrir, con qué tipo me iba a acostar, qué clase de drogas iba a tomar o si iba a estar viva al día siguiente.

A los 16 años resulté embarazada y pensé en tener al bebé, aunque enfrentaba mucha presión para abortar. Dejé de parrandear y deseaba en secreto que esta fuera mi salida —quería que el bebé llenara los profundos deseos de mi corazón—. A los cuatro meses y medio lo perdí. En este punto estaba completamente vacía y sin esperanza y traté desesperadamente de encontrar algo que llenara el vacío. Los analgésicos se volvieron mis mejores amigos. Intenté rehabilitarme y desintoxicarme de Oxicontina pero siempre volvía a automedicarme para poder lidiar con mi dolor. Tenía tanta vergüenza y me sentía tan sucia por dentro que no podía soportar vivir en mi propio cuerpo sin algún tipo de medicamento o analgésico.

Hice todo lo que el mundo me dijo que hiciera para ser feliz. Mis padres tenían dinero, entonces yo tenía buenas cosas. Pasaba horas tratando de verme como la imagen de la mujer modelo que los medios exaltaban, al punto de llegar a hacerme cirugía plástica. Aun así, siempre sentía que no lograba obtener la perfección. Yo era popular. Tenía el trabajo de mis sueños, el chico que todas las otras chicas querían. En medio de todo, tenía puesta siempre una máscara que aparentaba que todo estaba bien. Bajo la máscara, yo estaba muerta, rota, buscando urgentemente respuestas y realización, pero confundida y desesperanzada al punto de considerar el suicidio. Mientras más buscaba respuestas, el mundo más consumía la poca vida que todavía me quedaba. Por dentro estaba pidiendo a gritos una respuesta, pero el mundo seguía mintiéndome. Ya hasta había empezado a aceptar *el hecho* de que yo probablemente era bisexual.

En este punto, un amigo me llevó al Señor. Clamé a Dios: "Esta bien Dios, voy a probarte esta vez. ¡Te voy a dar una oportunidad para que me demuestres que eres real!". En ese momento le rendí mi vida a Dios, y Él se volvió el gran Yo Soy en mi vida. Me inscribí a un programa de discipulado de un año. Mi droga ahora era adorarle a Él. Dios se convirtió en el padre que necesitaba, llenó el vacío en mi corazón, sopló aliento de vida en mí y me regaló paz sobrenatural. Me dio claridad mental y un sentido de valor. También derramó entendimiento en mi vida, un propósito y un destino. Mientras lo busco y lo conozco más profunda e íntimamente, Él ha sanado las heridas más hondas de mi alma. El dolor, la vergüenza, el remordimiento y la culpa que me habían atormentado constantemente y llevado a la automedicación, habían desaparecido. Soy totalmente libre, satisfecha y completa en Él. Ha redefinido mi realidad. Soy en verdad una nueva creación y he nacido de nuevo. Dios me ha dado una nueva manera de pensar y una esperanza para mi futuro. Nunca seré la misma.

Por mi obediencia de rendirme a Dios, empecé a pavimentar el camino para que mi familia le conociera. Desde ese entonces mi mamá, mi papá y mi hermano de 20 años le han dado sus corazones al Señor y han sido llenos del Espíritu Santo. Dios está restaurando mi relación con mi papá. Me ha estado enviando mensajes de texto diciéndome que soy hermosa y que me ama. Incluso, me compró flores el otro día gracias a las enseñanzas que Jim Anderson y el director de mi escuela le han dado a los padres en la iglesia.

Hace un año, la idea de casarme no tenía ningún sentido para mí porque veía a todos a mi alrededor divorciarse. Ahora, casi no puedo esperar por un matrimonio. Estoy ansiosa por tener un cortejo con mi esposo y tener una relación pura, centrada en Dios. Quiero tener una familia, la que Dios está planeando estratégicamente para mí, y criar a mis hijos para que amen a Dios. También estoy agradecida porque mi línea familiar se ha vuelto de las tinieblas a la luz. Mis hijos y los hijos de mi hermano no van a tener que pasar por el infierno que yo pasé. Tienen un testimonio del poder protector de Dios. La maldición generacional de la adicción ha sido rota en mi linaje por la sangre de Jesucristo. ¡Gloria a Dios! Él ha quitado mi máscara y me ha dado una nueva identidad en Cristo. Soy santa, apartada, una hija del Rey. Me ha limpiado y me ha hecho como la nieve; soy una princesa. Mi etiqueta dice:

"¡Incalculable valor!". Sé que soy amada por el Rey, y eso hace que mi corazón quiera cantar.

Dios me ha dado el don de discernimiento y un corazón para los perdidos y quebrantados. Tengo el privilegio de tener respuestas para los perdidos y poder mirar a los ojos a las mujeres hechas pedazos y decirles que lo valen todo y que fueron compradas con un gran precio.

He encontrado finalmente lo que había estado buscando durante toda mi vida tan desesperadamente, ¡mi *Abba* Padre, Jesucristo! ¡Ahora todo lo que quiero hacer es alabarlo, vivir en su voluntad por siempre y que mi vida glorifique su nombre!

~~~~~~~

Testimonios como el de Emily es para lo que vivimos, son la evidencia de avivamiento y reforma ocurriendo en una persona a la vez. Demuestran que puede haber un matrimonio entre el asombro sobrenatural de la presencia de Dios en la vida de una hija despedazada con los bloques de construcción prácticos que pueden darse en la vida de ella a largo plazo.

Tomando las palabras de Emily, escuchamos esperanza (elemento perdido en una generación confundida y golpeada), esperanza de restauración, de pureza; esperanza para el matrimonio, para la familia, para un futuro maravilloso; esperanza para la sanación de nuestra nación y esperanza para la sanación de las naciones de la Tierra. Estas cosas son el clamor del corazón de una generación. Que este libro desate ese clamor. Oramos que el clamor del corazón de una generación restaurada sea la música en los oídos de la generación pasada, ¡que sea un sonido que deleite el oído de nuestro Padre celestial!

PRÓLOGO

LA CURACIÓN DE UNA ESCÉPTICA

Me recosté con la cabeza hacia un lado, mis ojos se cerraron suspicazmente. Tenía mis sospechas acerca de este pastor Jim Anderson, el predicador de las *hijas, las flores y las princesas*. Lo había escuchado hablar brevemente antes, y para ser honesta, no creía que yo fuera la persona que necesitaba escuchar este mensaje. No era la chica con *el pasado oscuro* —la joven alta, hermosa, de cabello sedoso y rubio que había tenido a los hombres golpeando su puerta durante toda su vida; la dama que *arrasaba con los hombres*— que había estado en muchas relaciones inmorales; la que había sufrido de la vergüenza del divorcio, abuso o aborto. Esa no era yo. Yo no quería escuchar acerca ni de flores ni de princesas. Me senté a escucharlo con mucha duda. Este señor no se iba a ganar mi simpatía. Por lo menos así es como empezó todo.

> ESCRIBIÓ DOS PALABRAS EN LA PIZARRA: "COQUETEO Y ABORTO". DIBUJÓ UNA LÍNEA ENTRE AMBAS Y DIJO: "VOY A CONECTAR ESTAS DOS PALABRAS ESTA SEMANA".

Escribió dos palabras en la pizarra: "coqueteo y aborto". Dibujó una línea entre ambas y dijo: "Voy a hablar acerca de nuestra cultura, y voy a conectar estas dos palabras esta semana".

¡Qué ridículo! ¡Quisiera verte lograrlo!, pensé. No tenía idea de lo que él estaba hablando, pero algo me llamó la atención cuando marcó esa línea. Yo sabía que la mayoría de las personas viven en un dolor profundo. Siempre tenía un sentimiento de que

había una conspiración enorme detrás de nuestra cultura, una cosa escondida espiando y mintiéndonos, pero como no conocíamos su existencia, teníamos que participar forzosamente y no había nada que pudiéramos hacer para pararla o escapar de la misma. Me encontré fascinada con cada palabra. Necesitaba poder escuchar el fin de la conexión —casi queriendo escuchar por primera vez que tal vez él tenía algo que decir acerca de eso que me aplastaba, pero que nunca había podido identificar—.

Mientras crecía, mi vida fue prácticamente una feliz secuencia de deportes, escuela, tareas, prácticas de piano, tratar de recordar que no debía cantar cuando estábamos cenando y jugar con mi hermano mayor y mi hermana menor. Realmente no hubo tragedias de las que pudiera acordarme, pero había algo constante conmigo: una voz, tal vez un sentimiento. Al principio se ocultaba en una esquina de mi mente y como que de repente me recordaba que estaba ahí. En la escuela primaria era un susurro familiar que me decía que había algo malo en mí, que yo era rara y que los otros niños no me querían. Procedía entonces a atacar mi carácter, mi femineidad, mi apariencia y mi corazón. En la escuela superior, a pesar de mis muchos amigos y los profesores que parecían contentos conmigo lo suficiente como para llamarme una líder y un ejemplo para otros, escuchaba que era totalmente imposible que yo le gustara a alguien, que le cayera bien a la gente, que nadie quería ser mi amigo, que todos estaban pretendiendo poder soportarme. Podía oír una voz gritarle a mi consciencia que si esta gente verdaderamente me conociera y descubriera lo terrible que yo era, se cubrirían los rostros y huirían de mí. No sabía exactamente que era eso que los aterrorizaba solo sabía que correrían huyendo.

Para el tiempo en que me gradué de la universidad, la voz gritaba constantemente: "¡Hay algo muy malo contigo! ¡Eres intocable y vergonzosa!". Es difícil explicar cómo las cosas eran tan terribles por dentro a veces, y tan normales y tranquilas en otros momentos. Por un lado, sabía acerca del llamado de Dios en mi vida, que yo era diferente en un sentido muy positivo. Pero por el otro, yo creía que había un número de reglas opresivas y límites específicos asignados para mí. Pensé que si trataba de ser abierta y hermosa, la gente se reiría y pensaría que yo era una ridícula. Siempre tenía temor de meterme en problemas, temor de hacer algo incorrecto. Quería complacer, pero la perfección se me escapaba. Vivía en temor, pero actuaba como si no tuviera miedo de nada ni de nadie.

Engañé a mucha gente, pero nunca a mí misma. Había tanta presión por dentro. Si alguien me hubiese preguntado: "Heidi, ¿qué es tan terrible de ti que sientes que tienes que esconderte y sentirte avergonzada?", yo no habría podido responder. Todo lo que sabía era que había una voz familiar que me alimentaba con una dieta de mentiras constantes y desanimo, y no tenía los medios para luchar contra eso.

AL ENEMIGO NO LE IMPORTA CÓMO SUCEDA ESTO; DESDE EL PRINCIPIO, LO QUE ÉL QUIERE QUE TODOS NOSOTROS RECHACEMOS LA VERDAD ACERCA DE DIOS Y ACERCA DE NOSOTROS MISMOS.

Así que, me senté ahí viendo a este hombre crear una combinación alocada de palabras, flechas, círculos, nombres, lugares, historias y Escrituras en la pizarra. Pieza por pieza, empecé a ver cómo tomaba forma esta conspiración cósmica contra todo hijo e hija en el planeta Tierra. Al enemigo no le importa cómo suceda esto; desde el principio, lo que él quiere es que todos nosotros rechacemos la verdad acerca de Dios y acerca de nosotros mismos. Al final de la semana había escuchado suficiente al pastor Jim como para darme cuenta que yo tenía permiso, por primera vez en mi vida, simplemente de ser y saber que estaba bien. Tenía permiso de ser una hija, de ser fuerte y sensible; estaba bien cantar y luego encestar pelotas; estaba bien ser hermosa; podía admitir que necesitaba ayuda, protección, afecto y aceptación. Estaba bien hacerlo. Yo no tenía nada malo. El enemigo tenía esta conspiración, pero Dios tenía su verdad y su plan para mí. Puede ser que no era la típica candidata para recibir el mensaje de *hija, flor y princesa* y, sin embargo, eso era justo lo que había estado esperando. Me involucré. Traté de entender este mensaje. Perseguí a los Anderson. Hice un par de viajes al otro lado del mundo con el pastor Jim y

tuve muchas conversaciones y discusiones acaloradas acerca de la
protección, la belleza y la sumisión. Trabajé duro a través de algunas relaciones y realicé el difícil ejercicio de verme detenidamente
en el espejo de mi corazón, mi mente y mi vida. Poco a poco redu-
je el impacto que el enemigo había pretendido hacer en mi vida y
en mi destino a través de sus mentiras. También luché por abrirme
ante el Espíritu Santo y permitirle desafiar muchas de mis suposi-
ciones y que me enseñara quien es Él y qué clase de mujer podía
llegar a ser yo. Pasé tiempo con los Anderson; descubrí que eran
personas ordinarias aferrándose tenazmente a la verdad que les
daba libertad a ellos y a otros. Han pagado un precio, y por mucho
que yo quiera participar en este mensaje sobre la verdad, también
me ha costado a mí. Pero la libertad que trae, la claridad, la verdad
y la paz que ahora tengo son incomparablemente más grandes que
la prisión de temor, la frustración y el terror en el que viví antes.

Casi ocho años luego de escuchar este mensaje por primera vez,
ahora soy esposa y madre. No es difícil, sino imposible decir cómo
y de qué formas yo he sido impactada por la vida y el mensaje del
pastor Jim. Creo, veo y pienso diferente. También me siento diferente porque cambié. Tengo una verdad con la cual puedo comba-
tir las mentiras que me estaban paralizando. Conozco eso a lo que
me estoy enfrentando, y también se que hay una salida.

TENGO ALGO INVALUABLE QUE DARLE
A MIS HIJOS: UNA VERSIÓN DE MÍ
MISMA, MÁS SANA Y LLENA DE VERDAD,
ALGUIEN QUE NUNCA HABRÍA PODIDO
LLEGAR A SER DE NO HABER SIDO POR
LA INTERVENCIÓN DE DIOS EN MI VIDA A
TRAVÉS DE ESTE MENSAJE.

Mi relación con mis padres es diferente. Luego de la sanición
por la cual pasé como resultado de abrirles mi vida, también ellos
pudieron ser capaces de participar conmigo en el proceso de mi
matrimonio, en vez de haberles cerrado la puerta por mi independencia. El proceso fue un tesoro que todos pudimos compartir, y

fue una bendición para mi esposo participar en algo tan integral, tan abierto y protector. La vida de mis padres y su relación ha cambiado como resultado de ver la transformación que yo pasé.

Mi matrimonio y el concepto que tengo de mi esposo están construidos sobre un fundamento totalmente diferente del que tenía antes. ¡Quien sabe cómo hubiese yo manejado esta hermosa parte de mi vida de no haber sido por la restauración en lo profundo de mi corazón! No solo eso, sino que ahora tengo algo invaluable que darles a mis hijos: una versión de mí misma más sana y llena de verdad, alguien que no hubiera podido llegar a ser de no haber sido por la intervención de Dios a través de este mensaje. Es increíble caminar a la luz de la verdad y la revelación luego de haber sido atormentada por mentiras durante tanto tiempo.

Durante gran parte de mi vida, he pensado que me gustaría escribir un libro que expusiera la conspiración fundamental que estaba obrando en nuestra cultura, una conspiración que estaba destruyendo a todos, y también una a la que todos estuvieran ciegos. El único problema era que no sabía cuál era la conspiración. Cuando yo estaba en Rusia, en un viaje con el pastor Jim, mientras observaba la pizarra donde él había estado delineando el mensaje de una manera particular, me vino a la mente: "¡Ahí está tu conspiración! ¿Por qué no escribes acerca de *eso*?". Sentí que me había hablado Dios. Algunos años después renuncié a mi trabajo, levanté ayuda financiera y pasé un año reuniendo los mensajes de Jim a partir de sermones, audios, notas y conversaciones. Sea donde sea que pudiera conseguirlos, los busqué para trabajar esta revelación en un libro, junto con Jim y Lisa, para que otra gente pudiera encontrar la libertad que yo había hallado. Así que, aquí lo tienen. Esta es una forma de decir *Gracias* a Dios, *Gracias* a los Anderson, y una forma de extender mi mano y sacar a algunos cuantos más del camino de la destrucción. Estoy agradecida por la profundidad de entendimiento y paz que Dios ha obrado en mí y las puertas que me ha abierto a mi familia y a mis hijos debido a este mensaje.

Heidi Karlsson
Surrey, British Columbia

CAPÍTULO UNO
LA FUENTE
DE LA VERDADERA BELLEZA

La luz tibia del sol de agosto irradiaba a través de las gigantes ventanas francesas abriéndose paso en el elevado y antiguo salón de clases de la escuela de leyes. Era la primera vez que iba a enseñar en Rusia. El techo alto y vacío se erigía sobre más de 50 mujeres y un puñado de hombres que se sentaban fila a fila tras las mesas. Vi el rostro de ellas y noté una gran variedad de edades: gente de 19 años sentada a la par de ancianas y abuelas. En la preparación para mi viaje, había averiguado que la mujer promedio, en la antigua Unión Soviética, había tenido seis abortos, y que entre el 80 y 85 por ciento habían sido afectadas por este asunto. Era su método principal de control de natalidad. Las mujeres jóvenes de esa nación habían visto a sus madres y abuelas ir de hombre en hombre y tener múltiples abortos, y aprendieron que el mismo destino, futuro y dolor sería también, indudablemente, su propia suerte.

Tenía un maravilloso sermón resumido en tres puntos, "Los tres roles de la Iglesia al lidiar con el aborto", y estaba listo para exponerlo.

1. La Iglesia necesita predicar que el aborto es pecado, pero necesitamos hacerlo con un corazón quebrantado.

2. La Iglesia necesita proveer una atmósfera de sanidad y restauración para aquellos afectados por el aborto.

3. La Iglesia debe tomar la verdad acerca del aborto e injertarla en la cultura; de nuevo, con un corazón quebrantado.

Todo salió bien hasta que llegué a la mitad de mi primer punto y muchas mujeres en el salón empezaron a llorar. Para ser honesto, eso me molestó un poco. Me estaban distrayendo, no sabía qué hacer. Continué predicando. Sin embargo, por dentro, empecé una conversación con Dios: "Señor, las damas están empezando a llorar, ¡y no creo que vaya a poder terminar mi charla!".

"NO ME IMPORTA TU SERMÓN", RESPONDIÓ EL SEÑOR. "ESTOY CAMBIANDO TU MINISTERIO".

—No me importa tu sermón —respondió el Señor—. Estoy cambiando tu ministerio. —Me quedé en shock.

—Señor, ¿qué quieres decir con eso? ¿Cómo así que vas a cambiar mi ministerio?—. Me empecé a poner nervioso.

Sentí al Señor diciéndome: "Quiero que les digas a las damas que hoy voy a sanarlas y a restaurar sus corazones rotos, producto del aborto y la inmoralidad".

Eso me puso aún más nervioso. "Señor, si les digo que las vas a sanar hoy, ¡vas a tener que hacer algo inmediatamente!". Contábamos con una atmósfera perfecta, pero ahora esto era raro e incómodo para mí. La emoción inicial que tuve por mi sermón empezó a bajar, pero yo continué predicando.

Algunas mujeres empezaron a sollozar. Los hombres se quedaron ahí sentados. Obviamente tenían interés en el asunto del aborto o no hubiesen estado en el salón. Tal vez antes de haberse convertido al Señor se habían enterado de que las mujeres en sus vidas se habían realizado abortos. Sin embargo, estoy seguro que, como yo, nunca habían sido testigos de nada como esto.

Mi conversación con Dios continuó: "Tal vez no lo sepas Señor, pero en los Estados Unidos de América, los hombres no hacen esto. Los hombres no lidian con las áreas privadas de la vida de una mujer, especialmente en el área del aborto y la moralidad. En todos las clínicas de ayuda para el embarazo en América contratan mujeres. Las mujeres son las que aconsejan y oran por las mujeres que vienen a los centros de crisis. Necesitas entender, Señor, que soy un hombre y que me estás pidiendo que rompa las reglas. ¡Los hombres no trabajan con las mujeres en esta área!".

¿CREES QUE EL CORAZÓN ROTO DE UNA
HIJA PUEDE SER SANADO CON EL TOQUE DE
UN PADRE?

El Señor respondió gentilmente: "¿Crees que el corazón roto de
una hija puede ser sanado por el toque de un padre? Te voy a libe-
rar para que hagas precisamente esto."

A medida que el Señor y yo dialogábamos, persistí en predicar
mi sermón, pero como mi primera excusa había sido aplastada por
Dios, entonces estaba yo extremadamente ansioso. Si las cosas
continuaba en la dirección que estaban tomando, muy pronto tendría que parar mi sermón e invitar a las mujeres a que pasaran por
oración de sanidad, y no estaba listo para eso. "Señor", protesté,
"no puedo insultar a estas mujeres diciéndoles que van a ser sanas
hoy. Estas son heridas profundas que han estado llevando por un
largo tiempo. Van a requerir al menos 12 semanas de estudio bí-
blico para tratar con esto. Sería un insulto prometer una sanidad
espontánea".

El Señor me hizo otra pregunta: "¿Tengo tu permiso para ser un
Dios sobrenatural? Si quiero abrir el Cielo y en un solo momento tocar el corazón de una hija y sobrenaturalmente romper toda la oscuridad, la vergüenza y el tormento de su vida, ¿me dejarías hacerlo?".

Me venció. "Bueno, sí , Señor", le dije. "Te doy permiso de
hacer eso". Más mujeres empezaron a llorar, y a medida que continué hablando, su llanto se hizo más y más recio y desesperado.
Era tiempo de obedecer al Señor. Paré mi sermón y dije: "Vamos
a hacer algo diferente. Quien quiera recibir sanidad del aborto y la
inmoralidad, por favor pase aquí adelante".

Simultáneamente se movieron 45 sillas. El pasillo se llenó inmediatamente con mujeres, todas ellas llorando. Estaban de pie
abrazándose entre ellas mismas, las lágrimas fluyendo por sus me-
jillas y con una mezcla de esperanza y temor en sus rostros. Es
como si hubieran estado diciendo con sus ojos y con las marcas
de dolor en sus expresiones: "¿En verdad va a ocurrir esto? ¿Va a
acabar el dolor realmente? Quiero que se termine. Estoy harta de
las mentiras y el tormento que he llevado todo este tiempo".

Primero oré por Stella. Lena, nuestra traductora, me dijo que su nombre significaba *estrella*. Le pregunté al Señor: "¿Qué debo decirle a ella?".

—Dile que para mí ella es una estrella brillante, no una estrella sin luz.

Me volví, la miré directamente a los ojos y le dije: "Stella, eres una estrella brillante para Dios. No eres una estrella sin luz". Su rostro se contorsionó y se volvió a uno lleno de esperanza mezclada con temor. Empezó a llorar incontrolablemente ante la comprensión de que tal vez Dios en verdad la amaba, que Él no estaba avergonzado de ella. La verdad de que Dios no la odiaba empezó a hacerle mella. La declaración profética que yo acababa de hacer ya estaba deshaciendo la oscuridad en su vida. "¿Qué más digo Señor?".

DILE QUE TODA HIJA DE UN REY ES UNA PRINCESA, Y QUE SI JESÚS ES EL REY DE REYES, ENTONCES ELLA ES SU PRINCESA.

"Dile que ella es una princesa. Dile que toda hija de un rey es una princesa, y si Jesús es el Rey de reyes, entonces ella es su princesa. Dile que amo cuando viene ante mi presencia, a la corte del Rey. No estoy avergonzado de ella". Le dije a Stella todo lo que Dios me había dicho. Empezó a llorar tan profundamente que ya no podía estar de pie. Colapsó cayéndose al piso y se abrazó haciéndose una pequeña bola, como una niña chiquita sollozando profusamente. Yo no había terminado de orar por ella, y no sabía que más hacer, así que la traductora y yo nos arrodillamos junto a ella y continuamos hablando verdad a su oscuridad. Le dije lo siguiente: "El Señor es el único que puede volver a poner los pétalos a la flor que el enemigo ha destrozado". Y que Él cuidaría de ella y la plantaría en su jardín en un lugar muy especial reservado justo para ella, que no había sido relegada a la sección de flores marchitadas, sino que merecía un lugar especial en el jardín, un lugar solo para ella.

El Señor dijo: "Dile que es una hija. Dile que es mi hija especial, que amo cuando corre hacia mí, tal y como tú amas cuando tu Maggie corre hacia ti. Ella es mi hija y me encanta cuando mis pequeñas corren hacia mí. Nunca apunto mi dedo a sus rostros diciéndoles: ¿Qué estás haciendo aquí?. Siempre les extiendo mis brazos y las sostengo junto a mi corazón".

EL SEÑOR ES EL ÚNICO QUE PUEDE PONER LOS PÉTALOS A LA FLOR QUE EL ENEMIGO QUE DESTROZADO.

Dije: "Stella, a Él le encanta cuando acudes a Él. Le encanta verte con sus grandes ojos de aprobación, te sostiene junto a su corazón. Rompe las tinieblas y la vergüenza y te dice que todo va a estar bien". Stella permaneció en el suelo y continuó llorando a medida que el Señor venía con su verdad. Yo seguí diciéndole: "Cuando mis hijas corren a mí con un moretón en su dedo, las veo y les digo: '¿Puedo darle un besito a tu cortesito?'. Cuando ellas me dicen 'sí', les doy un beso en la herida y ellas sonríen y se van saltando. Al Señor le encanta cuando sus hijas corren a Él con su dolor. Ama besarlas con su presencia y disipar las tinieblas, el dolor, las mentiras, la vergüenza y el tormento".

Cancelamos la siguiente sesión, y por las próximas horas continuamos orando por todas las mujeres. Desde ese día en adelante, empecé a desatar la sanidad de Dios en aquellas que habían sido heridas por el aborto y la inmoralidad, y predicaba que el corazón roto de una hija puede ser sanado con el toque de un padre.

UN DÍA DE ABRAZOS

Tenemos un dicho en nuestra casa: "Un día de abrazos mantiene a raya a los chicos malos". Todos los días me aseguro de encontrarme con cada una de mis hijas para verlas a los ojos, decirles que las valoro y abrazarlas. Las niñas que no han recibido palabras y atención similares de parte de sus padres terminan siendo vulnerables a la atención de los "chicos malos" porque sus necesidades no han sido cubiertas.

TENEMOS UN DICHO EN NUESTRA CASA, "UN
DÍA DE ABRAZOS MANTIENE A RAYA A LOS
CHICOS MALOS".

Déjeme explicar mi uso del término "chicos malos". Los hombres
jóvenes, sin la obra transformadora del Espíritu Santo en el corazón de ellos, tienden a un comportamiento de predadores sexuales
con las jóvenes. No estoy diciendo que todo joven es el mal encar-
nado. Sin embargo, muchos pueden ser descritos como "malos" en
términos de la influencia y la presión sexual que ejercen sobre las
jóvenes, frecuentemente debido a su propia debilidad y pecado.

Cuando los hombres dicen: "Hola, nena, te ves muy bien", una
joven que no ha sido abrazada por su papá es vulnerable y es tentada a volverse en torno a la fuente alternativa de afecto y atención.
Las mujeres se alimentan con amor; el hablarles palabras de amor
y afecto es como llenar su tanque de gasolina. Cuando el corazón
de una hija está lleno de palabras de amor y afirmación de parte de
su padre terrenal y su Padre celestial, ella no necesita responder
a los avances inapropiados de los hombres. Los padres llenan el
corazón de sus hijas con palabras de amor, el toque puro de amor y
la mirada de amor. Las expresiones amorosas son como miel para
el corazón de una hija; las palabras van directo al corazón de una
mujer. El toque puro, no sexual, toca directamente el alma de una
hija. Las hijas también reciben amor a través de la mirada cariñosa
de su padre. La mirada de un padre a los ojos de una hija le llenan
el corazón, si esta mirada es pura.

LA RELACIÓN PADRE-HIJA QUE DIOS DISEÑÓ,
ES LA CUNA DE LA VERDADERA BELLEZA DE
UNA JOVEN MUJER.

La relación padre-hija que Dios diseñó, es la cuna de la verdadera
belleza en una joven mujer. Justo como Dios habló palabras al vacío y el mundo fue creado, las palabras de un padre crean belleza,
seguridad y confianza en una hija. Cuando las palabras de bendición, las miradas de amor y el toque puro han existido entre un

padre y su hija, el espíritu de ella está listo para no ser atraído por otras voces que pretenderán seducirla. Ella ya no depende de esas voces para sentirse validada porque su belleza ha sido aprobada de forma segura a través de su padre.

Desafortunadamente, hay innumerables hijas cuyos corazones no han sido llenos y cuyas necesidades no han sido cubiertas. Posiblemente sus padres están totalmente ausentes de sus vidas o están presentes, pero han fallado en cubrir las necesidades de sus hijas. Estas hijas, desesperadas porque tales necesidades sean cubiertas, pueden fácilmente caer en relaciones inmorales.

Veamos a la relación padre-hija en el libro de Ester para entender y ver a un padre fiel en acción y observar el maravilloso fruto que tuvo en la vida de su hija.

EL CONCURSO DE BELLEZA REAL

El rey Asuero celebró un gran banquete al que invitó a todo el gobierno y a los líderes militares del país. La fiesta duró 180 días y siguió todavía con otra semana de celebraciones para el populacho de la capital de Susa. Aparte, en su palacio, la reina celebró un banquete para las mujeres. Al final de la fiesta, el rey solicitó que su hermosa reina hiciera una aparición. Quería alardear de su belleza delante de todo su pueblo. La reina Vasti decidió que no tenía ganas y se rehusó a obedecer la petición del rey. Con rabia y vergüenza, el rey consultó a sus consejeros, y luego de una rápida deliberación, la reina fue depuesta. Por ende, esto acabó con el reinado de Vasti.

Ahora, el rey Asuero necesitaba una reina sucesora. Casi inmediatamente comenzó una búsqueda entre las jóvenes hermosas del reino para encontrar a la próxima reina. Yo asumo, por el hecho de que era rey, que Asuero había escogido una mujer hermosa para su primer matrimonio, y Vasti había sido la mujer más hermosa de ese entonces. Me pregunto si para la segunda ronda él estaba buscando más que una cara bonita como su nueva reina. Tal vez estaba anhelando en su corazón encontrar una mujer de verdadera belleza con quien pudiera ser uno solo y compartir intimidad como no la había podido conocer con Vasti.

CREO QUE EL REY ESTABA BUSCANDO LO
QUE TODO HOMBRE ANHELA: VERDADERA
INTIMIDAD.

Yo creo que el rey estaba buscando lo que todo hombre anhela: verdadera intimidad. Como líder del imperio más prominente en el mundo conocido, el rey Asuero tenía todo lo que quería. El harén existía para satisfacer sus deseos sexuales. Había encontrado la mujer más sensual y hermosa que pudiera haber encontrado en la reina Vasti. Sin embargo, a pesar de su belleza y sensualidad, su relación con ella lo dejaba insatisfecho. Hoy en día, muchos hombres, habiendo adoptado el valor cultural prevaleciente que iguala la sexualidad física con verdadera intimidad, se conforman con un punto de vista unidimensional de la intimidad que los deja con un vacío similar al del rey. Muchos han iniciado sus propios *concursos de belleza* en un intento de llenar su harén moderno con mujeres hermosas y sensuales. Sin embargo, han fallado en darse cuenta de que están en busca de algo que no puede ser encontrado solamente en el acto físico del sexo. La verdadera intimidad consiste en ser uno espiritualmente, ser uno en alma y amistad, y ser uno física y sexualmente.

NUESTRA HISTORIA CONTINÚA

Mientras tanto, en la capital de la ciudad de Susa, un hombre llamado Mardoqueo estaba criando a su sobrina huérfana, Ester. Con respecto a su relación, la Biblia dice que *Al morir sus padres, Mardoqueo la adoptó como su hija* (Ester 2:7). No sabemos nada acerca de la familia de Mardoqueo —si estaba casado y tenía otros hijos—, lo que sí sabemos es que reconoció el vacío en la vida de Ester y se volvió un padre para ella. Tanto Mardoqueo como Ester se volvieron personajes prominentes en esta historia.

 Cuando se proclamaron el edicto y la orden del rey, muchas jóvenes fueron reunidas en la ciudadela de Susa... Ester también fue llevada al palacio del rey y confiada a Jegay, quien estaba a cargo del harén (Ester 2:8,9). Y empezó el concurso de belleza.

Fueron reunidas mujeres excepcionalmente atractivas de todo el reino. Ester, quien *tenía una figura atractiva y era muy hermosa* (Ester 2:7), estaba entre ellas. Sabemos de la Biblia que Ester fue escogida como reina y que esa posición fue crítica par salvar a su pueblo de la destrucción. La Escritura también nos dice que Ester encontró favor a los ojos de todos los que la vieron, aun ante los ojos de sus competidoras.

Entonces, ¿cuál era la fuente de su belleza que hizo que encontrara favor para ganar el corazón del rey? Examinemos las fuentes de la verdadera belleza que posicionaron a Ester para ser la que salvara a su pueblo.

PAPÁS ORDINARIOS

Me encanta la frase *dar la mano de su hija en matrimonio*. Esto implica una figura paterna que tiene una influencia de amor y autoridad en la vida de su hija. Literal y figuradamente toma la mano y la protege hasta el momento en que la entrega en el altar. Luego extiende esa mano para que alguien más la tome, transfiriéndole a ese hombre la autoridad sobre su vida y la responsabilidad de protegerla y proveer para ella —una transición sin interrupciones—. Idealmente, no tendría que haber un momento en su vida en donde ella se encuentre sin esa protección, sin ser vigilada o cuidada de una forma que la bendiga. Yo creo que esta es la provisión de Dios para sus hijas. Bajo este amoroso cuidado, toda joven puede crecer en su verdadera belleza y desatar un espíritu tierno y alimentador a las naciones de la tierra.

Mardoqueo fue tal padre de Ester. Su presencia en la vida de ella, las palabras que le habló, el tipo de cobertura y cuidado que le dio mientras Ester crecía, almacenó tal fortaleza interior y confianza por dentro, que obtuvo el coraje que se requería para salvar a la nación entera. La presencia de un padre fiel y cariñoso en la vida de una hija es una de las formas que Dios ideó para producir verdadera belleza en el corazón de una mujer.

CADA DÍA, MARDOQUEO SE PASEABA FRENTE AL JARDÍN DEL HARÉN PARA SABER CÓMO LE IBA A ESTER Y CÓMO LA TRABAN.

Cada día, *Mardoqueo se paseaba diariamente frente al patio del harén para saber cómo le iba a Ester y cómo la trataban* (Ester 2:11). Puedo imaginarlo preguntándole al conserje: "¿Cómo está Ester el día de hoy? Dígale que Mardoqueo viene a verla". Él esperaba para ver si ella vendría a platicar con él. Sea que haya podido visitarla o no, fielmente preguntó esperando recibir un reporte de su bienestar y dejarle el mensaje que se preocupaba por ella todos los días. Antes de que la joven pudiera aparecer delante del rey, tenía que completar un año de preparaciones cosméticas. Eso no desalentaba a Mardoqueo. Cada día sin falta hacía de su visita una prioridad para saber cómo era la vida de Ester y cómo estaba su corazón. Su presencia, su consistencia y su comunicación le transmitían valor e importancia a Ester.

Ester sabía que era especial para Mardoqueo. No estaba desesperada por volverse reina de Persia, ya que ella era una hija y princesa real en su hogar y en la vida de Mardoqueo. Cuando hacemos de nuestras hijas unas *princesas* con nuestras palabras, con nuestro toque santo y nuestra atención, ellas no van a querer ser entronadas en la vida de otro "rey" moderno prácticamente desconocido para ellas. En vez de eso, estarán seguras en nuestro amor hasta que el tipo de hombre adecuado llegue a sus vidas. Mardoqueo protegió a Ester de las influencias que el harén pudieran tener sobre ella. Su amor y atención colocó en su interior algo que podría ahora llevar a dondequiera que ella fuera: un *campo de fuerza* espiritual que la protegía de los valores, dictámenes y las expectativas culturales de un harén inmoral.

UNA CITA ESPECIAL

Un día, hace años, planifiqué una cita con una de mis hijas. Aunque llegué 15 minutos tarde, ella sabía que yo llegaría. Ahí estaba, mi pequeña Maggie, de ocho años de edad, lista con sus zapatos negros lustrados y su abrigo rojo. Entré a la casa y dije: "Disculpe. Sé que llegué un poco tarde, pero estoy buscando a Maggie Joy. ¿Es usted esa señorita? ¿Me permite este momento? Creo que tenemos una cita muy especial".

Ladeó su cabeza para mirarme y dijo: "Papá, por supuesto que soy Maggie. He estado esperándote. Llegas tarde". Le abrí la puerta y subimos al carro.

"Creo que el lugar todavía está abierto —le dije—, y creo que tienen un rincón especial justo para nosotros. Puedes pedir lo que quieras, Maggie". Ella ordenó una gran taza de chocolate y nos sentamos a platicar.

> SI QUIERES PELEAR CONTRA EL INFIERNO Y LOS PODERES DE LAS TINIEBLAS QUE BUSCAN DESTRUIR EL CORAZÓN DE NUESTRAS HIJAS, CONOZCO UNA TIPO DE GUERRA ESPIRITUAL QUE CREA VALOR EN EL ESPÍRITU DE ELLAS.

Ha habido mucha discusión en los últimos años acerca de la guerra espiritual. Si quieres pelear contra el infierno y los poderes de las tinieblas que buscan destruir el corazón de nuestras hijas, conozco un tipo de guerra espiritual que crea valor en el espíritu de ellas. Se llama: *tomar té con tu hija y sacarla en una cita o ir a su juego de fútbol,* y funciona en oposición directa a los planes del infierno y las tinieblas que quieren destruir sus vidas. Ellas necesitan nuestro tiempo y atención, nuestras preguntas y nuestro interés. Ese día solo estaba siendo un papá con mi hija Maggie Joy en el café, pero estaba peleando contra el infierno, haciéndole guerra a ese espíritu destructor que le susurra mentiras al oído. Estaba haciendo guerra contra los demonios que quieren inducirla al harén moderno de nuestros tiempos. Estaba haciendo lo que todo papá debe hacer en la vida de su hija.

LINDA POR DENTRO Y LINDA POR FUERA

Como padre de seis hijas, soy un experto en las técnicas cosméticas de belleza. Cada noche veo cómo, una por una, todas las cabeza se doblan sobre el lavamanos del baño. Luego de lavar y secar sus rostros, se aplican lociones y cremas especiales. Cuando Molly tenía 12 años, la veía ahí y le decía: "Pequeña Moll, ¿también te haces toda la rutina de belleza?". Solo movía sus ojos y decía: "¡Oh, papá!".

HAY DOS TIPOS DE BELLEZA: LA BELLEZA INTERIOR Y LA BELLEZA EXTERIOR

Yo continuaba: "Julie-roo, ahora la hermosa Julie lo está haciendo. A estas alturas ya eres una profesional. ¡Rachel y Maggie, ya les va a tocar su turno!". Disfrutaba el hacer esto porque era un tiempo en el que podía bendecirlas y hablar palabras de verdad a sus espíritus. "¡Oye, Molly! Hay dos tipos de belleza: la belleza interior y la belleza exterior. ¿Cuál es la más importante? Nunca te olvides. Me encanta lo linda que eres. Pero también tienes ese hermoso corazón, ¿no es así?". Ella asentía con su cabeza mientras yo le decía palabras de valor a su espíritu y la animaba. Mientras ellas crecían, una y otra vez repasaba con ellas la diferencia entre la belleza por dentro y la belleza por fuera.

Ahora están empezando a hacer lo mismo con nuestra nieta y continuarán con las futuras nietas que vengan.

UNA BELLEZA NACIDA DE LA TRISTEZA

Creo que Ester aprendió de Mardoqueo la diferencia entre ser linda por dentro y ser linda por fuera. Es obvio que ella cultivó ambos tipos de belleza en su vida. Además de la belleza que surgió del amor de Mardoqueo por ella, creo que también poseía la hermosura que viene de la tristeza —un tipo de belleza que solo se crea en la vida de alguien que ha caminado en los valles del sufrimiento—. Recordamos a Ester como la joven que enfrentó la muerte y valientemente declaró: "¡Y si perezco, que perezca!" (Ester 4:16). Ella también es recordada como la mujer a quien Mardoqueo le dijo: "¡Quién sabe si no has llegado al trono precisamente para un momento como éste" (Ester 4:14). Sin embargo, estas descripciones famosas de Ester han eclipsado otra temporada de su vida, un tiempo de gran sufrimiento. *Esta joven (...) tenía una figura atractiva y era muy hermosa.* **Al morir sus padres,** *Mardoqueo la adoptó como su hija* (Ester 2:7, énfasis añadido). Ester era huérfana; perdió a ambos padres. Muy probablemente ellos murieron ante sus propios ojos. Me pregunto cómo serían sus oraciones, lo que ocurrió entre la muerte de su padre y la de su madre. Nuestra respuesta en profundos tiempos de prueba determina el tipo de persona en la que nos convertiremos. Nuestras decisiones determinan si nos volveremos una persona amargada y endurecida de espíritu o una persona con una solidez de carácter y fe profunda en Dios. Responder correctamente a las temporadas de sufrimiento puede producir belleza de alma y de carácter, lo cual, a su vez, resulta en un rostro que es de *otro mundo*: una belleza celestial. Parte de este proceso en la vida de Ester significó que debía irse con un pariente lejano llamado Mardoqueo y abrirle su corazón, permitiéndole que funcionara como padre en su vida. Ester tenía *preguntas* para las cuales no había respuesta en este lado de la eternidad. No atacó a Dios con sus interrogantes demandándole una respuesta. Gracias a la belleza de carácter, sabemos que no se rindió ante la amargura o ante un corazón endurecido. Me imagino a Ester y a Mardoqueo charlando largamente acerca de Dios y de la fe, a medida que procesaba su dolor y la pena de perder a sus padres. El amor atento de Mardoqueo como un padre que la escuchaba, sin duda alguna le ayudó a llevarla a un lugar de confianza restaurada en Dios. Un carácter hermoso y profundo nació en ella cuando encontró nuevamente ese lugar de confianza.

> ESTER TENÍA *PREGUNTAS* PARA LAS CUALES NO HABÍA RESPUESTAS DE ESTE LADO DE LA ETERNIDAD.

A medida que envejezco, encuentro más preguntas en mi propia vida. Mis interrogantes tienen que ver con haber crecido con una madre alcohólica, ver a mi papá divorciarse de mi mamá luego de un matrimonio turbulento y largo, y la ruptura de la iglesia de la que fui parte por 21 años. He aprendido a llevar las cosas difíciles a los pies de la cruz y dejarlas ahí. Luego le digo a Dios que Él es digno de mi vida y no importa lo que pase, voy a darle mi alabanza. No es una alabanza sin pensar, robótica, la que ofrezco. Escojo honrar a Dios por *quien es Él*, no importa la dificultad o la prueba.

Hoy en día, hay una belleza del Cielo esperando nacer en la vida de las mujeres modernas como Ester que estén dispuestas a rendir sus preguntas a Dios. Es en ese sacrificio costoso que nace la hermosura.

¿Cuáles son las preguntas que, si se responden correctamente, tienen el potencial de crear belleza indescriptible en nosotros? El divorcio, los padres alcohólicos, la muerte de un amigo, el abuso sexual infantil, la traición por un miembro de la familia, el asalto sexual, la pérdida del hogar, el embarazo no planificado, el padre abusivo físicamente, la ruptura de una iglesia, el cáncer, la bancarrota, la pérdida de la pureza, el pecado secreto, el aborto… Todas son tragedias que, cuando son ofrecidas a Dios en total rendición, pueden producir profundidad y belleza en el carácter que nos posiciona para ser gente de influencia, como lo fue Ester.

EL HARÉN

El concurso de belleza había comenzado. En concursos modernos de belleza, todas las participantes son voluntarias para competir por la exaltada posición de reina. Promesas de becas y conferencias abundan para la que resulte seleccionada para representar la belleza de su generación.

El concurso en la antigua Persia era un poco diferente. Las jóvenes eran probablemente conscriptas al harén del rey, especialmente si el reporte de su belleza había llegado al palacio. Participar en el concurso real no era algo voluntario. Se publicaba el decreto real en todo el imperio para que fuera llevada toda virgen hermosa al harén. Ester *tenía una figura atractiva y era muy hermosa* (Ester 2:7). Solamente era cuestión de tiempo para que los soldados, cumpliendo la orden del rey, tocaran a la puerta de Mardoqueo y llevaran a Ester al palacio. Ahí ella se convertiría en la reina o en una prisionera del harén por el resto de su vida (una concubina).

Si no era escogida como reina, tampoco dejaría el harén y nunca se casaría. Su vida cambiaría para siempre como resultado de una noche con el rey. Esta era una apuesta de alto riesgo y pocas posibilidades para una mujer que había sido *invitada* al harén.

Imagina conmigo cómo sería la atmósfera del harén y la mentalidad de las mujeres preparándose para estar una noche con el rey. ¿Has estado alrededor de mujeres que quieren la misma cosa o al mismo hombre? ¿Has visto alguna *pelea de gatos* entre dos mujeres disputándose al mismo hombre? El espíritu competitivo en las mujeres que quieren al mismo individuo puede hacer que los atributos menos atractivos, que están latentes en el espíritu de toda mujer, salgan a flote. La pelea no involucra usualmente un combate mano a mano, pero es muy real sea como sea, y frecuentemente es librada con sus afiladas lenguas y espíritus maliciosos.

Ester fue rodeada en ese tipo de atmósfera. Las mujeres se preparaban durante doce meses —*seis meses con aceite de mirra, y seis con perfumes y cosméticos* (Ester 2:12)—. La preparación obviamente enfatizaba la belleza exterior. Estoy seguro que la mayoría de las mujeres también estaban dependiendo de la experiencia sexual y sensual como la llave para ganarse el favor del rey. Puedo imaginarme a una mujer con personalidad de bailarina pensando: "Oye, rey, me estoy preparando para mi noche contigo. ¡Va a ser sorprendente! ¡No vas a olvidarte de mí!". El rey percibe el espíritu de ella cuando entra al dormitorio e inmediatamente dice: "¡La próxima!". La descarta antes de que empiece la noche. Recuerda, él ya tiene acceso a todo el sexo y belleza exterior que quiera.

Otra joven, más seductora y sensual que la primera, se prepara para su turno. "Hola, rey. Yo soy la que te viene a ver esta noche". Le saca provecho a todos los incentivos que practicó. "Te prometo una velada que siempre recordarás".

De nuevo, la respuesta del rey: "La que sigue". Está cansado de belleza externa y superficial que no pasa de la piel. Ya había tenido eso con Vasti.

¿Qué había en Ester que capturó la atención y el corazón del rey? Creo que parte de su favor llegó porque ella escogió seguir el consejo de Jegay, el eunuco a cargo del harén, en lugar del espíritu

que predominaba en aquel lugar. Cuando llegó el turno de Ester
(...) *ella no pidió nada fuera de lo sugerido por Jegay, el eunuco
encargado del harén del rey* (Ester 2:15). Noten aquí que Jegay
era eunuco (un hombre sin capacidad ni deseo sexual). Tal vez
había sido hecho eunuco para la seguridad de las mujeres en el
palacio del rey.

Sea cual fuere la razón, la realidad es que cualquier consejo que
él les dio a las mujeres, probablemente no tenía nada que ver con
el desempeño sexual. Su consejo sería, sin duda alguna, acerca de
otros asuntos; posiblemente sobre el corazón o el carácter. Hay
dos tipos de consejo en este mundo: el de Jegay, el cual creo que
es el consejo de Dios, y el consejo contrastante del *espíritu de este
siglo*. Las dos voces le hablan a las mujeres constantemente. El
consejo de Jegay dice: "Cultiva la persona interna, y te dará favor
y gracia delante del rey".

EL CONSEJO DEL MUNDO DICE: "ENTRÉGATE A LA SEDUCCIÓN".

El consejo del mundo dice: "Entrégate a la seducción. Mira películas y lee revistas; moldéate según lo que veas ahí. Luego, seguramente serás atractiva y obtendrás lo que deseas".

En un harén lleno de hijas hermosas peleándose por la atención
de un hombre, el potencial para el odio, las intrigas, la competencia
y la envidia tenían que ser enormes. Aun así, la Biblia dice que Ester *se había ganado la simpatía de todo el que la veía* (Ester 2:15).
Incluso, impresionó tanto a Jegay que él le dio siete doncellas a
su servicio y la elevó como la principal del harén. La Escritura
nos dice que encontró favor a los ojos de todo el que la conocía,
aun ante sus competidoras. En otras palabras, era la favorita, no
solo para ser reina, sino Miss Simpatía. Su carácter, la persona
escondida en su corazón había sido cultivada con un espíritu de
gracia y entendimiento. Era linda por dentro y por fuera. Rechazó
el consejo del mundo y en vez de ello, sometió su belleza a Dios y
cultivó la verdadera hermosura del corazón. Era amable, amorosa,
desinteresada, humilde y centrada en otros; tanto que todas las mujeres con las cuales estaba compitiendo, las que podían haberla odiado

y haberse sentido amenazadas por ella, la querían, la favorecían.

UNA SOLA NOCHE

Las mujeres del harén tenían una noche, una cita, una sola oportunidad para impresionar al rey. Una mujer salía en la noche hacia el palacio, y regresaba a la siguiente mañana al segundo harén a esperar por un veredicto en caso de que hubiera agradado al rey. Si el rey se complacía de ella, la llamaba por su nombre. Si no, se acababa el concurso para ella y regresaba al segundo harén a unirse a las concubinas por el resto de su vida.

HOY EN DÍA, EL ESPÍRITU DEL HARÉN ESTÁ VIVO EN NUESTRA CULTURA.

Hoy en día, el espíritu del harén está vivo en nuestra cultura. Invita a nuestras hijas a participar en el concurso de belleza cultural en donde el premio es el compromiso con un rey (un joven). El compromiso permanente es el anhelo más profundo, el deseo más intenso del corazón de una joven.

Muchas mujeres están convencidas de que si arriesgan su pureza serán recompensadas con el precio. La mentalidad de *una noche con el rey* ha invadido nuestra cultura. Las hijas son seducidas a creer que un momento o una experiencia sexual capturarán el corazón del "rey" y les asegurará la permanencia que desean.

Generalmente, la apuesta les falla, su pureza se pierde, el rey no las escoge y son descartadas a la prisión espiritual y psicológica del harén como una concubina moderna. Toman su lugar, al lado de las otras exnovias, en el harén o en la prisión de las emociones quebradas, sueños rotos y la disfunción sexual.

Las mujeres del harén antiguo nunca se casaban. La marca del harén moderno en nuestras hijas frecuentemente es un futuro de relaciones y matrimonios dañados. Algunas mujeres nunca se casan. Algunas se conforman con cualquier joven que las quiera. Duermen juntos. Se mudan a vivir con un "buen chico". Creen que no son dignas de un hombre decente o un buen matrimonio. Se ven a ellas mismas como bienes dañados. Las hijas de hoy languidecen en la vergüenza del harén esperando por una llamada del ex. Si él llama, ella piensa: "Oh, está cambiando de parecer acerca de mí, me extraña". Ella tratará de ganarlo de nuevo con *otra noche con el rey*. Tristemente, él se aparece solo para una cosa. Ella retornará al harén de los sueños rotos, de la pureza perdida y de la falta de confianza en los hombres; todas estas cosas invaden la atmósfera del mundo de citas moderno. Tristemente, el harén está vivo y activo en la cultura de nuestros días.

AL FINAL, LA VERDADERA BELLEZA GANA

No solo estaban a favor de ella las rivales de Ester, sino que también *El rey se enamoró de Ester más que de todas las demás mujeres, y ella se ganó su aprobación y simpatía más que todas las otras vírgenes* (Ester 2:17). El rey Asuero ya había experimentado la belleza exterior y le había resultado extremadamente insatisfactoria.

Había algo que hacía falta entre la reina Vasti y él, algo que él anhelaba. Creo que ese ingrediente era intimidad. Supongo que todos los hombres desean algo más, pero cuando intentan encontrarlo buscando solo sexo, se quedan con un vacío falso. Me entristece pensar en los hombres rusos, a pesar de que sus mujeres tienen la reputación de ser las más seductoras y sensuales en el mundo. De hecho, me entristecen los hombres en toda nación donde las mujeres son vistas como objetos sexuales, donde su persona ha sido separada de su sexualidad. El resultado es que los hombres obtienen mujeres que les dan sexo, pero esas mujeres están heridas, desconectadas de sus propios corazones y frecuentemente están endurecidas y son severas. Dios diseñó la intimidad sexual para que fuera una combinación de unidad física, emocional y espiritual, un paquete completo e inseparable. En otras palabras, cuando una mujer es totalmente amada, no solo por lo que le puede dar a un hombre físicamente, entonces él puede experimentar verdadera intimidad en la cual una mujer se da completamente.

Cuando una mujer es amada de la forma en que Dios quiere que sea amada, ella puede bendecir a su esposo con la plenitud de su mente, su voluntad, sus emociones y su cuerpo. Toda la bendición de su ser es desatada totalmente; nada es retenido. La mayoría de los hombres no conocen en absoluto esa bendición plena; todo lo que obtienen es sexo.

> CUANDO UNA MUJER ES AMADA DE LA FORMA EN QUE DIOS QUIERE QUE SEA AMADA, ELLA PUEDE BENDECIR A SU ESPOSO CON LA PLENITUD DE SU MENTE, SU VOLUNTAD, SUS EMOCIONES Y SU CUERPO.

Yo creo que el rey anhelaba una mujer con una belleza interior que pudiera entregarse por completo a él. No es de sorprenderse que el rey amara a Ester más que a las otras. Ella era hermosa, pero su belleza externa no alejó a la gente de ella ni tampoco fue la única cosa que la hacía atractiva. Ella era sabia y humilde, lo suficiente como para entender la sumisión. Luego de un encuentro, la Biblia dice que *El rey se enamoró de Ester más que de todas las demás mujeres* (Ester 2:17).

La palabra hebrea que se usa aquí rara vez es empleada para denotar relaciones sexuales; mas bien se utiliza para describir las partes no sexuales del matrimonio o en una relación entre padres e hijos. Basado en su carácter, puede asumirse que el rey la valoró, se deleitó y se conectó con ella como una persona completa. En otras palabras, su atracción por Ester no solamente fue sexual sino también amorosa, valorándola como un ser completo.

A Ester se le concedió ver al rey en un tiempo cuando su pueblo, los judíos, estaban en la mira para ser destruidos. Cuando surgió una conspiración para aniquilar a los judíos de todas las provincias del rey, Ester, aconsejada por Mardoqueo, intercedió por su pueblo delante del rey. Su relación con este, combinada con su valentía para presentarse delante de él, resultó en la preservación de todos los judíos que vivían en esa nación. Ester era hermosa físicamente, pero fue más famosa por su intercesión, su ayuno, sus oraciones y su audacia al hablar a favor de su pueblo, el cual iba a ser destruido por los poderes de las tinieblas.

A medida que nos sometemos a Dios como su Novia, sometemos nuestra belleza ante Él y desarrollamos un corazón de intercesión, nos volvemos como Ester y podemos ser usados por Dios para librar a otros condenados a muerte. ¡Que contraste con el de aquellas que usan su belleza meramente para ganancias egoístas!

Entonces, ¿estaba Dios aprobando los valores morales del imperio persa al permitir que Ester fuera inducida al harén del rey? No más de lo que nosotros estamos permitiendo que nuestras hijas crezcan en nuestras naciones modernas en torno a culturas cada vez más y más sexualizadas.

Antes me preocupaba el hecho de pensar que parecía ser que Ester había sido forzada a entregar su pureza durante su noche con el rey. ¿Deberíamos pensar que Dios le pediría a una hija que arriesgara uno de los estándares más sagrados, (el de la pureza sexual), para posicionarla en un lugar donde podría librar a una nación entera condenada a muerte? ¿Requiere Dios que se hagan a un lado sus estándares para lograr su voluntad perfecta en una nación? Yo no creo. A medida en que oraba y meditaba en esta historia, he llegado a ciertas conclusiones.

No creo que se haya acostado con el rey o haya violado los límites sexuales puestos por Dios. El rey Asuero no estaba desesperado por sexo. Como dije antes, él tenía acceso a este como él quisiera. Creo que es más probable que el rey haya sido cautivado por su pureza y belleza de espíritu y haya estado totalmente dispuesto a retrasar su unión sexual hasta después del matrimonio. Considerando la piadosa sumisión de espíritu de Ester, estoy seguro que el rey estuvo más que dispuesto a honrar esta petición de su parte.

ESTHER SUE

Hubo otra Ester que entendió la verdadera belleza y la intercesión. Su nombre fue Esther Sue. Ella era una abuela que decidió *adoptarme* cuando yo me volví amigo de su hijo. Yo tenía 15 años, un joven necesitado, proveniente de una familia desecha por el alcoholismo. La verdadera belleza de Esther Sue le daba acceso al Rey, y desde el día que me conoció hasta que murió, 32 años después, Esther Sue intercedió por mí. Nunca ganó un concurso de belleza terrenal, pero ganó el corazón del Rey de reyes y encontró un lugar delante de Él para interceder. Ella oró por mi salvación, por mi matrimonio piadoso y por mi ministerio. Ella conocía el secreto de la verdadera belleza y el lugar de influencia que le daba delante del Rey. Ella pudo haberse dado por vencida por el otro espíritu, el espíritu que dice que la vida se trata de *mí mismo*, el espíritu que nunca encuentra tiempo para clamar a Dios en nombre de otra persona.

EL MUNDO SE MUEVE ALREDEDOR DE TI Y TÚ ATRAES LA ATENCIÓN ALREDEDOR DE TI.

Cuando eres una "diosa", el mundo se mueve alrededor de ti y atraes la atención. Sin embargo, cuando eres una hija del Rey, toda la atención es dirigida hacia Dios y hacia otros, y toda la alabanza va directo a Él.

Una hija que rinde su belleza a Dios gana acceso e influencia con el Rey. Su intercesión delante de Él puede salvar una nación. Creo que Dios quiere librar a las hijas de la atadura del concurso de belleza cultural y posicionarlas como intercesoras a favor de la liberación de individuos y naciones.

CONCLUSIÓN

Quiero ver a nuestras hijas seguras, hermosas y radiantes. Quiero ver sus corazones llenos del conocimiento de que son especiales y amadas. Esa es su protección contra los avances de los hombres que quieren aprovecharse de ellas sexualmente. Sin embargo, las hijas no se vuelven así de la nada. Como hombres, es nuestro trabajo ser como Mardoqueo: cuidarlas y preguntar por su condición y bienestar diariamente. Esto debemos hacerlo con nuestras esposas, madres, hijas y hermanas. Esto quiere decir que debemos romper la barrera del silencio al hablarles palabras de amor y afirmación sobre ellas. Requiere pasar tiempo con ellas y escucharlas.

Involucra vencer la incomodidad de darles abrazos y el toque puro que necesitan.

> COMO HOMBRES, ES NUESTRO TRABAJO SER COMO MARDOQUEO: CUIDAR Y PREGUNTAR DIARIAMENTE ACERCA DE LA CONDICIÓN DE NUESTRAS ESPOSAS, MADRES, HIJAS Y HERMANAS.

Si lo hacemos, Dios desatará algo a través de ellas. Nosotros, como hombres, podemos ayudar a crear una generación como Ester, una generación de mujeres que bendecirán naciones, cuyo clamor de intercesión hará una diferencia en los Cielos y, subsecuentemente, en la tierra.

Las mujeres también tienen un rol que jugar al procurar que la verdadera belleza nazca en sus corazones. Es su responsabilidad escoger una respuesta adecuada ante sus temporadas de prueba. Sus decisiones determinarán si serán duras y amargadas o si aprenderán a confiar en Dios.

Las mujeres necesitan resistir el espíritu del mundo que implacablemente las presiona a enfocarse en ser lindas por fuera en lugar de ser bellas por dentro. Como lo hizo Ester, necesitan aprender a permitir que los padres naturales y espirituales les hablen y les ministren.

PREGUNTAS

1. ¿De qué manera le impactó la historia del autor sobre su tiempo de ministerio en Rusia? ¿De qué manera puede el corazón de un verdadero Padre sanar el corazón de una hija que ha sido lastimada?

2. ¿Qué piensa usted de la frase: "Un abrazo al día, aleja a los chicos malos"?

3. Explique cómo un Padre al satisfacer las necesidades de su hija está ayudándola para guardarla de la inmoralidad. Mujeres: ¿Cómo ha afectado la presencia o la falta de atención y amor de un Padre en su propia vida?

4. ¿Por qué la verdadera intimidad implica tres partes: unidad espiritual, unidad del alma/amistad, unidad física/sexual?

5. Discuta los atributos de "la verdadera belleza" que Ester propuso, en comparación al "espíritu de diosa" que llamaba la atención a sí misma.

6. ¿De qué manera el espíritu del harén vive hoy en día en nuestra cultura? ¿Cómo le ha afectado esto a usted como mujer? ¿Cómo le ha afectado esto a usted como hombre?

7. Hombres: ¿De qué manera usted puede actuar en la vida de las mujeres que le rodean, así como lo hizo Mardoqueo en la vida de Ester?

CAPÍTULO DOS
LA ADORACIÓN AL SEXO

Algunos años antes de su muerte, la Madre Teresa fue invitada a hablar en un desayuno en el Día Nacional de la Oración, en Washington, D.C. Líderes de todo el mundo asistieron a este gran evento. Me puedo imaginar a los organizadores pensando: "Todo está perfecto. La Madre Teresa hablará acerca de la obra fenomenal que está haciendo en la India con los pobres y abandonados. Nos motivará a participar en este noble servicio para que nos preocupemos por el marginado en nuestra sociedad. ¡Qué gran inspiración será para nosotros!". Y sí, la Madre Teresa habló acerca de los marginados y olvidados, pero no del *tipo* que ellos esperaban. La Madre Teresa centró toda su plática en el aborto; ¡el tema más políticamente incorrecto de todos!

> CUALQUIER PAÍS QUE ACEPTE EL ABORTO NO ESTÁ ENSEÑANDO A SU GENTE A AMAR, SINO A USAR CUALQUIER TIPO DE VIOLENCIA PARA LOGRAR LO QUE QUIEREN.

Yo creo que el más grande destructor de la paz hoy en día es el aborto. Es una guerra contra el niño, un asesinato directo del bebé inocente, muerto por la madre misma. Si aceptamos que una madre puede matar a su propio hijo, ¿cómo podemos evitar que otra gente se mate entre ella misma? ¿Cómo persuadimos a una mujer a que no aborte? Como siempre, debemos convencerla con amor. Nos recordamos a nosotros mismos que el amor verdadero requiere una disposición de dar hasta que duela. La madre que está considerando el aborto debe ser ayudada a amar; en otras palabras, a dar hasta que le duela en sus planes o en su tiempo libre, de manera que respete la vida de su hijo. El padre de ese hijo, quien sea que fuere, también debe darse a sí mismo hasta que le duela. El aborto no le enseña a una madre a amar, sino a matar aun a su propio hijo para resolver sus problemas. El aborto le enseña al padre que no tiene que tomar ninguna responsabilidad por el hijo que ha traído al mundo. Es más probable que ese padre coloque en la misma posición a otra mujer. El aborto lleva a más aborto. Cualquier país que acepte el aborto no le está enseñando a su gente a amar, sino a usar la violencia para lograr todo lo que quieran. Por eso digo que el más grande destructor del amor y la paz es el aborto.

La Madre Teresa sorprendió a todos los asistentes al desayuno al abordar el tema tabú del aborto. Ella entendió la conexión entre el aborto y la espiral por la que estaba resbalándose la nación y sintió la urgencia de hablar al respecto.

Cada año hay 1.2 millones de niños que pierden sus vidas en los Estados Unidos de América antes de salir del vientre de su madre, superando así el número de todos los otros tipos de muertes por causas no naturales. Podemos decir entonces que el lugar más peligroso de América es el vientre de una madre.

LOS ELEMENTOS NECESARIOS DE LA ADORACIÓN AL SEXO

El conocimiento de la Madre Teresa con respecto a los temas relacionales y sociales en torno al aborto, tiene que ver con el panorama más amplio, en otras palabras, con la adoración al sexo. Ella refirió algunos elementos involucrados en el aborto y las conversaciones internas, tanto de mujeres como de hombres jóvenes, en el momento de tomar la decisión de aniquilar a su bebé. Veamos más de cerca los elementos necesarios involucrados en la adoración al sexo.

ELEMENTO NECESARIO 1: EL ABORTO

Pasé años en el movimiento antiaborto de los Estados Unidos, inicialmente involucrándome en eventos nacionales que luego me llevaron a hacer que mi congregación local participara. Éramos *esa gente rara* en la televisión queriendo proponerse pacíficamente en protestas no violentas y arrestados en las clínicas de aborto.

De hecho, hubo treinta mil arrestos en estos eventos a favor de la vida. Comparemos eso con los seis mil esposamientos realizados en total durante el movimiento de los derechos civiles (aunque nuestras actividades fueron menos reconocidas y publicadas). Luego de una serie de protestas y detenciones repetidas, empecé a preguntarle a Dios: "Señor, ¿por qué no podemos romper con esta cosa? ¿Por qué con todo el tiempo y la energía que hemos invertido luchando contra el aborto, no hay nada que esté cambiando?". Dios empezó a mostrarme que habíamos despersonalizado el asunto del aborto. Lo habíamos hecho algo objetivo, un tema de debate, una decisión para la Corte Suprema, un tema para un artículo en las clases de inglés. Se nos había olvidado que el aborto NO era un tema impersonal. Siempre se ha tratado de la hija, de la esposa, de la hermana o de la mamá de alguien. El aborto no solo es acabar con la vida de los hijos.

EL ABORTO TIENE QUE VER CON LA ADORACIÓN AL SEXO

En todo lugar donde nos reuníamos, los homosexuales radicales se juntaban en oposición a nosotros luchando a favor de los derechos del aborto. Yo pensaba: "Ellos no se pueden embarazar. ¿Por qué luchan tan fuertemente contra algo que pareciera no tener nada que ver con ellos?". Luego lo entendí. **El aborto tiene que ver**

con la adoración al sexo. La lucha en torno al aborto no es simplemente la muerte de niños inocentes o la mal llamada *libertad de escoger*. En vez de eso, es un intento de quitar las restricciones, las fronteras, las limitaciones del sexo homosexual o heterosexual, punto. Cuando el sexo es adorado, tiene que existir el aborto. Los hijos que resultan deben ser eliminados porque su presencia haría estragos en todo el sistema. La presencia de un niño demanda compromiso, permanencia y una familia. Por lo tanto, para que pueda continuar el sexo sin restricciones, los niños deben ser silenciados.

HABLANDO LÓGICAMENTE, EL ABORTO ES EL FIN RESULTANTE EN UNA CULTURA QUE ADORA AL SEXO.

El confort, la conveniencia, la seguridad material y la reputación representan del 95 al 98 por ciento de las razones por las cuales las parejas dicen tener un aborto. Los abortos rara vez son realizados en beneficio de la salud de la madre. El aborto silencia la voz del niño que pregunta con todo su ser: "¿Dónde está mi madre? ¿Mi padre? ¿Mi familia?". El aborto borra las consecuencias de la sexualidad recreacional y sin compromiso. Esa pequeña voz demanda responsabilidad por parte de un joven a quien, posiblemente, ni siquiera le gustaba la chica con quien se acostó. Hay una buena probabilidad de que su relación haya sido solamente para satisfacerlo a él y darle placer. Tiene sentido que él quiera silenciar la pequeña voz que demandará responsabilidad y compromiso. La joven que repentinamente embarazada también rechaza las consecuencias de sus acciones: "No es el tiempo adecuado. Tengo planes y sueños. No estoy segura de que mi novio esté comprometido conmigo. Necesito terminar la preparatoria o la universidad. No tengo dinero para mantenerme a mí misma, mucho menos a alguien más". Un aborto se asegura de que estos límites muy reales que tiene la sexualidad permanezcan intocables. Sin embargo, en el proceso, el padre del niño viola parte de su hombría, la esencia de lo que es un padre. La madre también suprime su espíritu maternal y roba vida en vez de darla. El aborto asalta directamente al diseño que Dios le dio al hombre y a la mujer. El aborto no es un asunto solitario que lidia con la muerte de un niño. Involucra mucho más que esto. Lógicamente hablando, el aborto es el fin resultante en una cultura que adora al sexo.

ELEMENTO NECESARIO 2: CAMBIAR EL ROL DE UN HOMBRE

Dios diseñó a los hombres para que tomaran riesgos, para que fueran centinelas, guardianes y defensores dispuestos y capaces de luchar a favor de aquellos bajo su cuidado y protegerlos. Los hombres están diseñados para el honor, para hacer lo correcto en lugar de hacer lo que es fácil. Están diseñados para honrar los estándares de rectitud, para luchar contra el mal y proteger el bien. Eso explica su disposición de ir a la guerra y dar su vida en el servicio de su nación en defensa de sus familias.

El *mandato de Efesios* describe cómo debería ser la relación de un esposo con su esposa cuando dice: "Esposos, amen a sus esposas, así como Cristo amó a la iglesia y se entregó por ella" (Efesios 5:25).

Yo creo que esta es una de las escrituras más radicales que la Iglesia puede predicar. Debería ser una de las verdades fundamentales que los misioneros usaran al edificar a la Iglesia en las naciones de la tierra. Frecuentemente perdemos de vista la esencia de lo que el verso parece describir tan claramente tocante al rol que tenemos los hombres al servir a nuestras esposas.

Efesios confronta directamente a aquellos esposos y hombres que son duros, abusivos o *mini tiranos* en sus hogares.

DIOS QUIERE TOMAR LA FORTALEZA DE LAS CUALIDADES MASCULINAS QUE HAN ESTADO BAJO ATAQUE EN NUESTRA CULTURA FEMINIZADA, Y EMPLEARLAS PARA LA DEFENSA Y PROTECCIÓN DE LAS MUJERES EN LA VIDA DE TODO HOMBRE.

¿Cómo se supone que debemos amar a nuestras esposas? Se supone que amemos a nuestras esposas como Cristo amó a la Iglesia y se entregó por ella.

¿Cómo amó Cristo a la Iglesia? Puso su vida para salvarla. Sufrió por ella. La sirvió, la guardó, la protegió, la honró, se comunicó con ella, la defendió y murió por ella. El mandato de un esposo es servir a su esposa y sacrificarse por ella. Dios quiere tomar la fortaleza de las cualidades masculinas que han estado bajo ataque en nuestra cultura feminizada y emplearlas para la defensa y protección de las mujeres en la vida de todo hombre. El enemigo, por otro lado, quiere pervertir esas cualidades masculinas y desatarlas en la cultura, de tal forma que los hombres se vuelvan predadores en vez de protectores.

PRINCIPIOS ESCONDIDOS
EN EL ANTIGUO TESTAMENTO

El Antiguo Testamento contiene leyes interesantes concernientes al asalto sexual. Justo cuando descubrimos estos principios escondidos en los obituarios de reyes, también descubrimos principios escondidos en las leyes del Antiguo Testamento con respecto a esta situación. Echemos un vistazo a una de estas leyes contra el asalto sexual: "Si hay una joven virgen que está comprometida a un hombre, y otro hombre la encuentra en la ciudad y se acuesta con ella, entonces llevaréis a los dos a la puerta de esa ciudad y los apedrearéis hasta que mueran; la joven, porque no dio voces en la ciudad, y el hombre, porque ha violado a la mujer de su prójimo; así quitarás el mal de en medio de ti. Pero si el hombre encuentra en el campo a la joven que está comprometida, y el hombre la fuerza y se acuesta con ella; entonces morirá sólo el que se acuesta con ella, no harás nada a la joven; no hay en la joven pecado digno de muerte, porque como cuando un hombre se levanta contra su vecino y lo mata, así es este caso; cuando él la encontró en el campo, la joven comprometida dio voces, pero no había nadie que la salvara" (Deuteronomio 22:23-27 [LBLA]). Si la violación ocurría en la ciudad, tanto el hombre como la mujer eran culpables, pero si la violación ocurría en el campo, solo se consideraba culpable al hombre. ¿Cuál era la razón para esta delineación? En el caso de la violación en el campo, se asumía que aun si la mujer gritaba con todas sus fuerzas, simplemente no había nadie que pudiera rescatarla. Así que, la mujer era inocente; solo el hombre era castigado. Si un asalto sexual ocurría en la ciudad, se asumía que la mujer no había pedido ayuda. En ese caso, tanto la mujer como el hombre eran considerados culpables.

¿Qué podemos aprender de esto? Mi primera pregunta es ¿quién podría rescatar a una mujer siendo atacada? ¿La policía hebrea? A lo mejor. Sin embargo, no había policía hebrea en ese entonces. Solo habían guardianes en el templo. Así que, ¿quién respondería a los gritos de una mujer siendo asaltada? ¿Quién la rescataría? ¿Un padre? ¿Un hermano? Yo creo firmemente que todo hombre responsable en esa cultura hubiera respondido al clamor de una hija bajo asalto. Ante la injusticia, la responsabilidad de un hombre es la de responder; la responsabilidad de un hombre es rescatar a todo aquel en peligro; la responsabilidad de un hombre es escuchar el clamor y actuar.

Para aplicar esta historia al asalto actual siendo perpetrado contra nuestras hijas, yo creo que es la responsabilidad de los padres rescatar a sus hijas de los efectos del asalto cultural sexual. Sin embargo, solo los padres que estén vivos en el Espíritu de Dios se encontrarán posicionados y dispuestos a responder a tal clamor.

> CULTURALMENTE, EN LUGAR DE FUNCIONAR COMO PROTECTORES DE LAS MUJERES, LOS HOMBRES HAN DADO LUGAR A SU NATURALEZA MÁS BAJA Y, FRECUENTEMENTE, FUNCIONAN MÁS COMO PREDADORES DE LAS MISMAS MUJERES QUE FUERON LLAMADOS A PROTEGER.

Hay que notar que Deuteronomio habla de un asalto en el campo, un lugar inhabitado. Nadie estaba disponible para ayudar a una hija bajo ataque. Desafortunadamente, hoy en día nuestras ciudades se han vuelto lugares donde nuestras hijas pueden ser asaltadas regularmente, y aún así nadie puede rescatarlas. Cuando las mentiras las asaltan llevándolas a cambiar su naturaleza e identidad, el diseño de Dios es que los padres o los hijos de corazón puro puedan escuchar su clamor y responder inmediatamente con un sentido de responsabilidad personal que dice ¡*Voy a ponerle un alto a todo esto*! Sin embargo, el enemigo ha trabajado duro para cambiar el rol del hombre de protector a predador. Culturalmente, en lugar de funcionar como protectores de las mujeres, los hombres han dado lugar a su naturaleza más baja y frecuentemente, funcionan más como predadores de las mismas mujeres que fueron llamados a proteger.

En vez de caminar con dominio propio y pureza, buscan encuentros sexuales fáciles y desprovistos de compromiso. En nuestra cultura de *hook-up* (encuentros sexuales de una noche), los jóvenes ni siquiera tienen que pretender ofrecer compromiso y permanencia. Esperan y reciben con disposición la gratificación sexual sin responsabilidad alguna .

> DIOS ES MUY CLARO EN DECIR QUE LA RESPONSABILIDAD POR LA CONDUCTA DE LAS MUJERES EN LA CULTURA DEBE SER PUESTA A LOS PIES DE LOS HOMBRES.

En Oseas, Dios reprendió a los hombres de la cultura por lo que estaba ocurriendo con sus hijas: "Pero no las castigaré por sus prostituciones y adulterios, porque sus propios maridos se juntan con prostitutas y celebran banquetes paganos con las sacerdotisas del templo. ¡Es así como acaba por hundirse un pueblo falto de entendimiento!" (Oseas 4:14). Dios es muy claro en decir que la responsabilidad por la conducta de las mujeres en la cultura debe ser puesta a los pies de los hombres. Los hombres de la cultura debían dar cuentas a Dios. Aunque es cierto que sus hijas estaban pecando sexualmente, Dios no las iba a castigar por sus acciones, ya que estos hombres —los padres y los hijos— eran los que habían permitido, cultivado y perpetuado, este mal en la cultura. Es obvio que Dios espera que los hombres sean los *creadores de cultura* y los que *protegen el ambiente*. Se puede sentir cómo las mujeres obtienen su dirección o sus indicadores sobre su comportamiento a partir de los valores que los hombres permiten que dominen la cultura.

No estoy diciendo que las mujeres no son responsables por sus pecados, pero al examinar cómo Jesús lidió con ellas, su forma de llamarlas a cuentas, estaba llena de ternura y misericordia. Más de una vez Él defendió a una prostituta frente a la gente poderosa y religiosa de ese entonces. De hecho, algunos de estos hombres probablemente buscaron los servicios de la prostituta y habían sido, ellos mismos, los predadores. Si examinamos cualquier cultura encontraremos que las mujeres son el reflejo de lo que los hombres han permitido y cultivado en medio de ellos. Si los hombres quieren sexualidad y seducción, las mujeres se vuelven sensuales y seductoras. Si los hombres caminan en pureza, sus mujeres serán castas y puras. La opresión que hemos permitido que vivan nuestras hijas en las sociedades occidentales y en la norteamericana, es una forma de condenarnos a nosotros mismos como hombres.

A los hombres les encanta el riesgo, la aventura, *la lucha*, el concurso y la pelea. Dios puso eso en nosotros para que lucháramos contra el mal. Se supone que usemos esas virtudes masculinas frecuentemente malentendidas en la pelea contra esas cosas que destruyen los corazones de nuestras mujeres. Al hacerlo, estamos reclamando de vuelta la esencia de la auténtica hombría.

LAS MUJERES SON VÍCTIMAS Y ABUSADAS SOLO SI LOS HOMBRES LO PERMITEN.

En el libro *Her Hand in Marriage*, Doug Wilson habla muy reveladoramente acerca de otra ley en torno al asalto sexual. Si una joven mujer resultaba no ser virgen luego de haber sido dada en matrimonio a un hombre, la ley decía que *la llevarán a la puerta de la casa de su padre, y allí los hombres de la ciudad la apedrearán hasta matarla* (Deuteronomio 22:21). En muchos otros casos la gente era apedreada a las puertas de la ciudad, pero este mandamiento indica la responsabilidad moral por parte del padre al fallar en mantener a su hija virgen. Era su trabajo cuidarla y velar por ella para asegurar su virginidad. El simbolismo con respecto al lugar de ejecución (frente a la casa de su padre) no debería perdérsenos en el texto. La responsabilidad del estado moral de una cultura está a las puertas de los hombres de esa cultura. Las mujeres se vuelven víctimas y abusadas solo si los hombres lo permiten.

En la historia de Lot, en Génesis 19, vemos un intercambio estrafalario. Un día, Lot se topa con unos visitantes en la ciudad que estaban planeando dormir en la plaza. Conociendo la depravación de los ciudadanos, Lot les insiste que se queden en la seguridad de su hogar. Cuando los vecinos y los moradores escucharon acerca de los visitantes, los hombres de la ciudad fueron a la casa de Lot y empezaron a tumbar la puerta, amenazándolo y demandando que sacara a los visitantes para que pudieran abusarlos. Lot trató de aplacar a los hombres con una oferta: "Por favor, amigos míos, no cometan tal perversidad. Tengo dos hijas que todavía son vírgenes; voy a traérselas para que hagan con ellas lo que les plazca, pero a estos hombres no les hagan nada, pues han venido a hospedarse bajo mi techo" (Génesis 19:7-8). Los visitantes resultaron ser dos ángeles que deslumbraron a la turba dejándola ciega para que no pudieran ver la puerta. La multitud eventualmente dejó en paz a Lot y a su familia.

Hay elementos en esta historia que me recuerdan a nuestra generación. La cultura está tumbando las puertas de nuestros hogares. En vez de una turba sodomita y violadora, hay un sistema de valores que garantiza infelicidad, cuerpos enfermos, sueños destruidos y corazones rotos a través del sistema de citas. A pesar de todo, insistimos en que nuestro sistema de noviazgo no tiene nada de malo. En nuestro caso, nosotros somos los ciegos ofreciendo abiertamente a nuestras hijas al sistema de relaciones del mundo que las destruirá y se aprovechará de ellas; a una cultura que devalúa a las mujeres y las ve como objetos sexuales. Ingenuamente permitimos que nuestras hijas pasen tiempo con jóvenes que, tanto ellas como nosotros, desconocemos. Si fuéramos ¡admitiríamos que hemos confiado a nuestras hijas a chicos a quienes no entregaríamos las llaves de nuestro auto! Le damos nuestras hijas a este sistema cuando están totalmente vulnerables y sin protección. No somos diferentes de Lot. Nos horroriza pensar que el Señor sacrificaría la pureza y la seguridad de sus hijas. No es menos horroroso arriesgar la pureza y la seguridad de nuestras propias hijas al entregarlas ciegamente al sistema de relaciones de este mundo.

ELEMENTO NECESARIO 3: CAMBIANDO EL CORAZÓN DE UNA MUJER

La adoración al sexo instiga y desata un asalto al por mayor contra la mujer. Para que la mujer pueda participar en la adoración al sexo no solamente debe existir necesariamente el aborto, el cual asegura la ausencia de consecuencias (por lo menos la ilusión de su ausencia) o responsabilidad, sino también debe haber un cambio en el corazón de ella. No es la naturaleza creada por Dios el que una mujer sacrifique la vida de su hijo para satisfacer sus deseos o necesidades egoístas. ¡Por el contrario! Dios puso un instinto maternal fuerte en las mujeres, y este las hace realizar grandes esfuerzos para sacrificarse por sus hijos. Tampoco es natural que la mujer sacrifique su pureza en una atmósfera en donde falta el compromiso y la seguridad. Las mujeres fueron creadas para necesitar seguridad, permanencia y compromiso.

Estas son las cosas que les permiten sonreírle al porvenir como lo expresa Proverbios 31. Los poderes de las tinieblas vienen a persuadir a nuestras hijas para que traten de obtener sus sueños de seguridad, confianza, permanencia y compromiso a través de una identidad y una conducta que separa su persona de su sexualidad. En otras palabras, Satanás las convence para que se enfoquen solamente en la parte sexual de su ser, excluyendo otros aspectos hermosos de su naturaleza de manera que puedan atraer a un hombre. El enemigo buscar hacerlas objetos, busca convencer a las hijas de que edifiquen sus vidas alrededor del altar del encanto y la belleza en un intento de satisfacer sus necesidades. Como siempre, el máximo objetivo del enemigo es robar, matar y destruir. Sabe que si puede convencer a nuestras hijas de ir contra la naturaleza ordenada por su Dios, ellas terminarán siendo destruidas.

PARA QUE LA MUJER PUEDA PARTICIPAR EN
LA ADORACIÓN AL SEXO NO SOLAMENTE
DEBE EXISTIR NECESARIAMENTE EL ABORTO,
SINO TAMBIÉN DEBE HABER UN CAMBIO EN
EL CORAZÓN DE ELLA

"Engañoso es el encanto y pasajera la belleza; la mujer que teme
al Señor es digna de alabanza" (Proverbios 31:30). Esta Escritura
indica que Dios diseñó a cada hija en el planeta para que sea alabada y que su presencia se note inmediatamente. Dios promete
que cuando una mujer le teme, cuando ella se posiciona en el lugar
correcto delante de Él, el resultado será una atención apropiada,
valor y alabanza. Sin embargo, el encanto es engañoso. El encanto
dice: "Obtén atención a tu manera. Usa tu sensualidad para llamar
la atención hacia ti misma". La palabra encanto implica un hechi-
zo. Hay una connotación de magia, seducción y encantamiento
—aunque dicho encanto miente, no puede cumplir lo que promete,
no llenará el alma de una mujer, no proveerá sus necesidades de
forma en que realmente la satisfaga—. La atención que viene a
través del encanto separa el corazón de una hija de su verdadera
persona y de la verdadera belleza que Dios le ha dado.

Una cultura de encanto llama la atención hacia la belleza física
y vana. Hace que una hija se vuelva el centro del universo, dejándola vacía y enfocada en sí misma.

NUESTRA   CULTURA   QUISIERA   QUE
CREYÉRAMOS   QUE   TODO   LO   QUE   HAY
ENTRE UN HOMBRE Y UNA MUJER SE REDUCE
AL SEXO.

Nuestra cultura quisiera que creyéramos que todo lo que hay entre
un hombre y una mujer se reduce al sexo. Y tengo que admitir que
hace un buen trabajo de convencimiento al hacer parecer la vida
como si todo lo que importara acerca de la misma es sexo, sexo y
más sexo. Las películas, las carteleras, los anuncios, la televisión
y el internet están llenos de dicha propaganda. Encontramos, sin
embargo, problemas con este tipo de enfoque coordinado en torno

al sexo. Los hombres están obteniendolo, pero perdiendo la verdadera intimidad que Dios diseñó para que lo experimentaran. Y, en medio de todo, las mujeres están severamente desilusionadas por la falta de relación y permanencia que reciben (lo cual es aquello que anhelan). Ese es el corazón de una hija. Una mujer que vive con un hombre, camina de puntillas en su espíritu preguntándose: "¿Es esto permanente? ¿Me valoras? ¿Te vas a comprometer conmigo?". Toda hija, con todo y su *poder de atracción,* está siempre preguntándose: "¿Me valoras por mí o es solo algo en mi exterior que te llamó la atención?". La viuda rica encara un dilema similar: nunca sabe con certeza por qué la gente la quiere o por qué la visitan. Muy en el fondo se pregunta: "¿Quieres mi herencia? ¿Quieres que te dé dinero? ¿Eres mi amigo? ¿Me amas porque soy yo?". En nuestra cultura, toda hija se hace el mismo tipo de pregunta en lo más profundo de su espíritu.

Desafortunadamente, el mensaje diabólico y prevaleciente es este: "Más te vale entregarte a esta imagen seductora. Debes aprender a caminar de cierta forma, verte de cierta manera y entregarte de la misma forma en que otras se están entregando, y si tú no lo haces, ningún hombre te va a querer".

Su bombardeo constante con este mensaje, combinado con el temor de una soledad futura, hace que muchas jóvenes cedan. Luego, ellas se enfocan en desarrollar su identidad sexual haciendo a un lado las otras partes de su ser, negando las necesidades más profundas y deseos de su corazón, arriesgándolo todo con la esperanza de que esas necesidades sean satisfechas cuando ellas se den a los hombres. Es parte de la asignación que tienen los poderes de las tinieblas para cambiar el corazón de una mujer y destruir su espíritu. De hecho, la mujer, al hacer tales cosas, se vuelve cómplice en la destrucción de sus propios sueños.

EL MATRIMONIO PROVEE EL ÚNICO CONTEXTO EN EL QUE UNA MUJER ESTÁ PROTEGIDA POR EL AMOR Y UN PACTO, Y POR ENDE, ELLA ES CAPAZ DE DARSE POR COMPLETO DE UNA MANERA SEXUAL.

No estoy diciendo que las mujeres no son sexuales. Estoy diciendo que son primordialmente relacionales y secundariamente sexuales. En otras palabras, en el área sexual, la necesidad más grande de una mujer es que un hombre se comprometa con ella, y luego, a partir de esa seguridad, ella puede sin reservas entregarse a él sexualmente. Una hija necesita saber que un hombre ha hecho un compromiso con ella, no solo por su cuerpo, sino por su persona (la totalidad de quien ella es). Ese es el diseño y el propósito de Dios para las relaciones. El matrimonio provee el único contexto en el que una mujer está protegida por el amor y por un pacto, y por ende, ella es capaz de darse por completo de una manera sexual. En esa relación Dios le da libertad para que exprese su sexualidad. Fuera de la relación de matrimonio, no se supone que se relacione con los hombres sexualmente. En todas las otras relaciones con hombres, debe relacionarse como hermana, hija o madre. La mentira perpetrada por el enemigo la lleva a creer que necesita relacionarse a nivel sexual con todos los hombres. En el proceso, su corazón es alterado, su naturaleza entra en riesgo, sus sueños son aplastados y su futuro es destruido. Solo en el pacto del matrimonio, la sexualidad de una mujer puede ser desarrollada de una manera que resulte ser una bendición para ella. Como dije antes, no se puede adorar al sexo sin instigar y desatar un asalto al por mayor contra la mujer. Para poder tenerlas como participantes voluntarias, primero se debe cambiar su corazón. Y solo entonces, envueltas en el engaño, quebrantamiento y destrucción, una hija se convertirá en algo que Dios nunca quiso que fuera.

Bill Clinton, durante su primer mandato, fue atrapado en una aventura con una interna de la Casa Blanca, Mónica Lewinsky. El escándalo alcanzó los titulares de la prensa en todo el mundo. En el reporte de la investigación, se supo acerca de sus conversaciones con el Presidente. Hay que ver tanto el engaño en el cual ella se encontró envuelta y los ya mencionados elementos del corazón de una hija. En medio de la aventura, ella dijo: "Creo que me he enamorado del Presidente". Ya que el corazón de las hijas está integrado, la señorita Lewinsky no estaba pensando solamente en el sexo como lo haría un hombre, sino acerca de su futuro con un hombre (y un sin fin de cosas relacionadas al mismo). El amor, para ella, tenía la promesa de compromiso y permanencia. Cuando un hombre toca el cuerpo de una mujer, él no está tocando su cuerpo. Para ella va mucho más allá. Él está tocando parte de su alma (partes tan diversas que pueden ir desde su deseo de ser algún día una abuela, hasta cuál es su sabor favorito de helado, cuánto ama a su mascota y sus opiniones acerca de cómo está gobernando el actual presidente de la nación). El hombre quiere un encuentro sexual y el amor está muy lejos de su mente; ella desea permanencia, compromiso y seguridad. Como con Mónica, hay un nivel de dolor en su espíritu que le permite soñar permanecer en su relación con el Presidente. Es un engaño ilógico, aunque es un engaño en el que muchas mujeres caen. Incontables mujeres tienen aventuras con hombres casados pensando que esos hombres harán un compromiso permanente con ellas, aunque los hombres estén violando sus previos compromisos con sus esposas al estar teniendo esa aventura.

> "LE PREGUNTÉ: '¿POR QUÉ NO ME PREGUNTAS NADA ACERCA DE MÍ? ¿ESTO SE TRATA SOLO DE SEXO O TIENES ALGÚN INTERÉS EN MÍ COMO PERSONA?".

Las siguientes preguntas que hizo Mónica develan la esencia del corazón de toda hija, preguntas que toda mujer hace en cada relación, ya sea que las verbalice o no. Ella tuvo que haber tomado el riesgo de hacerlas cuando empezó a dudar de las motivaciones que él tenía. "Le pregunté: '¿Por qué no me preguntas nada acerca de mí?¿Se trata esto solo de sexo o tienes algún interés en mí como persona?".

Me puedo imaginar la expresión del rostro del señor Clinton. Dios diseñó a sus hijas para ser valoradas y para comunicarse con ellas, para ser honradas, atesoradas. Cuando son heridas y las mentiras del enemigo han alterado el corazón de una mujer, solo entonces se disponen a intercambiar su corazón de hija por una relación ilícita con un hombre. O como en el caso de algunas adolescente japonesas, cambiar su corazón de hija por un momento pervertido con una figura paterna.

Muchas chicas japonesas tienen padres que están ausentes emocional y físicamente debido a sus largas horas de trabajo. Algunas niñas publican sus números de teléfono celular en sitios de internet para concertar citas, almorzar y charlar con hombres de negocios mayores, solo para permitir que estos se aprovechen de ellas en cuartos de hotel quince minutos después de terminar la comida. Luego reciben una "mesada" para ir de compras a las tiendas. ¿Por qué hacen eso estas adolescentes? Los hombres están buscando un encuentro sexual, pero las chicas no están queriendo el dinero para ropa o una experiencia íntima; tales deseos no son naturales en el corazón verdadero de una mujer. Yo creo que esas chicas, en una cultura donde sus padres están emocional y físicamente ausentes, están simplemente desesperadas por atención masculina.

> NINGUNA MUJER ESTARÁ SATISFECHA SOLAMENTE CON SABER QUE UN HOMBRE LA CONOCE SEXUALMENTE.

¿Qué es lo que quiero decir cuando digo que el enemigo trata de separar a la mujer de su persona y hacer que ella se relacione solamente a nivel sexual con los hombres?

Cuando hablo de su *persona*, me refiero a la totalidad de quien es ella: su cuerpo, su mente, voluntad y emociones. Ninguna mujer estará satisfecha solamente con saber que un hombre la conoce sexualmente. Las mujeres quieren que los hombres a quienes se les entregan sepan todo de ellas. Quieren alguien con quien compartir sus sueños más privados, sus deseos y sus anhelos. Quieren alguien con quien compartir sus temores, fracasos e inseguridades, y saber que aún así son aceptadas. Las mujeres quieren ser escuchadas, consoladas y que alguien ore por ellas cuando pasan un tiempo difícil. Quieren saber que alquel se comprometerá a estar con ellas aun si enferman, si suben de peso o si pierden su juvenil belleza. Quieren alguien con quien envejecer. Para que una mujer se conforme con menos, primero debe renunciar al corazón que Dios diseñó para ella.

LA DESESPERACIÓN Y LA MUJER ADÚLTERA

Proverbios 30 usa la ilustración de una mujer adúltera para enseñarnos acerca de la desesperación de una mujer cuyas necesidades no han sido cubiertas. "Así procede la adúltera: come, se limpia la boca, y afirma: Nada malo he cometido" (Proverbios 30:20). Este simbolismo expresa el hambre del corazón de una hija en términos de comer, y comer en el sentido de consumir la vida de un hombre (su relación con su esposa, su matrimonio y su familia). Hay tanta hambre en la vida de esta mujer, un deseo tan desesperado en su corazón para que alguien se conecte con ella, que minimiza toda la destrucción que está a punto de causar y se rehúsa a considerar lo que ella sentiría si fuera la esposa de ese hombre. Debido al pecado y al dolor en su vida, todo lo que le importa es que alguien sacie su necesidad. Luego ella se limpia la boca y dice *No he hecho nada malo.*

> SU DESESPERACIÓN Y SU SEDUCCIÓN PERSISTENTE APUNTAN AL HECHO DE QUE SU ESPOSO APUESTO, MACHO, CAPITÁN DE LA GUARDIA NO ESTABA SATISFACIENDO SU NECESIDAD.

Vemos la misma desesperación en la esposa de Potifar, en la historia de José, en Génesis 39. La Escritura dice que ella día tras día le decía a José: *Acuéstate conmigo.* Su desesperación y seducción persistente apuntan al hecho de que su esposo apuesto, macho, capitán de la guardia no estaba satisfaciendo su necesidad. Conociendo el corazón de la mayoría de las mujeres, dudo que haya buscando una experiencia sexual. Probablemente quería verdadera intimidad que no estaba recibiendo de parte de su esposo.

COSAS QUE HACEN TEMBLAR LA TIERRA

El autor de Proverbios menciona cuatro cosas que hacen temblar

la tierra —que sacuden los cimientos que las civilizaciones estables deben tener para seguir existiendo—: "Por tres cosas tiembla
la tierra, y por una cuarta no se puede sostener: por el esclavo
cuando llega a ser rey, por el necio cuando se sacia de pan, por la
mujer odiada cuando se casa, y por la sierva cuando suplanta a su
señora" (Proverbios 30:21-23 [LBLA]). La primera causa para el
sacudimiento es política: un esclavo se vuelve rey. Sin duda este
rey opera con inseguridad y una baja autoestima, la cual puede ca-
racterizar la forma en la que gobierna. Tal es la historia de tiranos
que derramaron la sangre de millones, a veces de su propia gente,
para poder asegurar su reino, tal como Hitler, Stalin, Idi Amin y
Pol Pot lo hicieron. Su reino tirano hizo temblar la tierra.

La segunda causa de sacudimiento en la tierra es económica:
un hombre necio que se satisface con comida. Esto me recuerda a
sistemas económicos como el comunismo o cualquier otro sistema
de bienestar social que le roba a la gente la iniciativa personal o
la responsabilidad. No es difícil ver que la política y la economía,
cuando están fuera de orden, pueden hacer *temblar* la tierra.

Uno asumiría que las próximas dos causas de sacudimiento
tendrían que ser científicas o tecnológicas. Sorpresivamente, las
dos otras causas tienen que ver con el corazón de una mujer: una
mujer que no es amada cuando se casa, y una sirvienta que reem-
plaza a su señora.

LA MUJER NO AMADA QUE SE CASA

Imaginemos una pequeña niña esperando a casarse. Su papá no ha
llenado sus expectativas y ella sueña con el hombre que será su
esposo, un príncipe que la trate como a una princesa. ¿Qué pasa
cuando, poco después de la boda, ella descubre que él no la ama
como ella había anhelado? *Odiada* quiere decir aislada, e incluye
en su significado muchas cosas, desde simple oposición hasta odio
intenso. ¡Esta es la forma en que uno debe sentirse respecto a un
enemigo, no con su propia esposa!

Imagine a este esposo. Él llega a casa, se come la cena prepara-
da, lee el periódico, ve las noticias y luego quiere sexo. Ella sabe,

sin duda, que el corazón de su esposo está en otra parte. Él no se ha entregado a sí mismo a ella ni la ha visto a los ojos para ver qué hay en su espíritu. Ella se siente violada porque él quiere sexo pero no está cubriendo sus necesidades emocionales y relacionales. Tal violación de la naturaleza de una mujer pone en movimiento algunas cosas que pueden hacer que la tierra —el matrimonio, la familia, la sociedad— tiemble.

Considere esto. Antes de que el movimiento de liberación femenina obtuviera su momento en nuestra cultura, la identidad de una mujer frecuentemente era una extensión de su matrimonio y su familia, los cuales eran los cimientos de una nación. Yo argumentaría, sin embargo, que el ímpetu del movimiento feminista, que llevó a un éxodo masivo de la mujer para que saliera de su hogar, en parte, no empezó en las mujeres. Entre otras causas, creo que algo de la fuerza del movimiento empezó cuando el esposo se rehusó a reconocer o cubrir las necesidades del corazón de su hija, ya sea al ignorarla, al estar muy ocupado o por simple egoísmo. El resultado se vio en los corazones de hijas que estaban frustradas, vacías y sin realización, y también en esposas clamando por significado, propósito y satisfacción. Ellas intentaron encontrar esas cosas fuera del diseño de Dios, lejos de sus esposos y hogares.

Sin ser valoradas, pero sí devaluadas, las mujeres empezaron a buscar identidad fuera de sus matrimonios, familias y de sus hogares, y la revolución que ocurrió ha sacudido a la sociedad.

Con su nueva identidad forjándose fuera de su hogar y una creciente cantidad de tiempo en el lugar de trabajo, las cosas se complicaron. Las mujeres se toparon con otros hombres en sus trabajos, y los hombres se encontraron con otras mujeres en el trabajo. Las mujeres vacías de corazón, devaluadas y descuidadas, repentinamente descubrieron que había hombres en su trabajo que las apreciaban. Les hablan, les piden opiniones, las hacen sentir importantes. A medida que estos hombres que no son sus esposos pasan tiempo con las mujeres vacías de corazón, surge un espíritu de traición e infidelidad. La mujer vacía de corazón tiene una aventura y se embaraza. Para salvar su reputación y mantener el secreto, se hace un aborto. Frecuentemente, ambos se divorcian de sus parejas y se casan entre ellos. El terremoto resultante envía olas devastadoras en ambos hogares. Las vidas de los hombres, de las mujeres y de los hijos son destruidas en el proceso. Sé que suena simplista y hay otros factores que contribuyen a la desintegración familiar, pero estoy convencido de que las mujeres vacías de corazón, que han sido heridas por los hombres, son parte de la fuerza motora tras el movimiento de los derechos de la mujer.

> TODO LO QUE AMENACE LA SALUD Y ESTABILIDAD DE LOS MATRIMONIOS Y LAS FAMILIAS, TAMBIÉN AMENAZA LA SALUD Y ESTABILIDAD DE LAS SOCIEDADES Y LAS NACIONES.

Más que esto, las mujeres vacías de corazón, al buscar satisfacer sus necesidades, han contribuido al incremento del divorcio y del aborto, los cuales han erosionado lentamente la estabilidad de la sociedad haciendo que la *tierra tiemble* y las naciones se desintegren internamente. Todo lo que amenace la salud y la estabilidad de los matrimonios y la familia, también amenaza la salud y la estabilidad de las sociedades y las naciones.

LA SIERVA QUE SUPLANTA A SU SEÑORA

Una sierva que suplanta a su señora también hace que la tierra tiemble. El suplantar quiere decir tomar, posesionarse de, reemplazar, desposeer u ocupar. Cuando la mujer principal de la casa descubre que su sierva o la *otra* mujer ha ganado el corazón de su esposo, se desestabiliza el orden del hogar y la *tierra tiembla*. Yo creo que la *otra mujer* no necesariamente tiene que ser literal. Muchas veces la sierva es una carrera, un hobby, un deporte o aun el ministerio. Luego de años de negligencia y sufrimiento, un esposo, ocupado con todo menos con su esposa, puede esperar a que ella le diga: "No puedo vivir en este estado de hambruna emocional. ¡Escoge entre la sierva y yo!". Años de dolor y descuido la fuerzan a hablar en la realidad del corazón de una hija: "No fui diseñada para que algo o alguien me reemplace. No puedo vivir así". La tierra es sacudida porque una mujer, diseñada por Dios para ser amada, no está recibiendo la respuesta a sus necesidades.

ELLA LE SONRÍE AL PORVENIR

Y se ríe de lo por venir (Proverbios 31:25 [RVR1960]). Es una frase tan corta y aun así tan llena de implicaciones y reflexiones con respecto al corazón de una hija. Si consideras cómo Dios diseñó a una hija, y cómo algunas de sus necesidades más profundas se centran alrededor de los asuntos de seguridad, puedes entender que cuando esas necesidades son cubiertas, una sonrisa genuina se genera en los lugares más profundos de su corazón.

> DIOS TAMBIÉN QUIERE RECORDARTE QUE ÉL SABE CÓMO TE SIENTES CUANDO TE ENTREGAS A ALGUIEN, Y ESE ALGUIEN SE DESHACE DE TI COMO SI FUERAS UN OBJETO DE SU PROPIEDAD.

Contrasta esto con Daniella, una bella mesera de ojos oscuros que atendió mi mesa en un restaurante en Bulgaria. No soy un hombre que note estas cosas habitualmente, pero ella tenía los shorts más cortos que haya visto en mi vida, y una camisa extremadamente apretada. Había algo en su cara y en sus ojos que me perturbaba. Su belleza era opacada por un sentido amenazador de tristeza y temor que parecía estar diciendo: "Nada va a cambiar. Tengo el sentimiento terrible de que las cosas que he vivido en el pasado solo se van a repetir en el futuro". Cuando terminé de comer, tenía la urgencia de ser un papá y decirle algunas cosas que necesitaba escuchar como hija. El Señor me guió a darle una propina tres veces más grande que el costo del platillo. Sabía que eso llamaría su atención. Cuando le di la propina le dije: "Daniella, esto es para ti. Dios me dijo que te lo diera. Es un recordatorio de que Dios te ama, le importas. Oh, Daniella, Dios también quiere recordarte que Él sabe cómo te sientes cuando te entregas a alguien y ese alguien te tira como un objeto de su propiedad. Dios nunca quiso que te sintieras así. Él nunca diseñó a una hija para que sintiera tanto dolor. Él sabe cómo te sientes cuando eso ocurre".

CUANDO UNA HIJA SE ENTREGA Y ES TRAICIONADA VEZ TRAS VEZ, LLEGAS A VER A ESOS HOMBRES EN SU ROSTRO.

Algo se rompió en su corazón y empezó a llorar. Puso su mano sobre su boca y corrió hacia la cocina del restaurante. Ella era como muchas hijas del siglo XXI: sofisticada, independiente y aislada. Aparentaba tener todo bajo control. Sin embargo, solamente al rascar la fachada de esa sofisticación, la realidad de su dolido corazón salpicó todo. Podemos acuñar la frase: "Pude ver a esos hombres en su rostro". Cuando una hija se entrega y es traicionada vez tras vez, vemos a esos hombres en su rostro. El dolor aunado a la traición y a las mentiras que ha experimentado en las relaciones, están atascados en su corazón y son evidentes en sus gestos de desesperanza. Daniella había vivido en el infierno, continuaba sufriendo en él, y el infierno era todo lo que ella podía esperar. El miedo hace que la gente retroceda ante el temor de su futuro. Las hijas no fueron diseñadas para estar llenas de temor y preocupadas por cada relación en potencia. Detesto ver ese temor. Dios diseñó a las mujeres para que florezcan en una atmósfera de confianza y seguridad. Necesitamos el perfecto amor de Dios para que eche fuera el temor y llene los corazones de toda hija con seguridad, para que ella pueda, literalmente, sonreír cuando piense acerca de su futuro.

FIN DE LA BANDA TRANSPORTADORA

Así de horrible como es el aborto, hemos aprendido que no es un tema aislado. Si el aborto es el resultado final en una nación que adora al sexo, nos correspondería mirar detenidamente a los factores en la sociedad que contribuyen a dicho acto. Para lidiar efectivamente con este tema, necesitamos primero abordar el asalto del enemigo contra el corazón de la mujer y el rol de los hombres ordenado por Dios. Solo a medida que entendamos y destruyamos este asalto, seremos exitosos en nuestra lucha por ver que el aborto termine.

PREGUNTAS

1. ¿Por qué es necesario que el aborto quede "en un segundo plano" en una nación que idolatra al sexo?

2. ¿Cuáles son las funciones del hombre, decretadas por Dios, que se cambiaron y promueben la idolatría al sexo? Hombres: ¿Cómo ha sido afectado usted por la cultura en esta área?

3. Explique la diferencia entre ser hombres depredadores y ser protectores.

4. Mencione algunas cualidades de la mujer, decretadas por Dios, que se cambiaron y promueben la idolatría al sexo. Mujeres: ¿Cómo has sido afectada por la cultura en esta área?

5. ¿Qué clase de miedos e inseguridades causan que una mujer se entregue a un espíritu de seducción?

6. ¿Por qué el matrimonio es el único lugar donde una mujer verdaderamente es libre para entregarse sexualmente?

7. Explique por qué usted está a favor o contra del autor cuando él menciona que parte del ímpetu detrás del movimiento feminista es que los esposos y los padres no han satisfecho las necesidades de las esposas y de las hijas.

CAPÍTULO TRES
VEINTISÉIS
PUNTOS CALIENTES

Aterricé en el Aeropuerto Internacional de Heathrow, en Londres, de regreso a casa luego de un viaje ministerial muy productivo en Letonia. Cuando caminé a través de la multitud de tiendas y kioscos en el área de comercios del aeropuerto, me topé con una tienda de cosméticos llamada Urban Decay en donde una pequeña y alegre veinteañera británica estaba queriendo venderme algo. Me podía imaginar cómo pensaba ella: "Ah, miren, aquí está un papá que va a querer comprar pintura de uñas para sus hijas. ¡Fenomenal!". Me acerqué y le pregunté por los nuevos productos que podrían estar ofreciendo. Yo había hablado mucho de los nombres de sus productos y pintura de uñas en mis sermones y quería obtener otro ejemplo. Emocionada por mi pregunta y tal vez porque yo no era británico, me llevó al escaparate de sus productos y abrió sus brazos dramáticamente y expresó: "¡Ta raa! ¡Aquí están!". Queriendo saber qué nuevos nombres se habían inventado, le pregunté: "¿Y cuál es el nombre de este nuevo producto?".

—Hot Pants* me dijo, como toda una vendedora orgullosa.

Había estado enseñando en la escuela bíblica de Letonia acerca de confrontar las mentiras culturales en torno al área sexual y al final había orado por los estudiantes que habían sido heridos por el pecado sexual. Estaba cansado, emocionado y entusiasmado, pero cansado, y probablemente un poco peligroso. Todo lo que había

*Nota del traductor: Hot Pants es una marca de cosméticos con sede en el estado de Florida, E. U. La traducción estricta para Hot Pants sería "pantalones calientes". El producto que la señorita le mostró al autor fue un brillo labial como más adelante lo especifica).,

estado enseñando y el dolor en los rostros de los jóvenes por los que acababa de orar, estaban muy frescos en mi espíritu.

La vi y le pregunté a la ligera: "¿*Hot Pants*? ¿Es porque estaban muy cerca de la estufa?". La confusión llenó su rostro y empezó a tratar de descifrar si este americano estaba algo loco o si se había topado con un pervertido. Mi determinación al verla directamente a los ojos le aclaró que yo no era ninguna de las dos cosas. Señalé el brillo de sus labios y volví a intentarlo: Déjame preguntarte de otra manera.

SI MI HIJA DE 15 AÑOS VIVIERA EL ESTILO DE VIDA DE *HOT PANTS*, ¿LE ASEGURARÍA QUE TODOS SUS SUEÑOS SE CUMPLIRÍAN, O LE GARANTIZARÍA QUE TODO LO QUE HA SOÑADO SERÍA DESTRUIDO?

"Si mi hija de 15 años viviera el estilo de vida de *Hot Pants*, ¿le aseguraría que todos sus sueños se cumplirían, o le garantizaría que todo lo que había soñado sería destruido? ¿Cuál sería el caso?". No pudo contestar mi pregunta. Lo sospeché porque la señorita ya estaba viviendo el estilo de vida de *Hot Pants*. Tal vez no podía responderme porque ya había visto un buen número de sus sueños ser despedazados o destruidos. Se excusó y fue a buscar a la gerente de tienda.

Casi inmediatamente, una mujer en sus cuarenta años apareció y preguntó si había un problema. La vi directamente a los ojos y le dije que me avergonzaba encontrar una compañía que aparentemente carecía del compromiso de extender alguna expresión de guía moral a una generación y, en vez de esto, estaba dispuesta a prostituir una generación para ganar un dólar, en este caso, una libra esterlina. ¿Por qué, en vez de esto, no podían buscar una forma de demostrar algún tipo de responsabilidad moral corporativa a una juventud en búsqueda de identidad?

Luego de recobrarse de su asombro y recuperar su compostura, me respondió: "Bueno, señor, creo que usted está al tanto de que tenemos total libertad de expresión para nombrar a nuestros productos como nosotros queramos". Estuve de acuerdo y contesté que yo, de la misma manera, tenía la libertad de expresarme y la ejercitaría al decirle a todos y enseñarles acerca de sus productos.

> A MEDIDA QUE SE AÑADE OTRA PIEZA DEL ROMPECABEZAS, SE CREA UNA ATMÓSFERA TÓXICA QUE ANIMA A LA JUVENTUD A PARTICIPAR EN SU PROPIA AUTODESTRUCCIÓN A TRAVÉS DE EXPRESAR SU SEXUALIDAD SIN RESTRICCIONES.

Para entonces yo era un predicador cansado, exhausto y decidido a hablar sin restricciones desatando mi furia contra la fortaleza diabólica que, en ese momento, estaba sacando su fea cabeza en una tienda de cosméticos. Usar un brillo de labios llamado *Hot Pants* (pantalones calientes) no causará singularmente la destrucción de la vida de una hija. Sin embargo, si añades brillo labial *Hot Pants* a las letras sexuales de las canciones en la radio, en el último show de televisión acerca de jóvenes teniendo sexo, a los más recientes videos obscenos y a las tangas que Abercrombie and Fitch está vendiendo en su línea de ropa interior para adolescentes de once años con las palabras "**eye-candy**" (golosina visual, o un dulce que se puede ver), empieza a surgir un rompecabezas ecléctico muy claramente. A medida que se añade otra pieza del rompecabezas, se crea una atmósfera tóxica que anima a la juventud a participar en su propia autodestrucción a través de expresar su sexualidad sin restricciones.

Estamos inundados constantemente con imágenes sexuales. Un look sexy y seductor es la imagen de la era. Nuestras apariencias son evaluadas con base al *sex appeal**. La sexualidad es usada para vender de todo: automóviles, deportes y hasta comida. Hemos usado el sexo para vender cualquier producto. Las pequeñas niñas están siendo entrenadas por la industria de la moda para que se vistan enfatizando su sexualidad años antes de que tengan noción de qué es lo que se les está vendiendo, para que se vistan haciendo hincapié en la sexualidad. Si sientes que no eres lo suficientemente

*Nota del traductor: es decir, al atractivo físico y sexual de una persona.

atractiva, puedes ir a un cirujano que te mejorará, te cortará por aquí, te pondrá por allá, o borrará todo eso que sientes que te está impidiendo sentirte segura de ti misma. Aun nuestro lenguaje ha cambiado. Verse bien ahora se le dice *pimpear**. Dirty Girl (Chica Sucia), otra línea de cosméticos, anima a la usuaria a *desatar la chica sucia dentro de ti y a pensar cosas de chica vulgar*. Hace diez años, Hard Candy ofrecía productos de uñas llamados *Trailer Trash* (*término denigrante para gente pobre)*, *Pimp* (*proxeneta*), y *Porn* (*diminutivo de pornografía*). No puedo ni pensar en comprar tales productos para mi hija: "Ponte esto, linda. Lo compré especialmente para ti. *Trailer Trash*, te queda muy bien. Eso es lo que eres. ¿Verdad que sí, cariño?". Desafortunadamente, estos nombres de productos ahora parecen inocentes comparados con las nuevas compañías tales como Orgasm Cosmetics (Cosméticos orgásmicos) cuyos productos para deportistas tienes nombres como *Easy But Not Cheap* (*Climax, Fácil pero no barata*) y *What Happened Under the Covers?* (*¿Qué pasó bajo las sábanas?*). La contribución de *Cosméticos* NARS a la formación de la moralidad en la generación de jovencitas, incluyen nombres de productos tales como *Sin* (*Pecado*), *Multiple Orgasm* (*Orgasmos múltiples*) y *Deep Throat* (*Garganta profunda*). Lo que empezó como una película pornográfica revolucionaria que *rompió las barreras* en los años setenta llamada Garganta Profunda, regresa casi 40 años después como el nombre de un producto de rubor cosmético ideado para adolescentes. ¡Qué vergüenza!

EN LA ABARROTERÍA ME ENCONTRÉ CON LA NUEVA PORNOGRAFÍA —NO LA VIEJA DE PLAYBOY Y PENTHOUSE, SINO LA QUE LLAMO LA NUEVA PORNOGRAFÍA IDEOLÓGICA— EN LAS PÁGINAS DE LAS REVISTAS PARA MUJERES.

---

*Nota del traductor: La expresión que el autor utilizó aquí es *getting pimped out*. Pimp o pimped no se puede traducir con precisión del inglés al español. Sin embargo podemos decir que *pimp* se refiere al acto de mejorar algo (un coche, una casa, una página de internet, una bicicleta, etc.), casi siempre adornándolo. En español, coloquialmente, se ha adoptado la forma pimpear. Pero la expresión "*getting pimped out*" hace referencia a un proxeneta que maneja prostitutas, y entre los jóvenes americanos esta expresión está de moda.

Este asalto cultural sexual era evidente para mí años atrás cuando empecé a notar el área de revistas en nuestra abarrotería del vecindario. Nos quedamos sin leche un sábado en la mañana —algo frecuente cuando todavía teníamos ocho hijos viviendo en casa—. En la abarrotería me encontré con la nueva pornografía; no la vieja de Playboy y Penthouse, sino a la que llamo la nueva pornografía ideológica en las páginas de las revistas para mujeres.

En lugar número uno estaba el promotor insignia de la sexualidad: *Cosmopolitan*. En lugar de usar imágenes para definir a las mujeres como seres sexuales como lo hacía la vieja pornografía, la nueva pornografía usaba palabras e ideas para lograr el mismo objetivo: establecer la sexualidad como nuestra identidad primordial. Ese sábado por la mañana, al estar esperando en la fila para pagar, leí que el título del artículo principal, prominentemente desplegado en la portada, ofrecía "99 formas de mantener a tu hombre feliz en la cama". El título de otro artículo anunciaba: "Veintiséis puntos calientes encontrados en el cuerpo humano nunca antes conocidos por el hombre antes de esta semana. ¡Se descubrieron en Francia!". Regresé corriendo a casa con mi leche, irrumpí en la cocina y le dije a mi esposa: "¡Mi amor! ¡Qué terrible! ¡No lo puedo creer!".

Sintiendo la alarma en mi voz, mi esposa preguntó: "Cariño, ¿qué pasa? ¿Qué ha ocurrido?".

Yo le respondí: "¡No lo puedo creer! ¡Acaban de descubrir veintiséis puntos calientes en el cuerpo del hombre nunca antes conocidos. Hemos estado casados durante todos estos años, ¡nos hemos perdido de todo!". (No, no tuvimos esa conversación en realidad. Sin embargo, creo que entendieron mi punto.)

Las publicaciones son otra avenida por donde esta generación está siendo inundada no sólo con imágenes sexuales, sino con una filosofía de vida sexual. Frecuentemente veo a jovencitas en los aeropuertos o en los aviones leyendo las más recientes ediciones de tales revistas. Y casi en cada caso, el artículo principal es acerca de respuestas o trucos sexuales. El artículo promete iluminarlas y guiarlas a una realización personal a través de la sexualidad.

Encuentro interesante que estas jóvenes mujeres no levantan

la revista para que todos vean, sino que la tienen cuidadosamente guardada en su bolsa. La sacan discretamente y la enrollan a medida que pasan las páginas. Tengo el sentimiento de que sienten algo de vergüenza que hace que quieran mantener en secreto el hecho de que son partícipes de esta pornografía ideológica. Sé que, a medida que leen, la inocencia de su corazón es robada párrafo por párrafo, página por página.

La sexualidad domina las pantallas de cine con una audacia creciente. Hace trece años mis hijas querían ver una película popular que acababa de salir. *Todos* estaban viendo la película PG-13, y habíamos estado esperando el estreno. "Es una película acerca de la historia", nos dijeron, "acerca de moda antigua, vestidos de baile, candelabros de techo y amor verdadero". Vi la cinta antes de que las chicas la vieran. Fui sorprendido cuando la joven actriz posó desnuda para un fotógrafo en una de las escenas. La imagen se me grabó en el espíritu. Otra escena mostraba a dos jóvenes teniendo sexo en la parte de atrás de un carro, pero como estaban enamorados y había música hermosa de fondo, era mostrado como romántico, hermoso y aceptable. Nuestras hijas estuvieron de acuerdo en no ver esa película.

> VEO LOS COMERCIALES, LA ROPA, LAS
> PELÍCULAS, LAS REVISTAS Y ME PREGUNTO:
> "¿ES ESTE EL CORAZÓN DE UNA MUJER?".

Doy un paso atrás y trato de observar el panorama. Veo los comerciales, la ropa, las películas y las revistas, y me pregunto: "¿Es este el corazón de una mujer? ¿Es *esta* la aspiración de cada una de mis seis hijas?". Veo a las mujeres en las estaciones del metro, en las esquinas de las calles, en los comerciales, en los restaurantes, y cuando predico en las reuniones de iglesia. Trato de encontrar la misma mirada que he visto en los rostros de mis hijas, rostros llenos de confianza y pureza. En vez de esto, me confrontan las miradas tristes, sin sonrisa, en las caras de demasiadas mujeres. Veo femineidad y aun belleza, pero muy frecuentemente están acompañadas por una tremenda dureza y una tristeza que les persigue. ¿De dónde viene todo eso? ¿Qué está ocurriendo? ¿Porqué no están sonriendo las chicas o las mujeres?

GLASEADO

Voy a hacer una simple analogía. Cuando era un niño, mi familia solía pasar los veranos en la cabaña de mis abuelos en el Lago Hay-den, en el norte de Idaho. Un verano, mamá y papá fueron al pueblo y nos dejaron a mí y a mis tres hermanos en la cabaña, solos, con tres cajas de mezcla para pastelillos en la despensa. Luego de que salieron, abrimos, mezclamos y horneamos todos los paquetes al mismo tiempo. Cuando los sacamos del horno, nos lanzamos inmediatamente, enrollamos la masa caliente haciendo pequeñas bolas en nuestras manos, y comimos y comimos y comimos. No pasó mucho tiempo antes de que me empezara a sentir enfermo. Para ser honestos, hasta el día de hoy les huyo a los pastelillos de chocolate.

> SI EL SEXO ES COMO EL GLASEADO DE UN PASTEL, NUESTRA CULTURA DICE QUE DEBES LLENAR LA COPA MÁS GRANDE DE ESTE GLASEADO, ENCONTRAR LA CUCHARA MÁS GRANDE Y COMER TANTO COMO PUEDAS, TAN FRECUENTEMENTE COMO PUEDAS, CON LA MAYOR CANTIDAD DE GENTE POSIBLE.

La cultura ve al sexo como yo solía ver a los pastelillos. Si el sexo es como el glaseado de un pastel, nuestra cultura dice que debes llenar la copa más grande de este glaseado, encontrar la cuchara más grande y comer tanto como puedas, tan frecuentemente como puedas, con la mayor cantidad de gente posible. De hecho, la cultura nos dice que la vida se trata acerca del glaseado, que le da significado a la vida y es la experiencia humana más grande conocida para el hombre. Más todavía, dice que si ya probaste el glaseado de forma tradicional, necesitas probarlo parado en un pie porque eso añadirá una nueva dimensión a la experiencia. Luego, tal vez quieras probar mientras saltas en un pie, luego dando vueltas y comiendo el glaseado al mismo tiempo. Ahora ¡esa es una experiencia que no te querrás perder! Y finalmente, y he guardado lo mejor para el final, la experiencia del glaseado más excitante de todas: ¡glaseado *robado*! ¿Alguna vez has probado el glaseado luego de haberlo robado? Solo se le puede comparar al glaseado secreto.

Obviamente estoy siendo sarcástico, pero parece ser que la búsqueda de la máxima "experiencia de glaseado" nunca termina. Nuestra cultura está agarrándose del borde de la copa de glaseado y atascándose sin pensar acerca de las consecuencias a largo plazo, ni mencionar las de corto plazo.

Con tal fuerte aprobación cultural colectiva en los medios de comunicación, las películas, los comerciales y la música, en las cuales parece ser que todos están participando en la sexualidad sin pensar en Dios y sus intenciones, mucha gente ha obtenido su glaseado de todas las formas habidas y por haber. Sin embargo, la gente está olvidando algo en medio de todo esto: si lo que la cultura está diciendo acerca del glaseado es verdad, entonces todos los involucrados en la búsqueda del "mundo de glaseado" deben estar gozándose y saltando de alegría mientras caminan por la calle. Si el glaseado en cualquiera de sus formas es tan realizador por sí mismo, entonces las prostitutas deberían ser las personas más felices en la tierra, ahí a la par del tipo mafioso con una ramera en cada brazo. Similarmente, la joven mujer que se ha dado a un joven debería estar saltando por las calles, con su cabeza hacia el cielo, sus ojos centelleantes y su risa emanando de la profundidad de su espíritu —a pesar del hecho de que él la abandonó a la mañana siguiente—.

En todos los continentes deberíamos escuchar la misma historia de parte de las mujeres una y otra vez: "No necesito permanencia y seguridad. Puedo estar tan desapegada como los hombres en esta cultura. No necesito promesas y compromiso. Me entregué a mí misma... y él me dejó, ja ja ja. No me importa si los hombres me dejan. Me entregué a otro hombre y también me dejó. No hay problema. Estoy comiendo mi glaseado. Es todo lo que me importa".

ÉL NO DISEÑÓ A HOMBRES Y MUJERES PARA QUE COJEARAN DE UNA RELACIÓN DECEPCIONANTE A OTRA, TRATANDO DE ENCONTRAR LA FÓRMULA MÁGICA O PERSONA QUE LLENARÁ LA PROMESA CULTURAL DE QUE EL SEXO ES CENTRAL EN LA EXPERIENCIA HUMANA

En realidad, la joven mujer no está riéndose o saltando, ni están sus ojos brillando. En vez de esto, ella, junto al resto de su generación, está en espera de una cita en las oficinas de psicólogos, consejeros y psiquiatras. Está haciendo citas con su pastor y recogiendo prescripciones de antidepresivos en las farmacias a medida que lucha por recobrar las piezas rotas de su vida. Ella no está riéndose porque Dios no la diseñó para que mercadeara su sexualidad de modo que se sintiera amada. Él no diseñó a los hombres y mujeres para cojear de una relación decepcionante a otra, ni de un encuentro sexual a otro tratando de encontrar la fórmula mágica o la persona que cumplirá la promesa cultural de que el sexo es central en la experiencia de vida. Como resultado, esa realización nunca se encuentra, y todo lo que queda al despertar de esas experiencias sexuales es dolor, confusión y devastación.

Yo enseño en iglesias, en retiros de hombres y mujeres, en conferencias y escuelas de discipulado, y vez tras vez escucho la misma historia en diferentes formas: "Me tragué el cuento; busqué mi fantasía; me acosté con mi novio; tuve una aventura; usé al sexo para conseguir amor; fui abusada; manipulé amor para obtener sexo". El resultado final es siempre el mismo: "Simplemente ha destruido mi vida entera".

¿Y QUÉ HAY DE NOSOTROS, LA IGLESIA?

A pesar de la obvia devastación humana que ha resultado de todo esto, la Iglesia ha estado primordialmente reactiva en su actitud acerca de lo que está pasando en la cultura. Todavía no estamos siendo proactivos y hablando acerca de la sexualidad. No realmente.

Le pedimos a nuestros hijos que hagan una promesa de pureza, que esperen hasta el matrimonio para tener sexo, y que le digan "No" a las drogas y al alcohol, pero no vamos más allá de eso. ¿Cuándo fue la última vez que escuchaste un sermón desde el púlpito que abarcaba el tema de la sexualidad y que incluyera más que una lista de prohibiciones? Es poco común aún hablar de la sexualidad en la iglesia. Frecuentemente nuestro método de entrenar a una generación para lidiar con la sexualidad ha sido equivalente a retarlos para que *no piensen en monos* a la cuenta de tres: "¿Listos? ¡A la una, a las dos y a las tres!". Imágenes de monos pelando bananos y columpiándose de rama en rama, esa es la respuesta típica de nuestra juventud. Demuestra qué tan inefectivos son algunos de nuestros actuales métodos.

> AHORA MÁS QUE NUNCA, NECESITAMOS QUITAR AL SEXO DE LA "LISTA DE NOES" Y PONERLO EN LA "LISTA SANTA".

La juventud *sí* piensa acerca del sexo. Se preguntan con quién se van a casar y lo que se supone que debería hacer una chica cristiana con su corazón, y cómo un joven cristiano debería actuar sexualmente. Ellos luchan con sus necesidades y deseos. Es ingenuo pensar que nuestros hijos no son afectados por la cultura. Los padres ya no se pueden dar el lujo de ver a sus hijos y pensar que es posible que ellos puedan navegar a través de la depravación moral en nuestra cultura y emerger completamente ilesos. No estamos hablando de jóvenes tratando de encontrar una puerta de escape para satisfacer sus propios deseos. Muchos son líderes de la próxima generación a quienes se les ha dado una lista de estándares y prohibiciones sin las razones detrás de ellos. No necesitan otra lista de prohibiciones en el área de la sexualidad. Si la suma de nuestro entrenamiento sexual es decirles a los jóvenes que el sexo antes del matrimonio es malo, simplemente les añadimos elementos para que estén confundidos. Ellos preguntan: "¿Cómo es que caminar hacia el altar hace que algo que ha estado mal toda mi vida de repente ahora esté bien?".

Lo que necesitan desesperadamente de nuestra parte es la revelación del regalo especial de parte de Dios que es la sexualidad, el contexto que Él ha provisto para que esta pueda ser expresada y la revelación de la bondad de Dios quien creó el sexo y puso límites alrededor del mismo. Ahora, más que nunca, necesitamos quitar al sexo de la "lista de Noes" y ponerlo en la "lista SANTA".

Durante los últimos 15 años he viajado alrededor del mundo predicando un mensaje acerca de la sexualidad y la cultura. He visitado incontables escuelas de discipulado y escuelas bíblicas llenas de jóvenes que quieren servir a Dios con sus vidas enteras. En su mayoría, son chicos que crecieron en la iglesia, que deberían estar supuestamente protegidos de la corrupción moral. Algunos son segunda generación de creyentes, incluso tercera generación. Sin embargo, vez tras vez, a pesar de su juventud, sus historias están llenas de desesperación —aborto, encuentros homosexuales, incesto, abuso, sexo prematrimonial, relaciones con hombres mayores y sexo grupal, aun sexo con animales. La lista sigue y sigue. Ya no me sorprende nada. De alguna manera me animo y me desanimado, todo al mismo tiempo. Estoy desanimado por la increíble profundidad de la devastación que estoy viendo en nuestros jóvenes; estoy animado porque sé que Dios es el que puede traer verdad, sanidad y restauración a una generación dolida y perdida. Yo lo sé porque he visto con mis propios ojos la obra restauradora de Dios en la vida de la gente joven.

Desafortunadamente, el comentario que escucho más frecuentemente luego de hablar es: "Nunca habíamos escuchado un mensaje como este antes. Nadie habla acerca de estas cosas". Nuestros ministerios juveniles y de universidad a veces confiesan que sus reuniones se parecen más a una *carnicería* o a un bar con bebidas alcohólicas, que a una reunión de jóvenes creyentes; dicho de otra manera, es como "el club de la casamentera en donde todos están buscando a la chico/chica perfecta". En medio de todo esto, la pregunta que nos debemos hacer es *¿cómo podemos hablar acerca de la sexualidad de forma que sea precisa, apropiada y útil?*".

Nuestra definición sobre la pureza es extremadamente importante. Una definición técnica permite que un chico y una chica cristianos tengan una cita, vayan a un café cristiano, se tomen un café latte cristiano, escuchen música cristiana y vean una película cristiana. Luego de eso, se meten a un carro cristiano, con un calco cristiano pegado en la ventana y usan sus brazaletes cristianos que se regalaron entre ellos. Completan la velada haciendo *moshing** (*o mosh pit*) en un concierto cristiano y luego se van a un lugar tranquilo a besarse los cuellos cristianos, tocándose cristianamente, pero todavía poniendo algunos límites cristianos para seguir siendo técnicamente vírgenes. Técnicamente puede que sean vírgenes, pero se perdieron la esencia de la pureza.

LA VERDADERA PREGUNTA QUE NECESITAMOS HACERNOS ES ¿CÓMO PUEDO AGRADAR AL SEÑOR CON MI VIDA Y MI SEXUALIDAD?

Ellos viven tal y como viven sus amigos no creyentes. Hay muchas mujeres y hombres jóvenes cristianos que técnicamente son vírgenes pero caminan en un alto nivel de seducción e impureza. Por otro lado, he visto prostitutas redimidas que caminan en un nivel de pureza que brilla más que la virginidad técnica por la restauración en sus vidas. Dios no está impresionado con la virginidad técnica. La pureza es una cuestión del corazón y la dirección hacia la que apunta. La pregunta no es qué tan lejos puedo llegar y seguir siendo virgen. La verdadera pregunta que debemos hacernos es *¿cómo puedo agradar al Señor con mi vida y mi sexualidad?*

LAS IDEAS DE DIOS ACERCA DE LA PUREZA

Si hablar acerca de la sexualidad es importante, debería seguir lo que Dios ha hecho evidente en su Palabra. Yo asumí que si miraba lo suficientemente cerca, descubriría un mapa del cual podría aprender cómo tratar con la sexualidad en la iglesia. Decidí empezar con los Diez Mandamientos. De los Diez Mandamientos que

*Nota del traductor: el mosh pit, mosh o moshing es un tipo de danza, los participantes saltan, hacen acrobacias y chocan violentamente unos con otros al ritmo de la música "agresiva" como el punk, por ejemplo.

Dios dio a su pueblo, cuatro se refieren a nuestra relación con Dios y seis a nuestra relación con el prójimo. De esos seis, dos son sexuales en su naturaleza: *No cometas adulterio* y *No codicies su esposa* (Éxodo 20: 14, 17). En otras palabras, un tercio del contenido de los mandamientos que delinean cómo tratarnos los unos a los otros, y un quinto del total de los mandamientos tratan directamente con nuestra sexualidad, nuestra naturaleza sexual y los límites amorosos para sus hijos e hijas. Veinte por ciento de sus mandamientos tratan con nuestra sexualidad. En otras palabras, nuestra sexualidad es importante para Dios, extremadamente importante.

Luego, pensé acerca de Pablo quien ayudó en el nacimiento de la Iglesia en medio de un mundo griego y romano saturado de sexo. Pablo, al exhortar a Timoteo, su hijo en la fe, acerca de cómo conducirse en la atmósfera de Éfeso tan llena de erotismo, declaró: "Que nadie te menosprecie por ser joven. Al contrario, que los creyentes vean en ti un ejemplo a seguir en la manera de hablar, en la conducta, y en amor, fe y pureza" (1 Timoteo 4:12).

Palabra, conducta, amor, fe y pureza, estas cosas marcarán a una generación para Dios. La pureza está entre los primeros cinco. ¿Es este el plan de Dios? ¿Él manda a los líderes a hacer hincapié sobre la importancia de la pureza el 20% del tiempo? Si ese es el caso, 10 de cada 52 sermones al año deberían estar dedicados a este tema tan importante.

Proverbios está lleno de advertencias acerca de *la mujer extraña* y la *seductora*. Sabía que el patrón emergente que había visto en los Diez Mandamientos y en las exhortaciones de Pablo a Timoteo se repetiría en este cuerpo de literatura de sabiduría. Para mi desmayo, de los 875 versos en proverbios, solo 78 lidiaban con la sexualidad o temas relacionados, ni siquiera el 10%. En este punto, me percaté que los primeros nueve capítulos tienen un sabor diferente al resto del libro. Una y otra vez en los primeros nueve capítulos leemos: "Hijo mío, si atesoras mis palabras..." e "Hijo mío, no olvides mis mandamientos..." Yo conté los versos y encontré que de los 216 versos en los primeros nueve capítulos, 69 versos, o cerca de 30% de los mismos, el tema se relaciona directamente con la sexualidad, muchos de ellos detallan advertencias acerca de la mujer seductora. Me cayó el veinte: los primeros nueve capítulos capturan las primeras conversaciones de un padre con su hijo, en las cuales el padre está entrenando a su hijo y preparándole para la vida. ¿Ves cómo una tremenda parte de la conversación de un padre con su hijo está dirigida al apropiado entendimiento de la sexualidad incluyendo las fuertes advertencias acerca de poner en riesgo la pureza? ¡Qué mandato para los padres a medida que entrenan a sus hijos! ¡Qué plan maestro para la iglesia! La vida en una atmósfera de saturación y enfoque sexual no es un fenómeno nuevo. Si no se manifiesta en hijas usando camisas que dejan al descubierto sus ombligos o en el *perreo** en la secundaria, pronto tendrá otra manifestación. Siempre hay una nueva interpretación de las viejas tendencias, pero siempre es el mismo espíritu tras las tendencias. Nuestra responsabilidad como creyentes es obtener la revelación de parte de Dios con respecto al tema para poder ir más allá de enseñarle a nuestros hijos solamente acerca de prohibiciones sexuales, sino también enseñarles los caminos de Dios y sus límites puestos para nuestra protección y nuestra más grande bendición.

---

*Nota del traductor: freak dancing en inglés, o perreo en español, es un estilo de baile con la mímica de posiciones sexuales.

PREGUNTAS

1. ¿Cuáles son algunas de las mentiras de la cultura respecto a la sexualidad que necesitamos confrontar?

2. Escriba algunos ejemplos mediáticos (letras de canciones, películas, libros, revistas, moda, etc.) que animen a la gente a establecer la sexualidad como su identidad principal.

3. ¿Cuál es la diferencia entre la manera en que los medios definen a la mujer y lo que Dios dice acerca de las mujeres?

4. ¿Por qué sí o por qué no los valores sexuales promovidos por la cultura satisfacen las necesidades de las mujeres tales como el compromiso, la permanencia y la seguridad?

5. ¿Qué efectos negativos observa en las mujeres cuando ellas aceptan los valores sexuales de la cultura?

6. ¿Qué significa quitar el sexo de la "lista de noes" y ponerlo en la "lista santa"?

7. ¿Cuál es la diferencia entre virginidad técnica y virginidad auténtica?

CAPÍTULO CUATRO
DESNUDOS Y NO AVERGONZADOS

Las *primeras veces* son significativas. Cuando nos fijamos que algo ocurre en la Escritura en la *primera vez,* encontramos principios que sentaron precedentes que establecen una base de entendimiento que permanece constantemente por el resto de la Biblia. El libro de Génesis está repleto de *primeros*: el primer hombre, la primera mujer, el primer matrimonio, el primer pecado, el primer momento de conciencia sexual, la primera vez que la culpa entró a la raza humana, la primera vez que el hombre se escondió de Dios, la primera vez que Dios buscó al hombre, la primera vez que los humanos se escondieron de ellos mismos, la primera ocasión cuando los efectos del pecado se hicieron evidentes, la primera vez que los poderes de las tinieblas le hablaron a un humano y la primera mentira dicha a la raza humana. Creo que con esos *primeros* hubo principios que se establecieron y se sentaron precedentes que ahora podemos tomar como guía y ayuda en nuestro entendimiento de lo que Dios quiere de nosotros en el área de la sexualidad.

EL HOMBRE Y ¿*SU NOVIA*?

Dios ha hablado acerca del matrimonio desde el principio. Al sentar el precedente para el matrimonio, Génesis 2:25 dice: "el hombre y la mujer estaban desnudos, pero ninguno de los dos sentía vergüenza". ¿No fue eso lo que Dios dijo? Mientras se amen está bien, ¿no es así? ¿No es eso lo que creemos? Voy a decirlo de otro modo. En la *Versión Norteamérica Moderna Liberada* dice: "El hombre y la chica que se agasajaban, estaban desnudos y no se avergonzaban". ¡Un momento! Tengo otra, la última *Versión Revisada de Vida Universitaria* dice: "El tipo y su chica se toqueteaban, estaban desnudos y no avergonzados".

Desafortunadamente, esto es lo que han llegado a creer muchas personas.

EL HOMBRE Y SU NOVIA ESTABAN DESNUDOS Y NO AVERGONZADOS. ¿NO FUE ESO LO QUE DIJO DIOS?

De hecho, lo que la Biblia dice es que *el hombre y la mujer estaban desnudos, pero ninguno de los dos sentía vergüenza*. Este es el anteproyecto de Dios, simple pero extremadamente claro, acerca del don de la sexualidad. Tiene que ver con el matrimonio, el compromiso público y las promesas de seguridad y permanencia —las mismas cosas diseñadas para el corazón de una hija—. Dios puso este límite protector alrededor del regalo de la sexualidad porque Él nos conoce mejor que nosotros mismos y no quiere que seamos destruidos. El mapa de Él la guía perfectamente. Sin embargo, nuestra cultura quiere evadir esta ley protectora tan directa y simple en torno a la sexualidad; nuestra cultura quiere cambiar el estándar. El problema es que muchos en nuestra cultura han adoptado este estándar modificado, y como resultado, sus vidas están siendo destruidas.

EL PRIMER ASALTO

"La serpiente era más astuta que todos los animales del campo que Dios el Señor había hecho, así que le preguntó a la mujer: —¿Es verdad que Dios les dijo que no comieran de ningún árbol del jardín? —Podemos comer del fruto de todos los árboles —respondió la mujer—. Pero, en cuanto al fruto del árbol que está en medio del jardín, Dios nos ha dicho: 'No coman de ese árbol, ni lo toquen; de lo contrario, morirán'. Pero la serpiente le dijo a la mujer: —¡No es cierto, no van a morir!" (Génesis 3:1-4).

Imagina a la serpiente tocando a la puerta del hogar de Adán y Eva. Satanás, esa serpiente escurridiza, se puso su disfraz más atractivo y preguntó con voz gentil e inquisitiva: "¿Estará el hombre de la casa?", miró alrededor y se dio cuenta que no había nadie. "¿No? Bueno, Eva, me encantaría hablarte por unos minutos si no te importa". Eva no puede cerrarle la puerta a este señor tan buena gente. Es tan amigable y cortés que le abre la puerta un poco más y espera a que continúe.

¿Notaste que la primera persona a la que le habló la serpiente sobre la faz de la Tierra fue una mujer? No vino solamente de visita, sino vino con un plan, una maquinación; le puso una trampa a Eva. Adán tenía que haber contestado la puerta para decir : "Disculpe, ¿quién es usted? Lo siento. No estamos interesados. Lárguese". Pero Adán no estaba cerca. Tal vez estaba en el sótano viendo televisión y cambiando a los canales de deportes, o tal vez estaba practicando su hobby más reciente. O estaba presente pero en silencio, temeroso de tomar su posición de autoridad para confrontar al enemigo. Independientemente de la razón de su ausencia o silencio, debido a la abdicación de responsabilidad por parte de Adán, la serpiente obtuvo una oportunidad para hablar con Eva.

Recordemos quién era la serpiente. Era Satanás. *¡Es el padre de la mentira!* (Juan 8:44), *El ladrón no viene más que a robar, matar y destruir* (Juan 10:10). EL ADN del Infierno es destruir. Cualquier palabra que diga Satanás, cualquier plan que haya creado, cualquier actividad en la que esté involucrado es para destruir, robarle a la humanidad y romper su corazón. Es nuestro adversario, *Su enemigo el diablo ronda como león rugiente, buscando a quién devorar* (1 Pedro 5:8). Su intención es consumir y derribar. No está caminando casualmente en el desierto, no está pasando el tiempo; tiene un plan maestro y está activamente buscando destruir.

"Quiero hacerte una pregunta", le dijo Satanás a Eva. "¿Con que Dios en realidad dijo que no podían comer de cualquiera de los árboles el jardín? Él no dijo eso, ¿o sí?". Eva titubeó. Cuestionó. ¿Pueden ver el *modus operandi* del enemigo? El enemigo siempre toma nuestro diseño y naturaleza en consideración al poner en marcha sus planes contra nosotros. Fue dulce y convincente con Eva, casi amable. Sutilmente sembró una semilla de duda en el corazón de una hija que fue diseñada por Dios para confiar. La duda es uno de los asaltos favoritos contra el corazón de una hija. Si él logra plantar una semilla de desconfianza, ella no podrá plenamente confiar en el carácter de su Padre y abrazar sus límites protectores. Y así fue que Eva se preguntó: "¿Dios dijo eso en realidad?". Frecuentemente veo cómo las jóvenes tienen ese mismo gesto de incertidumbre en sus rostros. Un joven les susurra al oído, y ella se pregunta: "El me está diciendo que le importa y que nos amamos. ¿Dijo Dios realmente que no debíamos cruzar esa línea? Si hay amor, todo va a estar bien, ¿no es así?".

SATANÁS TIENTA A LAS HIJAS A ENTREGAR SU PUREZA SEXUAL "POR EL BIEN DE UNA RELACIÓN"

Satanás tentó a Eva con el fruto de un árbol. Hoy tienta a las hijas para que entreguen su pureza sexual por "el bien de una relación". Una hija fue diseñada para estar segura y protegida. Posiblemente la más grande necesidad en su vida es poder confiar. El enemigo viene con una interrogante lo suficientemente sugestiva para que ella empiece a preguntarse si los límites impuestos por Dios son en verdad importantes, especialmente a la luz de su gran necesidad y de sus deseos. El escenario lo encontramos todos los días en todas las naciones de la Tierra. Solo una pequeña semilla de duda es sembrada y esta logra que los límites de amor que Dios impuso alrededor de su regalo de la sexualidad sean cuestionados.

—Él no dijo eso en *realidad*, ¿o sí?—, continuó la serpiente. —¡Oh no! —respondió Eva—. Dios no dijo eso realmente. Él solo dijo que no comiéramos de ese árbol —ella señaló al árbol del conocimiento del bien y del mal—. Dios dijo que no podemos tocarlo o comer de su fruto, porque si lo hacemos, moriremos.

O CREEMOS QUE DIOS ES UN PADRE AMOROSO QUE PUSO LÍMITES DE AMOR ALREDEDOR DEL DON DE LA SEXUALIDAD,

O CREEMOS QUE ES UN AGUAFIESTAS CÓSMICO A QUIEN LE ENCANTA NEGARLE BUENAS COSAS A SU PUEBLO

La serpiente le dijo a la mujer: "¡No morirás!". Me puedo imaginar el tono de voz cuidadoso de Satanás, casi dudoso y lleno de sorpresa fingida. "¿Qué? No van a morir, ¡vamos! ¿Ese árbol? Es hermoso. ¿Cómo van a morir solo por comer de ese árbol? ¡No! No van a morir. De hecho, si comen de él serán como Dios. Eso es algo que Él se está guardando para sí mismo". Satanás siguió y tuvo éxito en plantar una semilla de duda en el corazón de una hija, en contradecir directamente la consecuencia prometida por Dios, y llegó hasta cuestionar el carácter y los motivos del Señor. Su pregunta simple y desafiante progresó hasta terminar en una mentira escandalosa. Poco a poco Satanás contradijo las consecuencias que Dios había dejado en claro si violaban sus estándares; el diablo sutilmente puso el carácter de Dios en tela de juicio. No se puede atentar el estándar de Dios sin atentar su carácter; las dos cosas van de la mano. Tenemos que tomar una decisión: o creemos que Dios es un Padre amoroso que puso límites de amor alrededor del don de la sexualidad, porque nos conoce mejor que nosotros mismos y no quiere que nos destruyamos, o creemos que es un aguafiestas cósmico a quien le encanta negarle buenas cosas a su pueblo. Lo que escojamos determinará cómo vivimos.

La misma voz que le habló a Eva, habla el día de hoy. ¿Cuántas hijas escuchan esa voz? No estoy diciendo que todo joven es la serpiente encarnada, muchos jóvenes son pecaminosos y están confundidos. Creen que la intimidad física es la fuente de vida. Tenemos que admitir que la tendencia general del corazón de un hombre joven, sin la obra salvadora y transformadora de Cristo, tiende hacia la actividad sexual predadora. Como resultado, las hijas son objeto de escuchar aquella misma voz: "Ay por favor. ¡No te vas a morir!". Por supuesto el lenguaje es más moderno. Suena algo así como: "Es natural. Si me amaras, me dejarías hacerlo. Es hermoso. Nos vamos a casar algún día, así que no hay problema". Esas mismas palabras fueron dichas en los asientos traseros de carros en la generación del amor libre de los sesentas, y las mismas palabras están siendo susurradas a los oídos de las jovencitas de hoy, a la generación del niño llavín*, cuando se reúnen para tener encuentros sexuales en las recámaras de sus padres luego de regresar de la escuela. Esa voz susurra a los oídos de las hijas en los clubes universitarios, en los trabajos, en los dormitorios, en los clubes nocturnos, en los bares, en los colegios y en cualquier lugar donde haya gente joven. Sin la armadura de la verdad, muchas jóvenes no tienen nada con qué protegerse contra las palabra de duda y contradicción.

SATISFACCIÓN SEXUAL

Dios no está en contra de la intimidad sexual. Dios habla acerca de la sexualidad en las personas casadas en Génesis 4:1. La Escritura dice que Adán *tuvo relaciones con* o *conoció* a su esposa Eva. Esto implica verdadera intimidad, la cual involucra unidad de cuerpo, de alma y de espíritu. En la Escritura hay un contraste marcado entre la intimidad en el contexto del matrimonio y la experiencia sexual fuera de los límites de Dios. Cuando Dios habla acerca del sexo fuera de sus límites (sexo con animales, violación, inmoralidad, abuso, prostitución y acoso sexual) usa la palabra *acostó* es decir el acto físico sexual sin intimidad. Dos palabras diferentes. Hay una enseñanza muy reveladora solamente el considerar estas palabras. Desafortunadamente, la cultura en bancarrota de hoy en día ha reducido la sexualidad a un acto que es simplemente físico.

> EL SEXO DENTRO DEL CONTEXTO DISEÑADO POR DIOS ES UNA BENDICIÓN QUE DEBE SER DISFRUTADA Y NUNCA RESULTA EN CULPA, REMORDIMIENTO, VERGÜENZA O BOCHORNO.

El mundo y la cultura dicen que el sexo es la experiencia humana más alta; dicen que el valor, la experiencia y el logro humano están

*Nota del traductor: El término en inglés es *latchkey kid*. Un niño llavín es un niño que regresa de la escuela a su casa vacía porque sus padres se encuentran en el trabajo, o es un niño que a menudo está solo en casa y con poca supervisión de los padres.

todos centrados en el descubrimiento sin límites de cada individuo en su sexualidad y su participación en la misma. Por lo tanto se lamentan diciendo: "¡Ese Dios de los cristianos! Les dio el deseo sexual y luego les dijo que no lo usaran. Si la gente de las iglesias hablara como nosotros, eso les ayudaría. Nosotros entendemos el sexo. ¡Lo hemos descifrado y todos están entusiasmados!".

Yo encuentro extremadamente interesante que las encuestas de satisfacción sexual revelan que las parejas cristianas casadas reportan el nivel más alto de satisfacción sexual que cualquier otro grupo. ¿A qué conclusión hemos de llegar? El don divino del sexo ejercitado dentro de sus límites resulta en su más grande bendición. El sexo dentro de sus límites diseñados es una bendición que ha de ser disfrutada y nunca resulta en culpa, remordimiento, vergüenza o bochorno. Tampoco resulta en infecciones —solo gente soltera y homosexuales sexualmente activos resultan con infecciones de transmisión sexual (ITS). En vez de eso, dentro de los confines del matrimonio, el sexo se vuelve una experiencia de verdadera intimidad. Ya que Dios es el creador y el diseñador, su plan es perfecto.

> LA SEXUALIDAD FUE IDEA DE ÉL. HIZO AL HOMBRE; HIZO A LA MUJER. DISEÑÓ NUESTRAS EMOCIONES. ÉL CREÓ LAS PARTES DE NUESTRO CUERPO.

La sexualidad fue idea de Él. Hizo al hombre; hizo a la mujer. Diseñó nuestras emociones. Él creó las partes de nuestro cuerpo. Sabe cómo funciona todo junto de la mejor manera. Aquellos que reciben el don de la sexualidad y emplean *el manual del usuario* sin experimentar por su parte, tienen el nivel más alto de satisfacción. Los mandamientos *No cometerás adulterio* y *No desearás a la mujer de tu prójimo* no fueron dados para limitar nuestro placer, sino para protegernos y permitir que pudiéramos experimentar su más grande bendición.

LA VERGÜENZA

Finalmente Satanás llevó a Eva más cerca del árbol y señaló la belleza del fruto. Cuando las razones que ella tenía para resistirse ya no estaban, Eva tomó y comió de él. Descubrió lo delicioso que era y que no la mató justo como la serpiente se lo había prometido; entonces compartió algo del fruto con su esposo Adán, y él también comió. Sus ojos fueron abiertos repentinamente y se dieron cuenta que estaban desnudos. Avergonzados y temerosos, Adán y Eva se escondieron de Dios. En un solo momento su habilidad para tener intimidad y comunicarse honestamente disminuyó. Tan pronto como el pecado entró en el mundo, la vergüenza y la culpa lo hicieron también y se volvieron los acompañantes cercanos de la humanidad.

> LA VERGÜENZA PONE A LA GENTE EN UNA CAMINADORA PARA QUE INTENTEN "ADELGAZAR" TODO LO QUE HAN HECHO DE MALO

Ellos se escondieron. Cuando hay pecado involucrado, especialmente pecado sexual, el resultado es la vergüenza. Por eso vemos que Dios protege ese regalo. Es similar a la luz de advertencia en el auto que nos alerta cuando hay algo que está mal y hay que poner atención. Cuando la gente cruza los límites sexuales puestos por Dios, el resultado es la vergüenza. Lo veo en los ojos de aquellos que se sientan en los servicios de iglesia en los cuales ministro. Lo veo en los ojos de las meseras en los restaurantes y en las chicas que caminan por la calle. La vergüenza es como una inmensa pared entre nosotros y Dios que bloquea nuestra intimidad con Él. Altera todas nuestras relaciones primarias. Cambia la forma en que creemos que Dios piensa acerca de nosotros. Colorea toda interacción que tenemos con la gente porque poseemos temor de que puedan saber la verdad acerca de nosotros. Incluso, cam-

bia la forma en que nos vemos a nosotros mismos. La vergüenza
toma a un hijo o a una hija de Dios y los convierte en esclavos.
La vergüenza pone a la gente en una caminadora en un intento
de que "adelgacen" todo lo malo que han hecho. Como humanos
tendemos a construir pesas en las que medimos lo bueno y lo malo
en nuestras vidas. Siempre estamos esperando poner más en el
lado bueno de la balanza para equilibrar lo malo (las historias de
las cuales nos avergonzamos). Dios quiere romper esas balanzas
y gentilmente poner su cruz frente a nosotros y decirnos: "Tú no
puedes hacerlo. No hay nada que puedas hacer para ganarte tu
regreso hacia mí. Por eso es que mi Hijo Jesús vino". El diseño de
Dios para nosotros es que vivamos sin vergüenza; quiere eliminar-
la de nuestras vidas.

Yo creo que esta es una de las razones por las que nuestra cultura ha creado el *derecho a la privacidad*. En otras palabras, lo que
dos adultos hagan consensualmente tras puertas cerradas es cosa
de ellos. Bajo la cobertura de la Declaración de Independencia y de
la Declaración de los Derechos Humanos que nos aseguran vida,
libertad y la búsqueda de la felicidad, hemos torcido las palabras
de nuestros antecesores para justificar y adoptar disposiciones que
nos permitan hacer las cosas que nos llevan a la vergüenza, cosas
que usualmente hacemos en secreto, cosas por las que debemos de
confeccionar algún *derecho a la privacidad* para poder continuar
en esas conductas. Hemos dicho que dos adultos bajo su propio
consentimiento pueden hacer lo que quieran en la privacidad de
sus recámaras. Sin embargo, a Dios le gusta caminar directo hasta
la puerta de *la privacidad de la recámara de dos adultos que consienten en estar juntos*, abrir la puerta de un golpe y decirles: "No
cometerás adulterio; no desearás a la mujer de tu prójimo porque
te amo y tengo un diseño especial para ti que te protegerá y asegurará tu más grande gozo".

DOS PREGUNTAS

No mucho tiempo después de que comieron la manzana, Dios fue
a buscar a Adán y a Eva.

Pero Dios el Señor llamó al hombre y le dijo: —¿Dónde estás? (Génesis 3:9). Después de salir de su escondite, Él vio a Eva y preguntó: *¿Qué es lo que has hecho?* (Génesis 3:13). Dos personas, dos preguntas totalmente diferentes.

AL HOMBRE LE HIZO LA PREGUNTA DE POSICIÓN: "¿DÓNDE ESTÁS?". ESTA ES UNA PREGUNTA DE LIDERAZGO.

Al hombre le hizo la pregunta de *posición*: "¿Dónde estás?". Esta es una pregunta de liderazgo. Desafortunadamente Adán contestó como el hombre americano promedio hubiera respondido: "Señor, la **mujer** que **tú** me diste, **ella** me dio del árbol, y yo comí" (Génesis 3:12, énfasis añadido). Su respuesta tiene cero responsabilidad por sus acciones. Es lento para arrepentirse porque quiere aferrarse a su sentido de honor. Él culpa a Eva y a Dios —a Dios por darle a Eva, y a Eva por darle a comer fruto—. Frecuentemente hacemos eso como hombres. Somos lentos para admitir la culpa y lentos para arrepentirnos. ¿Por qué no podemos decir: "Querida, yo estuve mal. Perdóname" o "Dios, tienes razón. Yo estuve mal. Por favor, perdóname"? El mundo está lleno de hombres que quieren tener la razón, cuando en realidad el secreto de la fortaleza del hombre y su camino hacia el verdadero honor es su habilidad de admitir la falla cuando la ha cometido. Dios quiere llenar su Iglesia con hombres que puedan admitir cuando se han equivocado. Un hombre dispuesto a humillarse delante de Dios y de su familia al decir *Estuve mal,* encontrará que su familia tienen toda la confianza en el mundo con respecto a él y con más ganas lo seguirá. Si él se rehúsa neciamente a arrepentirse o admitir su falta, se erosiona la confianza que ellos le tienen y también su *liderazgo*.

A la mujer, Dios le hizo la pregunta de relación: "¿Qué has hecho?". A medida que eran cuestionados, Adán y Eva se escondían de la presencia de Dios. En esencia, Dios estaba preguntando: "Hija, ¿qué pasó con nuestra relación? ¿Qué es esta distancia entre tú y yo?". La pregunta de Dios revela que la mujer fue diseñada para tener relación e intimidad. Las relaciones son una extensión de las mujeres; las mujeres están diseñadas para estar en relación y para ser amadas. Eva, en respuesta a la pregunta de Dios acerca de su relación, contesta simplemente: "La serpiente me engañó, y yo comí" (Génesis 3:13). Ella admite que fue engañada y que creyó la mentira. Hay una propensión para el engaño en el corazón de una mujer; sin embargo, dicha propensión no reside en un hombre. Esto explica más la pregunta que Dios le hace a Adán y su demanda de saber dónde estaba y por qué no ocupaba su lugar de liderazgo protegiendo a su esposa. Era un asunto de liderazgo.

El liderazgo no tiene nada que ver con quién es el jefe; tiene todo que ver con la protección sobre el espíritu de una hija. Las mujeres llevan con ellas una sensibilidad extra a las cosas espirituales, y los hombres fueron diseñados para ser una cobertura protectora de esa sensibilidad.

LAS MUJERES FRECUENTEMENTE SON MÁS PROPENSAS A CREER UNA MENTIRA CON LA ESPERANZA DE CONSEGUIR QUE SU MÁS PROFUNDA NECESIDAD SEA CUBIERTA.

Eva fue engañada por la serpiente y creyó la mentira. Las mujeres son frecuentemente más propensas a creer una mentira con la esperanza de conseguir que su más profunda necesidad sea cubierta.

Eso es precisamente en donde el enemigo las encuentra y se aprovecha de ellas. Dios quiere que el corazón de las jóvenes esté lleno de palabras y de atención por parte de sus padres. Si ese no es el caso, se encontrarán en necesidad, y como resultado, mucho más vulnerables a las mentiras y a las proposiciones de los hombres. Cuando una joven mujer tiene un corazón insatisfecho y un tipo le dice: "Oye, nena, ¡eres hermosa!", ella piensa: "Le gusto. ¡Él me gusta! Su atención lleva consigo el potencial de deleite y realización. Ella cree que si le da lo que él quiere, él se quedará con ella. Pronto descubre que él quiere lo más precioso que puede darle y debe apostar su propia alma para dárselo. Eso ocurre una sola vez y "don Correcto" se vuelve "don Hasta Pronto". Luego otro "don Correcto" en potencia aparece y dice: "Oye, tú sí que eres lo máximo", ella se detiene un segundo y piensa: "¡Tal vez esta vez sí!", y resulta que esta vez, con menos titubeo, ella vuelve a apostar. Algunas mujeres terminan teniendo 40, 50 o 100 compañeros sexuales como resultado de ese tipo de engaño.

La mujer usa su sensualidad y su *poder de atracción* para asegurar permanencia y compromiso. Si ella no es protegida, será engañada vez tras vez en su búsqueda por esas dos cosas.

El engaño y las mentiras están presentes en todo lugar. Están en las películas, en las revistas, en las carteleras y en el internet. Su mensaje es que el valor primordial de las mujeres es sexual. Y, como su valor es sexual, más le vale cultivarlo y entrenarse a caminar de cierta forma, hablar de cierta forma, pararse de cierta forma, verse de cierta forma y vestirse de cierta forma, o va a terminar siendo rechazada, aislada, sola y olvidada. Es nuestro trabajo como padres y líderes llenar los corazones de nuestras hijas con el amor y la atención que necesitan y proclamar la verdadera identidad de Dios sobre ellas, protegiéndolas de que se entreguen al asalto de mentiras y engaño que constantemente las bombardea.

PREGUNTAS

1. De acuerdo con Génesis 2, ¿cuál es el camino de Dios para tener sexo sin avergonzarse? ¿Por qué el plan de Dios es perfecto?

2. Explique el proceso a través del cual Satanás engañó a Eva.

3. ¿Por qué las parejas cristianas casadas reportan el nivel más alto de satisfacción sexual que cualquier otro grupo de parejas?

4. Describa las consecuencias que Adán y Eva tuvieron que afrontar cuando desobedecieron a Dios y comieron del árbol prohibido. ¿En qué se parecen esas consecuencias a las que la gente sufre cuando viola los estándares sexuales de Dios?

5. Cuando Dios interrogó a Adán acerca de la posición/liderazgo, ¿cómo respondió Adán?

6. ¿En qué mentiras de los hombres, las mujeres están dispuestas a creer con la esperanza de poder satisfacer sus necesidades más profundas?

7. ¿De qué manera los hombres pueden proteger la vida de las mujeres de las mentiras del enemigo?

CAPÍTULO CINCO
LA NOVIA RAMERA

A todos les gustan las novias, de eso se tratan las bodas. Cuando la novia entra a escena, todos se ponen de pie, estiran sus cuellos para mirarla y dicen: "!Oh¡", "¡Ah!", por lo hermosa que se ve. Todavía puedo sentir la mano de mi hija mayor, Allison, cuando tomó mi brazo para que yo la entregara en el día de su boda. A medida que nos abrimos paso en la iglesia, todos se pusieron de pie e hicieron su mejor esfuerzo para captar un vistazo, no de mí, sino de mi hija, la novia. Algunos espectadores sonreían. Otros lloraban. Cuando una mujer ha sido honrada y amada, hay algo en la mirada de su rostro en el día de su boda que es imposible describir. Es una expresión única de confianza, hermosura y gozo profundo.

Con seis hijas hemos tenido bastante actividad de *novias y bodas* en nuestra casa. Las chicas todas se vestían de novias cuando eran pequeñas. Luego, compraban revistas de novias siempre que nos íbamos de vacaciones y se sumergían en ellas escogiendo sus vestidos y arreglos florales favoritos. Todavía es difícil para mí reconciliarme con la realidad de mis hijas, mis pequeñas, dejando la casa para casarse. Recuerdo cuando sus manos eran apenas suficientes para tomarse de uno de mis dedos mientras daban sus primeros pasos aprendiendo a caminar. Sus corazones eran completamente míos como papá, y por supuesto, de su mamá. Recuerdo cómo sus nacimientos revolucionaron mi vida y cómo las amé inmediata y completamente. Recuerdo cómo me necesitaban y me hacían las preguntas más tiernas. Solo unos *momentos* después, los corazones de mis hijas fueron conquistados por algunos jóvenes, y ellas han salido de nuestro hogar para establecer sus propios hogares con sus esposos.

Las novias son idea de Dios. Desde que comenzó la historia de la humanidad, uno de los principales mensajes que Dios ha estado tratando de comunicarnos es que Él está buscando relacionarse con nosotros tal como un novio busca a su novia. Dios tiene la fuerte intención de ayudarnos a entender sus intenciones con respecto a nosotros, tanto que nos dejó metáforas para ayudarnos a entender la relación que pretende tener con nosotros. En la Escritura, cuando Dios habla acerca de Israel, su pueblo, lo compara a una joven mujer respondiéndole en el contexto del matrimonio. Si Israel le es fiel, entonces ella es una novia. "Por eso dejará el hombre a su padre y a su madre, y se unirá a su esposa, y los dos llegarán a ser un solo cuerpo. Esto es un misterio profundo; yo me refiero a Cristo y a la iglesia" (Efesios 5:31-32). Pero si Israel, su esposa, era infiel, entonces es comparada con una ramera. "ese pedazo de palo le responde; su tendencia a prostituirse los descarría; se prostituyen en abierto desafío a su Dios" (Oseas 4:12). En Ezequiel, Él dice: "Te abriste de piernas a cualquiera que pasaba, y fornicaste sin cesar" (Ezequiel 16:25). Para el lector casual pareciera ser que Dios está usando terminología increíblemente gráfica y tal vez siendo demasiado dramático acerca de la infidelidad. Sin embargo, esa es su forma de expresar la seriedad de nuestra relación con Él y resaltar lo necesaria y valiosa que es la pureza de nuestra devoción.

ESTAMOS ATRAPADOS EN MEDIO DE UNA GUERRA ENTRE LA PODEROSA VERDAD DEL DESEO QUE DIOS TIENE DE RELACIONARSE CON NOSOTROS, Y EL ODIO QUE SATANÁS SIENTE POR TODO LO QUE PROVIENE DEL CORAZÓN DE DIOS.

Si una novia simboliza la relación deseada de Dios con su pueblo, imagina cómo se siente el diablo acerca de una novia. Ya que el enemigo entiende el valor de esta realidad y las imágenes correspondientes que Dios está usando para perpetuar la relación con su pueblo, él busca violar toda explicación visual y simbólica de los propósitos redentores de Dios en la tierra. Por lo tanto, Satanás se opone a una novia sin mancha. Él le declara la guerra a la novia, rostro de la devoción y la fidelidad, diseñada para ser buscada y amada. Él intenta alterar, pervertir o erradicar el mismísimo concepto de pureza y fidelidad para que nuestro entendimiento de quienes somos y qué tipo de relación Dios anhela tener con nosotros sea oscurecido. Estamos atrapados en medio de una guerra entre la poderosa verdad del deseo que Dios tiene de relacionarse con nosotros, y el odio que Satanás siente por todo lo que proviene del corazón de Dios. Podemos caminar en relación con Dios e impactar la cultura con su verdad, o podemos caer presas de las mentiras del enemigo y sentirnos cada vez más y más confundidos acerca de quiénes somos, quién es Dios y lo que Él quiere hacer en nuestras vidas y en este mundo.

DOS MANDATOS

Cuando Dios le dio sus mandamientos al pueblo de Israel, incluyó dos mandatos para ayudar a su pueblo a entender cómo debían interactuar con Él y con el mundo entero. Primero está el que yo llamo el *mandato del templo*. El mandato del templo representaba los requerimientos conectados a la adoración del templo, incluyendo los sacrificios ofrecidos y el incienso, así como la celebración de festividades y cómo debían asistir a las reuniones. Todo lo que se daba en el templo tenía como fin mantener a la gente en una relación con Dios y producir la vida de Dios en el pueblo.

En segundo lugar, había un *mandato para el mundo de los negocios,* el cual demandaba que la gente tomara la vida de Dios e impactara en la cultura y en los negocios. La vida de Dios como la punta en su pueblo debía de empujarles a demostrar esa vida en sus lugares de trabajo para que los que habitaban fuera del templo pudieran ver la realidad de Dios.

IDENTIFICA, CONFRONTA, DERRIBA Y DESTRUYE

Cuando Israel estaba saliendo de Egipto camino a la tierra prometida, Dios les advirtió acerca de hacer pactos con los habitantes que todavía vivían en esa región adorando a sus dioses. Dios estaba usando a Israel como un instrumento de juicio sobre los cananeos que vivían en la tierra; estos adoraban a dioses falsos y sus actos de adoración incluían cosas diametralmente opuestas a todo lo que Dios tenía en su corazón para la humanidad. Dios dejó muy en claro: "Pondré bajo tu dominio a los que habitan allí, y tú los desalojarás. No hagas ningún pacto con ellos ni con sus dioses. Si los dejas vivir en tu tierra, te pondrán una trampa para que adores a sus dioses, y acabarás pecando contra mí." (Éxodo 23:31-33). Más aún, Él declaró: "deberán expulsar del país a todos sus habitantes y destruir a todos los ídolos e imágenes fundidas que ellos tienen. Ordénales que arrasen todos sus santuarios paganos" (Números 33:52). De nuevo Dios les demandó: "Exterminarás del todo a hititas, amorreos, cananeos, ferezeos, heveos y jebuseos, tal como el Señor tu Dios te lo ha mandado. De lo contrario, ellos te enseñarán a hacer todas las cosas abominables que hacen para adorar a sus dioses, y pecarás contra el Señor tu Dios" (Deuteronomio 20:17-18). Se les dijo que erradicaran y destruyeran la adoración a dioses falsos. El profeta Jeremías obtuvo un mandamiento similar: "Mira, hoy te doy autoridad sobre naciones y reinos, "para arrancar y derribar, para destruir y demoler, para construir y plantar." (Jeremías 1:10). Jeremías vivía en medio del pueblo de Dios que se había descarriado hacia la adoración a dioses falsos. Al igual que al profeta, el pueblo de Dios también había sido mandado a destruir todo lo que les llevara a depender de otros dioses, o a tenerles devoción. En otras palabras, Dios continuamente les llamó a una devoción sin divisiones, completamente dedicada a Él. Aun así, el pueblo no obedeció a Dios.

LA SECUENCIA DE LA APOSTASÍA

Nadie pasa de adorar a Dios un día, y al otro día adorar a dioses falsos. O, para usar una analogía, nadie pasa de ser una novia amada a una ramera de la noche a la mañana. Keith Tucci, exdirector de Life Coalition International, presenta este importante punto en su estudio Abortion is Gospel Issue *(El aborto es una cuestión del Evangelio)*. La transición de Israel a la prostitución empezó cuando se mezcló con otras naciones en un estado de cohabitación pacífica. "No destruyeron a los pueblos que el Señor les había señalado, sino que se mezclaron con los paganos y adoptaron sus costumbres. Rindieron culto a sus ídolos, y se les volvieron una trampa" (Salmos 106:34-36), *adoptaron... rindieron culto*. Su aparente mezcla inocente con las naciones les llevó a aprender sus prácticas y servir a sus dioses.

> LOS ÍDOLOS QUE NO SE CONFRONTAN EJERCEN UNA INFLUENCIA SOBRE EL PUEBLO DE DIOS. NO SOLO LES GUÍAN A LA PROSTITUCIÓN, SINO QUE SU ADORACIÓN REQUIERE UNA DETESTABLE DESOBEDIENCIA AL ÚNICO DIOS VERDADERO

En vez de cumplir con el mandato de impactar en los negocios e influenciar la cultura, aparentemente ellos mismos estaban siendo afectados por la cultura. No estaban dispuestos a identificar, confrontar y derribar la adoración falsa en la cultura. Inicialmente puede parecer como un acto inconsecuente. Como si no fuera nada importante. Sin embargo, los ídolos que no se confrontan ejercen una influencia sobre el pueblo de Dios. No solo les guían a la prostitución sino que su adoración requiere una detestable desobediencia al único Dios verdadero.

LA ADORACIÓN A DIOSES FALSOS

Entre los dioses mencionados en el Antiguo Testamento estaban
Baal y Moloc (o Milcom) y sus equivalentes femeninos, Asera y
Astarté. Eran dioses de la fertilidad, el fuego y la guerra. Como
la gente de ese tiempo vivía en una cultura agraria, su sustento
dependía de la abundancia de la fertilidad o de sus cosechas y su
ganado. La adoración a Baal y Asera, por ende, era parte de la
ecuación para asegurar su prosperidad y bienestar económico. Los
hijos de Israel no eran ignorantes acerca de estos dioses, y las referencias escriturales a ellos abundan. El Rey Acab *Le erigió un altar
(a Baal) en el templo que le había construido en Samaria, y también
fabricó una imagen de la diosa Aserá* (1 Reyes 16:32-33). Como
se registra en 1 Reyes 18, Elías retó a 450 profetas de Baal y 400
profetas de Asera en presencia del pueblo en el Monte Carmelo. El
altar de Baal y el ídolo de Asera eran dos objetos que Dios le dijo a
Gedeón que debía destruir antes de poder guiar al pueblo en batalla, una historia relatada en Jueces 6. El Rey Manasés *erigió otros
altares en honor de Baal e hizo una imagen de la diosa Aserá (…)
En ambos atrios del templo del Señor contruyo altares en honor
de los astros del cielo* (2 Reyes 21:3, 5). Aun el corazón del rey Salomón fue seducido para apartarse de la adoración a Dios cuando
se casó con mujeres extranjeras que servían a dioses extranjeros.
*En efecto, cuando Salomón llegó a viejo, sus mujeres le pervirtie-
ron el corazón de modo que él siguió a otros dioses, y no siempre
fue fiel al Señor su Dios como lo había sido su padre David. Por
el contrario, Salomón siguió a Astarté, diosa de los sidonios, y a
Moloc, el detestable dios de los amonitas* (1 Reyes 11:4-5).

LAS TRES FORMAS PRINCIPALES EN LAS QUE
LOS DIOSES FALSOS ERAN ADORADOS
ERA A TRAVÉS DE INMORALIDAD SEXUAL,
PROSTITUCIÓN EN EL TEMPLO Y SACRIFICIOS
DE NIÑOS.

¿Qué involucraba la adoración a estos dioses falsos? ¿Eran estatuas inofensivas? ¿Por qué tanto insistía Dios que su pueblo no se enredara en esa su adoración? No era por las estatuas inofensivas, sino por las tres formas principales en las que los dioses falsos eran adorados: la inmoralidad sexual, la prostitución en el templo y los sacrificios de niños. ¡Todas estas cosas son abominables al Señor y están en directa oposición a sus caminos y a su corazón! (Winkey Pratney ofrece un vistazo más profundo en cuanto a la adoración a estos dioses falsos en su libro *Devil Take the Youngest*).

INMORALIDAD SEXUAL

En un esfuerzo por aplacar a los dioses de la fertilidad y convencerlos para que desataran bendición en sus cosechas y ganado, la gente activaba y ejercitaba su propia sexualidad con la esperanza de que su experiencia sexual les permitiera ser uno con el dios o la diosa de la fertilidad. La gente creía que en respuesta a su ofrenda sexual, los dioses harían que sus cosechas fueran abundantes, que sus ganados se multiplicaran y en general, que traerían bendición económica a sus vidas a través de la fertilidad de la tierra, de las plantas y de los animales.

Baal y Asera eran adorados debajo de los árboles de los bosques, en lugares altos, y su adoración requería glotonería, borracheras y sexo. Los adoradores se hacían parte de relaciones sexuales unos con otros, tanto con hombres y mujeres que se prostituían en los templos. Las imágenes de Asera eran colocadas usualmente cerca de los altares a Baal. Palos, árboles sin ramas y sin tope eran cortados para imitar el órgano sexual masculino, y eran imágenes gigantes, visuales y eróticas que sexualizaban todo el ambiente. La Escritura le llama a Asera *una horrible imagen* en 1 Reyes 15:13. Una y otra vez, la Biblia versión The Message (MSG) le llama a los dioses falsos *dioses del sexo y la religión*, porque el elemento principal de su adoración requería inmoralidad sexual. *Él* (Manasés) *reconstruyó todos los altares de sexo y religión que su padre Ezequías había derribado, y construyó altares con imágenes fálicas para el dios del sexo Baal y la diosa del sexo Asera...** (2 Reyes 21:3 [The Message, (MSG)]).

---

*Nota del traductor: No hay una versión de la Biblia en español que pueda aproximarse a la versión MSG. Por tal motivo se tradujo el versículo al español.

Se han realizado experimentos con gente que está observando un encuentro sexual en video o que están presentes mientras otros tienen relaciones sexuales. Al usar sensores que miden el pulso y las reacciones en la piel, los investigadores registraron la respuesta física en el cuerpo de los espectadores muy similares a los que estaban participando en el encuentro sexual. Eso explica por qué los lugares altos tenían una influencia tan poderosa. Estos templos no estaban escondidos en lugares fuera de la vista. Estos lugares permeaban la cultura. *Además, en todas las colinas y bajo todo árbol frondoso se construyeron santuarios paganos, piedras sagradas e imágenes de la diosa Asera* (1 Reyes 14:23). Los lugares altos proliferaron a un paso acelerado a medida que crecía la apostasía de Israel. Pronto los lugares altos no solo se ponían en las colinas o en la sombra de los bosques, sino en cada esquina de las calles y en cada cuadra de la ciudad. "Construiste prostíbulos en cada plaza. ¡No hubo esquina donde no te exhibieras para prostituirte! Te abriste de piernas a cualquiera que pasaba, y fornicaste sin cesar" (Ezequiel 16:24-25). El hecho de que eran públicos y su adoración era muy observable, significaba que ellos habían saturado, sexualizado y erotizado la atmósfera de la cultura, empujando implacablemente a la sexualidad para que estuviera en un lugar prominente en la mente del pueblo.

LA PROSTITUCIÓN DE TEMPLO

Los dioses también eran adorados con alguna forma de invitación cultural y una expectativa de participar en la experiencia sexual. James Frazer, en su libro *The Golden Bough* (© 1922, Macmillan Co.), confirma que muchas mujeres tenían que prostituirse en el templo de las diosas paganas más populares (tales como Afrodita) antes de poder casarse. Dice también que el motivo de las mujeres al prostituirse no era *una orgía de lujuria, sino un deber religioso solemne desempeñado en el servicio de la gran diosa madre.* Frazer enlista ciudades y naciones que tenían esta costumbre (p. 384):

- En Chipre, todas las mujeres antes de casarse tenían que prostituirse con los extraños en el santuario de Afrodita y Astarté.

- En Babilonia, toda mujer, rica o pobre, tenía que prostituirse en los templos de Mylitta, Istar y Astarté, y hacerlo por dinero que luego era donado como ofrenda a la diosa.

- En los templos fenicios, las mujeres se prostituían creyendo que sus servicios apaciguarían a la diosa y ganarían su favor.

- En la ciudad antigua de Heliópolis, en Siria, había una ley que requería que toda virgen se prostituyera con extraños en el templo de Astarté.

LOS DIOSES TAMBIÉN ERAN ADORADOS CON ALGUNA FORMA DE INVITACIÓN CULTURAL Y UNA EXPECTATIVA DE PARTICIPAR EN UNA EXPERIENCIA SEXUAL.

En una cultura que adoraba estos dioses falsos de sexo y religión, había una expectativa, anticipación y formación de jóvenes mujeres en la cultura para que tomaran su turno en el templo, y también existía la invitación para que los hombres de la cultura adoraran a estos dioses con ellas. Cualquier persona pasando por los lugares altos podía ver a la gente, a plena vista, teniendo actividades sexuales. Generaciones de hijos e hijas crecieron bajo la deliberada creación de una atmósfera de promiscuidad sexual. Todo esto transmitía un mensaje de expectativa y formación. "Vamos. Tienes que tomar parte de esto. Es nuestra cultura y forma de vida. ¡Esta es tu vida, tu futuro!". Dios advirtió a su pueblo y les mandó *Ningún hombre o mujer de Israel se dedicará a la prostitución ritual* (Deuteronomio 23:17). A pesar de las advertencias y prohibiciones de Dios a través de los profetas, el pueblo desobedeció.

SACRIFICIO DE NIÑOS

Los dioses también eran adorados con sacrificios de niños. El altar a Moloc representaba el vientre de la madre. El niño sacrificado era puesto en la cavidad del ídolo el cual había sido calentado con fuego, y el sonar de los tambores ahogaban los gritos de los niños que estaban siendo quemados en el altar. Era una práctica aborrecible para Dios. *También construían altares a Baal en el valle de Ben Hinón, para pasar por el fuego a sus hijos e hijas en sacrificio a Moloc, cosa detestable que yo no les había ordenado, y que ni siquiera se me había ocurrido. De este modo hacían pecar a Judá* (Jeremías 32:35).

> EN VEZ DE CONFRONTAR, DERRIBAR Y DESTRUIR LA MALVADA ADORACIÓN DE ESTOS DIOSES FALSOS COMO DIOS MANDÓ, ISRAEL ESCOGIÓ COEXISTIR PACÍFICAMENTE –LA VERSIÓN ANTIGUA DE NUESTRO MODERNO ESPÍRITU DE TOLERANCIA—.

En vez de confrontar, derribar y destruir la malvada adoración de estos dioses falsos como Dios le mandó, Israel escogió coexistir pacíficamente —la versión antigua de nuestro moderno espíritu de tolerancia—.

Como resultado, Israel aprendió las prácticas extranjeras, adoró a sus dioses falsos y aún sacrificó a sus propios hijos a los ídolos. La práctica horrible demostró lo lejos que había llegado el pueblo de Dios en apostasía y prostitución. Sus ancestros habían sido los que Dios libró milagrosamente de la esclavitud en Egipto quienes vieron el Mar Rojo partirse en dos, ellos recibieron el maná, cuyas sandalias duraron 40 años en el desierto y quienes experimentaron diariamente la presencia del Dios vivo en la columna de fuego por la noche y la nube por el día. Es perturbador observar que tan solo *una generación* después de eso habían abandonado al único Dios verdadero y ¡estaban sacrificando a sus propios hijos a dioses falsos! Su inmoralidad y el sacrificio de sus hijos fue tal abominación de Dios, que después esto provocó el juicio del Señor sobre su nación.

LA INFLUENCIA PRINCIPAL

Las fortalezas diabólicas que no son expuestas ni tratadas ejercen un poder enorme. Si no estás afectará la cultura proactivamente, la cultura te influenciará a ti. Efesios dice: "No tengan nada que ver con las obras infructuosas de la oscuridad, sino más bien denúncienlas" (Efesios 5:11). La adoración a otros dioses estaba diametralmente opuesta a la adoración a Dios. La forma en que esas naciones servían a sus dioses era *toda clase de actos detestables que el Señor odia* (Deuteronomio 12:31 [NTV]).

> SI NO ESTÁS INFLUENCIANDO LA CULTURA PROACTIVAMENTE, LA CULTURA TE INFLUENCIARÁ A TI

Por eso es que Dios dejó en claro su mandamiento: "Destruirán por completo todos los lugares donde adoran a sus dioses las naciones que ustedes van a desposeer, es decir, en las montañas, en las colinas y debajo de todo árbol frondoso. Demolerán sus altares, harán pedazos sus piedras sagradas, les prenderán fuego a sus imágenes de la diosa Asera, derribarán sus ídolos y borrarán de esos lugares los nombres de sus dioses" (Deuteronomio 12:2-3). La postura que Dios quería que tuviera su Novia era la de identificar activamente, confrontando, derribando y destruyendo el sistema de dioses falsos. Él usó palabras que denotaban acción para describir lo que deberían hacer: ¡Destruir por completo! ¡Desposeer! ¡Derribar! ¡Aplastar! ¡Quemar! ¡Cortar! ¡Borrar! No había lugar para la coexistencia pasiva con esos dioses.

LAS CULTURAS SEXUALIZADAS DEL NUEVO TESTAMENTO

Los lugares altos, los sacrificios y la adoración a dioses falsos no solo eran prácticas primitivas y barbáricas que desaparecieron silenciosamente en las páginas del Antiguo Testamento para nunca volver a surgir en sociedades más modernas y sofisticadas.

En el libro de Hechos leemos acerca del mundo griego y romano —saturado de sexo, sensualidad y obsesionado con el cuerpo— en el que la iglesia primitiva vivía y con el que luchaba. Una vez más encontramos los mismos elementos de inmoralidad sexual, de prostitución en el templo y de sacrificios de niños cometidos como actos de adoración a dioses falsos. La prostitución floreció en Roma y las celebraciones a los órganos sexuales masculinos y femeninos eran comunes. La ciudad de Corinto tenía tal reputación debido al homosexualismo que las referencias a esta práctica en esta ciudad continúan siendo usadas en la literatura hasta el día de hoy.

> LOS LUGARES ALTOS, LOS SACRIFICIOS Y LA ADORACIÓN A DIOSES FALSOS NO SOLO ERAN PRÁCTICAS PRIMITIVAS Y BARBÁRICAS QUE DESAPARECIERON SILENCIOSAMENTE EN LAS PÁGINAS DEL ANTIGUO TESTAMENTO PARA NUNCA VOLVER A SURGIR EN SOCIEDADES MÁS MODERNAS Y SOFISTICADAS.

Corinto era famosa por las orgías y las borracheras, las prostitutas de templo que servían a los marineros cuando arribaban al puerto. Había mil prostitutas de templo en Corinto y mil en Éfeso. El dios griego más abiertamente sexual era Dionisio, el dios de la pasión y la sensualidad. Su equivalente romano era Baco, y sus adoradores participaban en salvajes orgías en su honor. Las decoraciones en la cerámica griega nos han dejado con una buena cantidad de historia visual acerca de cómo era su vida. Mucho del contenido es altamente sexual. Sátiras y ninfas brincan desnudas bajo los olivos mientras los jóvenes, hombres y mujeres, se bañaban, bailaban y tenían sexo. John Clarke en su libro, *Sexo Romano: 100 a. C. – 250 d. C.*, nos da un vislumbre a la atmósfera altamente sexualizada en la que nació la Iglesia del Nuevo Testamento:

En la ciudad de Pompeya, dejada para nosotros tan

considerablemente dañada, pero intacta por la furia
de un volcán cercano, encontramos evidencia visual
de la sexualidad romana en todas partes. Las casas de
la clase alta romana están llenas de pinturas y obras
de arte describiendo a gente descaradamente involucrada en escenografía sexual. Los jardines están llenos de dioses de la fertilidad con falos gigantescos.
Los burdeles y tabernas de la clase baja poseen sus
distintivas y francas exploraciones de la sexualidad
romana. En todas partes del pueblo hay talismanes
y amuletos de falos erectos para alejar a los espíritus
malignos. La naturaleza ubicua de la sexualidad sacudió a los arqueólogos que descubrieron todo esto.
¿Cómo podían los romanos ser tan francos acerca del
sexo dejando atrás esos objetos obscenos aun en donde los niños podían observarlos? ¿Cómo podían las
mujeres romanas ser tan abiertas y directas acerca de
su disfrute del sexo? Y lo más perturbador de todo,
¿cómo podían los romanos involucrarse en actividades con el mismo sexo o de sexo grupal?

Ya que los romanos eran gente religiosa, muchos
llegaron a ver el éxtasis sexual como un regalo de Ve-
nus y Cupido, o deidades ocultistas como Dionisio.
¿Quién podía resentir a los dioses y su influencia? La
idea de que los falos y el despliegues de dioses de la
fertilidad podían guardarlos contra espíritus malos,
también llegó a su límite. Cada calle, esquina y puerta parecían tener una representación de un [órgano
sexual masculino].

El sacrificio de niños fue practicado en el Nuevo Testamento a
través del abandono. Especialmente en casos en donde los niños
eran concebidos por medio de la prostitución en los templos o simplemente eran niños no deseados. La práctica era dejarlos abandonados fuera de los muros de la ciudad. Abandonados y expuestos a
los elementos, los bebés morían y frecuentemente eran devorados

por los animales. La iglesia primitiva, sin embargo, por su ética de proteger y honrar la vida, los rescataba, adoptaba y criaba a estos niños como a hijos propios.

DESAFÍO A LOS CREYENTES
DEL NUEVO TESTAMENTO

Los creyentes del Nuevo Testamento tenían que ser confrontados y se les tenía que recordar acerca de sus actitudes y su postura con respecto a los dioses falsos y a la resultante sexualidad desenfrenada. El libro de los Hechos relata cuando Pablo, uno de los padres de la iglesia neotestamentaria, visita Atenas, *su espíritu se enardecía dentro de él al contemplar la ciudad llena de ídolos.*(Hechos 17:16 [LBLA]). Excavaciones arqueológicas han recuperado pequeños ídolos de la diosa Diana (o Artemisa como también se le llamaba). Aparece como la figura de una madre, y entre su cuello y su cintura, hay cientos de pechos personificando la mezcla del espíritu maternal con la naturaleza sexual y sensual de la mujer. Ella era adorada con prostitución, de la misma forma que muchos de los dioses antiguos.

El Nuevo Testamento registra una confrontación entre Pablo y los adoradores de Diana:

> Por aquellos días se produjo un gran disturbio a propósito del Camino. Un platero llamado Demetrio, que hacía figuras en plata del templo de Artemisa, proporcionaba a los artesanos no poca ganancia, los reunió con otros obreros del ramo, y les dijo:
> —Compañeros, ustedes saben que obtenemos buenos ingresos de este oficio. Les consta además que el tal Pablo ha logrado persuadir a mucha gente, no sólo en Éfeso sino en casi toda la provincia de Asia. Él sostiene que no son dioses los que se hacen con las manos. Ahora bien, no sólo hay el peligro de que se desprestigie nuestro oficio, sino también de que el templo de la gran diosa Artemisa sea menospreciado,

y que la diosa misma, a quien adoran toda la provin-
cia de Asia y el mundo entero, sea despojada de su
divina majestad. (Hechos 19:23-27).

La postura de Pablo con respecto a estos dioses era identificar,
confrontar, derribar y destruirlos, a ellos y su influencia. A medida
que Pablo trabajó para establecer a la iglesia primitiva cristiana,
su mensaje *no* fue "Vengan a Jesús. No hablamos acerca de los
dioses falsos con los que estás involucrado o las consecuencias de
adorar a esos dioses. Sobre todo, estamos comprometidos a que tú
te sientas cómodo".

Sin embargo, ese es frecuentemente el mensaje y la postura de
la Iglesia del siglo 21. Cuando alguien entra al Reino de Dios y
empieza a adorar al único Dios verdadero, necesitamos abordar el
significado de esta adoración y estas practicas en sus vidas.

PARA PODER TRAER SANIDAD Y RESTAURACIÓN
A UNA GENERACIÓN, NECESITAMOS AMAR A
LOS CREYENTES LO SUFICIENTE COMO PARA
HABLAR ACERCA DE SU IDENTIDAD SEXUAL
Y EL IMPACTO QUE HA TENIDO EN SUS VIDAS
ADORAR A ESOS DIOSES FALSOS.

Se debe permitir que la sangre de Cristo llegue a las profundidades donde ese pecado los ha llevado. Para poder traer sanidad y
restauración a una generación, necesitamos amar a los creyentes
lo suficiente como para hablar de la identidad sexual y el impacto
que ha tenido en sus vidas adorar a esos dioses falsos.

Al mismo tiempo que Pablo exaltó a Jesús, también confrontó
a esos dioses y habló acerca de su influencia. Me encanta imaginarme a Pablo predicándole a la iglesia primitiva, a hijas que se
prostituían en los templos y a los jóvenes que visitaban a esas hijas
y las explotaban. A medida que Pablo predicaba, ellos escuchaban
acerca de la sexualidad santa por primera vez en sus vidas. Veamos al testimonio del Nuevo Testamento y leamos lo que Pablo
le escribió a las iglesias. A Timoteo le dijo: "Huye de las malas

pasiones de la juventud, y esmérate en seguir la justicia, la fe, el amor y la paz, junto con los que invocan al Señor con un corazón limpio" (2 Timoteo 2:22). Pablo predicó que si pecas sexualmente, pecas contra tu propio cuerpo: *¿No saben que sus cuerpos son miembros de Cristo mismo? ¿Tomaré acaso los miembros de Cristo para unirlos con una prostituta? ¡Jamás! ¿No saben que el que se une a una prostituta se hace un solo cuerpo con ella? Pues la Escritura dice: "Los dos llegarán a ser un solo cuerpo". Pero el que se une al Señor se hace uno con él en espíritu. Huyan de la inmoralidad sexual. Todos los demás pecados que una persona comete quedan fuera de su cuerpo; pero el que comete inmoralidades sexuales peca contra su propio cuerpo. ¿Acaso no saben que su cuerpo es templo del Espíritu Santo, quien está en ustedes y al que han recibido de parte de Dios? Ustedes no son sus propios dueños; fueron comprados por un precio. Por tanto, honren con su cuerpo a Dios* (1 Corintios 6:15-20). Las charlas acerca de la sexualidad eran parte integral de la instrucción dada a los nuevos creyentes.

> PABLO HABLÓ ACERCA DE LOS TEMAS QUE NECESITABAN SER ABORDADOS PARA PODER DISCIPULAR A LA IGLESIA Y LLEVARLA A LA MADUREZ.

Pablo habló acerca de los temas que necesitaban ser abordados para poder discipular a la iglesia y llevarla a la madurez. Él no ignoró de dónde habían venido, sino que agresivamente se postuló en contra de los dioses falsos, derribando lo que era mentira y levantando lo que era verdadero sin importar lo que le costaría. Cuando Pablo lidió con la oscuridad y habló contra Artemisa, la gente en la comunidad se enfureció y en la turba subsiguiente gritaron y exclamaron en defensa de su dios por dos horas completas. ¡Y nosotros pensamos que tenemos servicios de adoración largos!

MARCAS DE UN CREYENTE DEL NUEVO TESTAMENTO

El libro de Hechos registra un concilio celebrado por los líderes de la iglesia primitiva el cual fue convenido para determinar lo que se requeria de los gentiles cuando se convertían a Jesús. Más y más personas se estaban haciendo creyentes cada día, y no todos salían del judaísmo. De hecho, muchos venían directo de la cultura de adoración a Diana. Algunos habían sido prostitutas(os) de templo. Otros eran jóvenes hombres que visitaba a los que se prostituían para adorar a Diana. Algunos líderes querían ganar nuevos conversos y hacer que se adhirieran a tradiciones judías para que se vieran y actuaran como creyentes judíos. Otros estaban en desacuerdo. El debate estaba encendido. "¿Cómo debería ser el cristianismo para esta gente?", argumentaban. El consejo llegó a un acuerdo: el mensaje que el Consejo distribuyó a las iglesias en relación con los elementos esenciales no negociables involucrados en la conversión a Cristo eran: *abstenerse de lo sacrificado a los ídolos, de sangre, de la carne de animales estrangulados y de la inmoralidad sexual. Bien harán ustedes si evitan estas cosas* (Hechos 15:29). Así es como Bob Deffinbaugh explica estas prohibiciones: "...quitaron la obligación a los no judíos de cumplir las leyes judías, e impusieron sobre ellos solo las leyes universales que Dios había establecido en el principio en Génesis" (*The Great Debates: Acts* 15:1-41, www.bible.org). En otras palabras, eran libres de guardar las leyes judías pero les encargaron cumplir las cuatro prohibiciones porque eran universales sobre todo hombre desde el tiempo de la creación.

¿Cuáles eran estas cuatro prohibiciones?
* Abstenerse de cosas dedicadas a ídolos. En otras palabras, apartarse de todo lo asociado con este espíritu de idolatría. Sea lo que sea que esté asociado con el mismo, disciérnelo y hazte a un lado. Apártate. No te involucres en cosas dedicadas a ese espíritu. Para poder separarte de el sistema de adoración a dioses falsos, tienes que identificarlo. Tienes que decir: "Esto eso con lo que yo estaba involucrado. Aquí están las consecuencias; aquí está el daño realizado y aquí están las mentiras perpetradas por el sistema".
* Abstenerse de la sangre porque la vida de la carne

está en la sangre (Levítico 17:11).
- Abstenerse de lo estrangulado. Esto es similar a la prohibición anterior porque la carne estrangulada no sangró.
- Abstenerse de la inmoralidad sexual. En otras palabras, caminar y vivir en pureza moral.

ME MARAVILLA CÓMO LOS PADRES DE LA IGLESIA CONCLUYERON QUE LA MARCA DE LOS SANTOS DEL NUEVO TESTAMENTO ERA LA PUREZA SEXUAL Y APARTARSE DE TODO LO QUE TUVIERA QUE VER CON EL SISTEMA DE ADORACIÓN DIABÓLICO.

Así es como se ve el cristianismo. ¡Bienvenido al Reino de Dios! ¿Qué tal eso para un paradigma de salvación? Me maravilla cómo los padres de la iglesia concluyeron que la marca de los santos del Nuevo Testamento era la pureza sexual y el apartarse de todo lo que tuviera que ver con el sistema de adoración diabólico. Eso es todo. No hay ninguna otra lista de *sí* y *no*.

CONCLUSIÓN

Cuando el Israel del Antiguo Testamento falló en confrontar y destruir los sistemas de adoración a dioses falsos, abandonó su atesorada relación como la Novia de Dios y se volvió una ramera viviendo inmoralmente y sacrificando a sus hijos a los demonios; los creyentes del Nuevo Testamento también eran llamados a contender contra la adoración a los dioses del sexo y la religión. El Apóstol Pablo no tuvo miedo al confrontar la adoración a dioses falsos —identificando a los dioses falsos y exaltando al único Dios verdadero— cumpliendo de ese modo con el mandato del templo y el mandato del mercado que la iglesia tenía. La adoración del Dios verdadero se evidencia al dejar todo lo que tenga que ver con la adoración a dioses falsos y está marcado por un estilo de vida de pureza moral. A medida que profundicemos más, veremos que todos estos elementos –verdadera devoción a Dios, pureza moral y la confrontación a la adoración de ídolos— son todos necesarios para que ocurra un avivamiento nacional.

PREGUNTAS

1. ¿Por qué Dios asemeja nuestra relación con Él a la de un novio con su novia? ¿Por qué Satanás odia el concepto de la novia?

2. Explique la diferencia entre el "mandato del templo" y el "mandato del mercado ".

3. Describa las tres maneras principales en las que los falsos dioses fueron adorados.

4. ¿Por qué Dios llamó a su pueblo a identificar, confrontar, derribar y destruir la adoración a los ídolos de los habitantes de la Tierra Prometida?

5. Describa la secuencia de la apostasía y por qué Dios no permitió la coexistencia pasiva con los ídolos falsos.

6. ¿Por qué es necesario que nosotros incluyamos los temas de sexualidad en nuestros mensajes de evangelismo y discipulado?

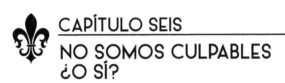

CAPÍTULO SEIS
NO SOMOS CULPABLES ¿O SÍ?

Ya puedo escuchar las voces de protesta diciendo: "Gracias por esa interesante lección de historia, Jim, pero las cosas han cambiado. No tenemos altares a Baal ni palos de Asera en nuestras ciudades. No tenemos prostitutas de templo y por supuesto que no tenemos una cosa tan trágica como el sacrificio de niños, algo que hoy en día no podría ocurrir sin que hubiese una oposición masiva a ello. Las cosas han cambiado. ¿Qué tiene esto que ver con nosotros, sobre todo en la iglesia?".

Es verdad, las cosas han cambiado, pero no tanto como nos gustaría imaginar. Puedo ver a una generación mayor observando a la más joven con un sentido de consternación, paseándose de un lado a otro, con ambas manos en la cabeza, agarrándose el pelo y gimiendo: "No puedo creerlo. ¡Hay tantos ombligos visibles por todos lados! ¡Tantos ombligos descubiertos y tanta sexualidad en los jóvenes! Se ha vuelto tan terrible. Nunca ha sido así antes. ¿Qué vamos a hacer?".

EN TODA ERA, EL PUEBLO DE DIOS HA ENFRENTADO EL ESPÍRITU DE IDOLATRÍA QUE HA SIDO ADORADO CON INMORALIDAD SEXUAL, CON ALGÚN TIPO DE PROSTITUCIÓN DE TEMPLO Y CON SACRIFICIOS DE NIÑOS.

La verdad es que siempre ha sido así. De hecho, yo considero que los mismos espíritus que demandaron adoración a través de la promiscuidad sexual, de la prostitución y del sacrificio de niños durante las eras del Antiguo Testamento, están activos hoy en día en nuestra cultura.

Sí, aun en nuestra sociedad norteamericana tan iluminada, educada, refinada y altamente evolucionada, la adoración a los falsos dioses de la sexualidad continúa floreciendo. En todo tiempo el pueblo de Dios ha enfrentado al espíritu de idolatría que ha sido adorado con inmoralidad sexual, algún tipo de prostitución de templo y sacrificios de niños.

El pastor Jeffrey Johnson, en su estudio acerca de Cantar de los cantares, da una versión similar de la siguiente historia para dar con el meollo del asunto: imagina que estás de vacaciones, y al salir de tu hotel, un hombre pasa a tu lado, cojeando. No tiene pierna izquierda por debajo de la rodilla. No quieres ser maleducado y no fijas tu mirada en él y no le preguntas qué le pasó. Luego notas que al botones que lleva las maletas le falta un brazo. *Qué raro*, piensas, pero sigues como si nada. Al pasar tu día notas que todos con los que te encuentras tienen algún tipo de herida, desde cosas pequeñas, como una cicatriz en la cara del sujeto que te rebasó patinando, hasta algo terrible como el hombre sin piernas ni brazos. Ya no te puedes contener, así que empiezas a preguntar: "¿Qué le pasó a tu brazo?". "¿Dónde te hiciste esa cicatriz?", pero la gente se voltea y no responde. El hombre en silla de ruedas sin brazos ni piernas te ve como si estuvieras loco, como si nada fuera anormal acerca de su condición.

Finalmente, en un café, te encuentras con alguien dispuesto a hablar. "Hemos sufrido ataques epidémicos de lagartos. No sabemos cómo pararlos. ¡Estamos felices de haber sobrevivido y que nuestras heridas sean mínimas!".

—¿Por qué no ponen señales de advertencia o dicen algo al respecto? —preguntas tú—. ¡Esto es peligroso! ¡Casi todos están mutilados o heridos?

Tu informante te quita la mirada nerviosamente. "Es muy vergonzoso para nosotros. No queremos que los turistas se asusten y se vayan. Además, en nuestra cultura no es socialmente aceptable discutir ataques de lagartos".

Así es como hemos reaccionado en nuestra cultura la mayoría de las veces, aun en la cultura de la iglesia, ante la adoración de los dioses del sexo y la religión (como les llama la Biblia *The Message*). La gente está siendo devastada por el dolor, la vergüenza, la confusión, la culpa, la enfermedad, el temor y el remordimiento debido a la inmoralidad sexual, pero no hay lugar para poder hablar acerca de ellos y hay muy pocos dispuestos a discutir el asunto. He encontrado esta actitud muchas veces en mis viajes. Hace un par de años, durante mi estancia en otro continente, me invitaron a hablar en una iglesia. Llegué muy poco antes de que empezara el servicio, y en el momento en que crucé la puerta, el pastor y su equipo de liderazgo me llevaron a un cuarto al lado del santuario. Me dijeron que debería considerar como un privilegio estar predicando en una de las iglesias más grandes de todo el país. Luego me pidieron que les diera el tema de mi mensaje. Como ellos me habían invitado, estaba un poco sorprendido de que no lo supieran, pero, a través del intérprete, yo les expliqué que estaría predicando del libro de Génesis, acerca de Adán y Eva y acerca de la sexualidad, la pureza, los padres y el corazón de una hija. "No, no, no. Esto no está bien. No puedes hablar acerca de eso. Necesitas predicar de algo más alentador como... el evangelismo". Yo sacudí mi cabeza en incredulidad. ¿No habían visto las cosas que yo había visto en su cuidad? Acababa de estar en un centro comercial en donde las mujeres estaban vestidas muy seductoramente y estaban tirándoseles encima a los hombres. Habíamos conducido por la ciudad y por la plaza central en donde habíamos vistos múltiples posters de mujeres casi desnudas colgando de edificios de apartamentos de 15 pisos, todo para vender una línea de ropa.

Era como si los pastores y los líderes creyeran que los miembros de su congregación eran inmunes a la sexualidad descarada que había en la cultura, junto con la abierta y prevalente invitación para adorar a los falsos dioses de la sexualidad. O posiblemente, los pastores y los líderes habían sido tan influenciados por la cultura que no la miraban como un problema.

Desafortunadamente esa es la postura de muchos en la iglesia en todo el mundo.

REVIVIENDO OTRA VEZ LA MISMA VIEJA HISTORIA

Hay una medida de orgullo que tiende a sobrecogernos cuando examinamos los errores de nuestros predecesores. Imaginamos que nunca vamos a caer presas de los mismos engaños. Por alguna razón, es muy fácil distanciarnos a nosotros mismos de los eventos que ocurrieron en el pasado. Por otro lado, frecuentemente es difícil identificar con precisión y lidiar con los asuntos importantes del presente simplemente porque nosotros mismos estamos atascados en ellos.

> PARECIERA SER QUE LOS ÚNICOS PARÁMETROS ALREDEDOR DE LA SEXUALIDAD Y DE LAS RELACIONES HOY EN DÍA, ES QUE NO DEBERÍA HABER LEYES, LÍMITES O JUICIOS SOBRE LA SEXUALIDAD O LA EXPRESIÓN SEXUAL

Yo diría que los mismos elementos de la inmoralidad sexual que existieron en la adoración del Antiguo y Nuevo Testamento hacia los dioses falsos, existen hoy en día. Mira a tu alrededor. Están prevalentes en todas partes. Me tomaría varios capítulos describir lo lejos que esta cultura ha huido del mandamiento original de Dios que declara: "No cometas adulterio" (Éxodo 20:14), y de la advertencia del Nuevo Testamento en donde Jesús subió el estándar y le informó a su seguidores que no solo el acto del adulterio estaba mal, sino que *cualquiera que mira a una mujer y la codicia ya ha cometido adulterio con ella en el corazón* (Mateo 5:28). Algunas veces veo rápidamente los titulares de los tabloides o cambio los canales en la televisión por cable para tomarle el pulso a la cultura. Me sacudo ante la desvergüenza de la gente. Se jactan de la cantidad de compañeros sexuales que han tenido; presumen de sus encuentros sexuales. Mientras más bizarro el encuentro, más orgullosos parecen estar. Ciertos grupos de personas consensualmente cambian de esposos como entretenimiento sexual. *Hacer química* ya no significa *nos veremos más tarde*. Ahora significa un encuentro sexual casual desprovisto de cualquier promesa de conexión o expectativa emocional en el futuro. La violación descarada a los estándares que Dios puso para la sexualidad, están ocurriendo en todos lados —en bares, en escuelas preparatorias y ciudades universitarias, en los lugares de trabajo—. Pareciera ser que los únicos parámetros alrededor de la sexualidad y las relaciones hoy en día es que no debería haber leyes, límites o juicios sobre la sexualidad o la expresión sexual. Me recuerda la carta de Pablo a los Corintios en la cual dice: "Es ya del dominio público que hay entre ustedes un caso de inmoralidad sexual que ni siquiera entre los paganos se tolera, a saber, que uno de ustedes tiene por mujer a la esposa de su padre. ¡Y de esto se sienten orgullosos! ¿No debieran, más bien, haber lamentado lo sucedido y expulsado de entre ustedes al que hizo tal cosa?" (1 Corintios 5:1-2). ¡Esa misma cita podría ser declarada hoy en día! Nuestra cultura se ha apartado de las intenciones que Dios tenía para la sexualidad y está muy lejos de lamentarse por ello. Frecuentemente somos tan culpables como la cultura.

YA SEA QUE LO REALICEMOS O NO, NOS HEMOS ACOSTUMBRADO A LAS IMÁGENES DE GENTE SEXUALMENTE PROVOCATIVA

¿Y si yo estuviera a punto de decirles que la prostitución de templo continúa existiendo? Sé que no parece que existan templos para Baal, Asera o Diana, ni la adoración a ellos, pero ¿qué es un templo? ¿No son los templos lugares dedicados a la adoración de una persona o de una idea? Piensa. ¿Hay instituciones, ámbitos de influencia, lugares u organizaciones dedicadas a la promoción del dios de la sexualidad? Sí, los hay. Aparte del ejemplo obvio de *Planned Parenthood* (Planificación Familiar), echa un vistazo a lo que se puede ver en el cine, en el internet, en la televisión y en las revistas. Observa los deportes y el mundo del entretenimiento, la industria publicitaria, la industria de cosméticos y de modas y la literatura popular. Escucha lo que se está enseñado en las clases de educación sexual en las escuelas públicas. Escucha la letra de las canciones que acompañan los videos que ven los adolescentes. Todos son templos de pensamiento e ideología, y hemos sido aspirados por sus trampas seductoras. De la misma forma en que las prostitutas invitaban a los hombres a adorar con ellas en los templos del Antiguo Testamento, de la misma manera en que los lugares altos públicamente desplegaban la actividad sexual para que todos pudieran ver, los templos modernos refuerzan, cultivan la expectativa y la invitación para que todos se unan para sexualizar y erotizar toda la atmósfera de nuestra cultura. A donde sea que miremos, encontramos imágenes sexuales y la ideología de la inmoralidad. Ya sea que nos demos cuenta o no, nos hemos acostumbrado a las imágenes de conductas sexualmente provocativas. Están alrededor de nosotros: mientras conducimos por la autopista, revisando nuestro correo electrónico, mirando programas deportivos o leyendo una revista. La invitación a adorar al dios de la sexualidad está constantemente extendida hacia nosotros. Es una realidad inevitable; el culto del templo de los dioses del sexo prevalece aquí y ahora.

EN UNA SOCIEDAD QUE ADORA AL SEXO, EL ABORTO ES EL FIN INEVITABLE.

Es obvio que las clínicas de aborto son los lugares modernos en donde sacrificamos las vidas de nuestros hijos a los dioses de la sexualidad. En una sociedad que adora al sexo, el aborto es el fin inevitable. Debe de haber una manera de deshacernos del resultado no deseado de la actividad sexual. La Escritura dice que *Los hijos son una herencia del Señor, los frutos del vientre son una recompensa* (Salmos 127:3). Aun así, el mensaje primordial en la cultura es que los hijos son una gran consideración financiera, una carga o una obligación, o una bendición condicional siempre y cuando tengas solo un par de esas bendiciones.

Nuestra cultura no ofrece una atmósfera amigable a los niños cuando el 96 al 98% de las razones por las que las parejas jóvenes deciden tener un aborto son la comodidad, la conveniencia, la facilidad, la seguridad material y la reputación. Cuando una mujer se embaraza —ya sea que tenga 15 años de edad y corra el riesgo de perder a su novio o la popularidad entre sus congéneres, o sea una gerente de oficina de 35 años embarazada de su compañero de trabajo y no de su esposo, o sea una mujer en un matrimonio feliz pero con planes (una carrera que terminar, una casa que comprar, viajes que hacer, un estilo de vida que quiere mantener) el advenimiento de un hijo puede ser una gran amenaza al mantenimiento ininterrumpido de su confort, facilidad, conveniencia, seguridad material y reputación. Los dioses de la inmoralidad sexual son adorados cuando la solución razonable y aceptable para las dificultades de un hijo inoportuno es la terminación de la vida de ese hijo.

Como padre de ocho hijos, me he topado con este espíritu, en ocasiones en la forma de miradas o comentarios sarcásticos, y otras veces oponiéndose en mi cara, con agresividad. Un verano, Lisa y yo empacamos, y con nuestros hijos nos metimos a la camioneta de 15 pasajeros para dirigirnos a la costa de Oregón y disfrutar de unas vacaciones. Estábamos pasando un buen tiempo, platicando y conduciendo, cuando de repente escuché gritos y conmoción en el carril de a lado. Un joven manejaba mientras la mujer que estaba con él sacaba la mano de la ventana y ondeaba un condón usado gritándonos. Creo que les ofendimos con nuestro número familiar y estaban insinuando que nuestros hijos eran el resultado de nuestra irresponsabilidad.

No podemos escapar del hecho de que vivimos en una sociedad que quiere que todo límite alrededor de la sexualidad sea removido; en una sociedad que pasa su tiempo y energía promoviendo

LOS MISMOS DIOSES QUE DESTRUYERON A LOS ISRAELITAS ESTÁN SIENDO ADORADOS EN NUESTRA CULTURA Y EN LAS CULTURAS DEL MUNDO DE HOY EN DÍA.

y empujando su licencia sexual sobre otros, y luego intenta quitar cualquier consecuencia a largo plazo al sacrificar a los hijos concebidos en la adoración al dios falso de la sexualidad. ¿Suena familiar? Muy poco ha cambiado. El mismo espíritu de inmoralidad sexual, la misma labor masiva, la expectativa de participar en la adoración de templo y el mismo sacrificio de niños florecen en nuestra sociedad moderna norteamericana (y en las sociedades de la tierra) tal y como lo hicieron en tiempos antiguos. Los mismos dioses que destruyeron a los israelitas están siendo adorados en nuestra cultura y en las culturas del mundo de hoy en día.

REGRESEMOS AL INCÓMODO LLAMADO DE IDENTIFICAR Y CONFRONTAR

Desafortunadamente, más veces que nunca, nosotros tenemos la misma mentalidad que Israel. No queremos hacer eso incómodo de *identificar* y *confrontar*. Recuerda que Israel se mezcló con las naciones y escogió la coexistencia pacífica por su propia voluntad, y decidió no confrontar a los dioses falsos de ese entonces. Al hacerlo, adoraron al dios de la tolerancia en nombre de la paz. Tal vez nosotros razonemos (como lo hemos hecho antes): "Señor, tenemos un plan. Si te adoramos más duro, tal vez compensará nuestra falta de disposición para identificar, confrontar, derribar y destruir los dioses falsos. Si cantamos más fuerte o abrimos un agujero en el piso de tanto bailar, entonces Dios, tú estarás tan complacido con nosotros que te olvidarás de lo que *no* hemos hecho y pondrás atención a lo que sí hicimos".

SI TE MEZCLAS CON LAS NACIONES, APRENDES SUS PRÁCTICAS Y SUTILMENTE SIRVES A SUS ÍDOLOS

Sin embargo, tal y como lo descubrieron Israel y los creyentes del Nuevo Testamento, la coexistencia con dioses falsos nunca es neutra. No lo fue antes, ni lo será ahora. Al corto plazo uno de los dos es influenciado por el otro. Si te mezclas con las naciones aprenderás sus prácticas y poco a poco servirás a sus ídolos. Terminas adorando los mismísimos dioses que se supone debes identificar, confrontar, derribar y destruir.

¿Fue una coincidencia que la primera tarea asignada a Gedeón, antes de que se le diera las instrucciones específicas para vencer a los madianitas, fuera derribar el altar de Baal frente a la casa de su padre? Antes de la victoria sobre el ejército enemigo, el pueblo de Dios tenía que lidiar con el adversario en medio de ellos. Justo después de tomar la cuidad de Jericó, una victoria mayor, el ejército de Israel perdió hombres en una pelea pequeña porque Acab desobedeció el mandato de Dios: tomó del botín para él y lo escondió en su tienda. "¡La destrucción está en medio de ti, Israel! No podrás resistir a tus enemigos hasta que hayas quitado el oprobio que está en el pueblo" (Josué 7:13). Tenía que haber pureza por dentro antes de que pudieran pelear por fuera.

Dios expresó su frustración a través del profeta Isaías cuando vio que lo adoraban tan solo como una practica vana y sin constancia. Si no estamos en el mundo de los negocios y del trabajo haciendo lo que Dios nos ha dicho que hagamos como parte de su iglesia, toda la danza y sacrificios que hagamos los domingos en adoración, no van a impresionar a Dios. "¿De qué me sirven sus muchos sacrificios? —dice el Señor—. Harto estoy de holocaustos de carneros y de la grasa de animales engordados; la sangre de toros, corderos y cabras no me complace. No me sigan trayendo vanas ofrendas; el incienso es para mí una abominación ...¡no soporto que con su adoración me ofendan! Yo aborrezco sus lunas nuevas y festividades; se me han vuelto una carga que estoy cansado de soportar" (Isaías 1:11, 13-14). En esencia, Dios estaba diciendo: "Cada vez que cumples con el mandato (del templo), aunque yo te dije que lo hicieras, me dan ganas de vomitar porque nunca se vuelve una realidad en tu vida personal o en tu lugar de trabajo. Nunca lidias con tu propia impureza. Nunca ayudas a la viuda o al huérfano. Nunca tratas con el tema de la sangre inocente y otros asuntos de injusticia". En el libro de Isaías, Él dice que el juicio vendrá debido a que *Este pueblo me alaba con la boca y me honra con los labios, pero su corazón está lejos de mí. Su adoración no es más que un mandato enseñado por hombres* (Isaías 29:13). Dios pudo ver que cuando los Israelitas hacían todos los movimientos en la adoración del templo, omitían la verdadera devoción y fallaban al identificar, confrontar y destruir agresivamente los sistemas religiosos que amenazaban con permear sus propias creencias y prácticas.

Por lo tanto, tal y como Dios dio las ordenanzas acerca del mundo de los negocios y el templo al pueblo de Israel en el Antiguo Testamento y a la iglesia primitiva en el Nuevo Testamento para guiarles y guardarles en la cultura, nosotros también hemos recibido los mismos mandatos para que nos guarden y guíen. El mandato del templo es nuestra vida en la Iglesia. Oramos; adoramos; leemos la Escritura; vamos a estudios bíblicos, escuelas bíblicas, escuelas dominicales, grupos en casa, conferencias y seminarios; leemos libros; nos llenamos del Espíritu Santo, de conocimiento y sabiduría; se nos han dados dones espirituales; nuestras mentes son renovadas y estamos siendo transformados de gloria en gloria. Sin embargo, Dios no quiere que paremos ahí. Después de todo eso, el mundo de los negocio viene a jugar un papel importante. Ofrecemos nuestros cuerpos como un sacrificio vivo a Dios para que su vida en nosotros pueda ser extendida a la cultura. Entramos al mundo de los negocios o a nuestros trabajos y aprendemos lo que significa ser la iglesia fuera de las cuatro paredes del edificio de la misma, confrontando estructuras de maldad que oprimen y destruyen a la gente. Nuestro trabajo es buscar la justicia, descubrir qué es lo que está rompiendo el corazón de Dios, encontrar las huellas digitales del infierno en la cultura y hacer algo al respecto.

LA TIBIEZA, EL CRISTIANO Y LA CULTURA

A Dios no le interesaba la tibieza en ese entonces, y no le interesa ahora. Tanto el mandato de adorar a Dios en el templo como el de adorarlo en el lugar de trabajo tienen igual importancia. Juntos caracterizan la verdadera adoración a Dios. Dios nos ha mandado a identificar, confrontar, derribar y destruir a los dioses falsos. Para poder hacer eso, necesitamos identificar los sistemas de adoración a dioses falsos que han destruido nuestras vidas y la de tantos otros, y luego distanciarnos de lo que sea que los propague. O estamos cambiando la atmósfera y empujando a las tinieblas a través del poder del Espíritu Santo, o las tinieblas están ejerciendo su influencia en nosotros.

ME CONMOCIONA EL HECHO DE QUE HAYA TAN POCA GENTE QUE QUIERE ABORDAR ESTE TEMA HONESTAMENTE

He orado con exprostitutas rusas. Me senté en un cuarto en Nepal y escuché a niñas contarme historias de cómo habían sido engañadas y vendidas a una vida de esclavitud sexual. Regularmente enseño en escuelas de discipulado y oro con jóvenes mujeres cicatrizadas por las experiencias sexuales negativas que han tenido. Reunión tras reunión hablo con gente, jóvenes y grandes, completamente quebrantados por el pecado sexual. He visto de primera mano, país tras país, lo torcido y lo roto que puede llegar a estar el regalo de Dios que es la sexualidad. Me conmociona el hecho de que haya tan poca gente que quiere abordar este tema honestamente. Justo como la analogía del lagarto al principio de este capítulo, parece ser que preferimos actuar como si el enemigo no estuviera haciendo estragos en la vida de tanta gente.

NADIE SACA A COLACIÓN EL HECHO DE QUE TODOS HEMOS CAÍDO EN UNA TRAMPA DEL TAMAÑO DE LA CULTURA, LA CUAL ESTÁ ARRAIGADA EN LA ADORACIÓN A DIOSES FALSOS

Si fuera posible para la Iglesia mantener su integridad dentro de las cuatro paredes sin confrontar lo que está sucediendo afuera en la cultura, nuestros problemas no parecerían tan grandes. Sin embargo, esa no es la realidad. La idolatría no solo está afectando a los que están fuera de la Iglesia, sino que está afectando significativamente a los de adentro. Los hombres en la Iglesia están enganchados en la pornografía. Las nuevas parejas que entran por las puertas de la iglesia ya están viviendo juntas. Las chicas de los grupos juveniles están acostándose con sus novios. Las parejas jóvenes están involucradas sexualmente antes de casarse. Cuando la gente entra por las puertas de las iglesias, arrastran a sus ídolos consigo. Pero, frecuentemente, en vez de ayudar a los nuevos creyentes a identificar y confrontar la adoración a dioses falsos en sus vidas, nos quedamos callados. Tal vez no lo reconocemos. Tal vez esos ídolos también están activos en nuestras vidas. El mundo de la Iglesia está lleno de grupos de solteros que se han vuelto lugares para encontrar citas potenciales. Muchas de las mujeres se visten seductoramente y tiene espíritus seductores. Muchos de los hombres son predadores, no protectores. La verdad es que frecuentemente la Iglesia no se ve muy diferente al resto de la cultura. Nadie saca a colación el hecho de que todos hemos caído en una trampa del tamaño de la cultura, la cual está arraigada en la adoración a dioses falsos.

La repetición de tal conducta desde el Antiguo Testamento hasta el día de hoy demuestra una tendencia intrínseca del pueblo de Dios para preferir obedecer su mandamientos como iglesia e ignorar las reglas que el mundo ofrece. Esto no es por lo que Jesús murió. Jesús desea una novia que tenga revelación de la fidelidad pura hacia Él. Está llamando a una Novia que declare audazmente: "Yo no quiero saber cuánto tiempo puedo estar expuesta a las tinieblas sin estar completamente saturada de ellas. No me importa lo que la cultura esté haciendo. Quiero estar libre de los efectos de esta adoración idolátrica en mi propia vida. Escojo huir de las pasiones juveniles y correr en dirección opuesta". Pensemos en José. El huyó de la esposa de Potifar, una hija de corazón quebrantado. *Ella dijo, "Acuéstate conmigo"* (Génesis 39:7). Esta mujer buscaba a José todos los días repitiendo la invitación. Llegó al punto en el que José ya casi ni podía estar con ella o escucharla (Génesis 39:10). Él se rehusó estar asociado con ella. Rechazó sus insinuaciones y en el proceso fue injustamente acusado de violación, pero estuvo dispuesto a pagar el precio a cambio de caminar en pureza moral. La respuesta que le daba todos los días a la seductora mujer era la misma: "¿Cómo podría yo cometer tal maldad y pecar así contra Dios?" (Génesis 39:9).

PROGRAMA DE TRASLADO
DEL MANEJO DE LA VERGÜENZA

Necesitamos empezar a hablarle a esta generación acerca de la sexualidad en lugar de bailar alrededor del asunto pretendiendo que nadie en la iglesia ha sido afectado. Cuando hagamos eso, habrá esperanza y las cosas cambiarán. Cuando lidiemos con esta situación en la Iglesia, entonces tendremos un mensaje para la cultura. Estamos llamados a tener historias de redención transformadoras, poderosas, honestas y a proclamar la restauración desde los labios de la misma generación que ha sido restaurada, hablándole a sus colegas perdidos y quebrantados. Sin embargo, demasiadas veces la vergüenza tiende a silenciar nuestros testimonios y anular la obra de la cruz y la sangre de Jesús en nuestras vidas.

> NECESITAMOS EMPEZAR A HABLAR A ESTA GENERACIÓN ACERCA DE LA SEXUALIDAD EN LUGAR DE BAILAR ALREDEDOR DEL ASUNTO PRETENDIENDO QUE NADIE EN LA IGLESIA HA SIDO AFECTADO

En vez de compartir el testimonio de lo que Dios ha hecho en nuestras vidas, tendemos a ofrecer, llenos de vergüenza, una invitación a un servicio de la iglesia para alcanzar a una generación perdida. Para acuñar una frase, le llamaré a esto "Programa de traslado del Manejo de la Vergüenza". No estoy demeritando la práctica de invitar a la gente a la iglesia para una reunión especial en donde posiblemente experimentará un encuentro divino con Aquel que les creó. Sin embargo, la vergüenza hace que sustituyamos nuestro testimonio por una invitación a la iglesia. Déjenme darles un ejemplo de esto. Cuando nos encontramos a las hijas de una generación rota, frecuentemente las estamos invitamos a cambiar su forma de manejar la vergüenza, en lugar de ofrecerles una verdadera liberación de esa pena. Nuestro diálogo se escucha algo así: "¡Hola! Dios ha cambiado mi vida, y te invito a que vengas a la iglesia y me acompañes en la nueva forma de manejar tu vergüenza. Te podemos dar un closet justo como el mío. Puedes pintar la puerta de blanco, poner encaje alrededor y flores también. Todo lo que no quieras que nadie más vea, lo puedes guardar adentro. Podemos también darte balanzas especiales en donde podrás pesar la vergüenza de tu pasado y ponerlo contra las buenas obras que harás de ahora en adelante para balancear todo. Eso compensará las cosas de tu pasado que parecen no desaparecer. Ven a la iglesia conmigo y maneja tu vergüenza como yo lo hago. Nadie tendrá que saber nada acerca de tu sórdido pasado".

LA GENTE LIBERADA PUEDE DECIR SU TESTIMONIO Y DECIR: "YO CONOZCO LA FORMA DE SALIR DEL INFIERNO".

Yo no creo que las mujeres que se encuentran en los bares, en fiestas, en clubes, en los dormitorios de la universidad, en la escuela secundaria y en la preparatoria necesiten una invitación para tratar su vergüenza en otro lado. Ya están trabajando duro para manejar y lidiar con su vergüenza fuera de la iglesia. Lo que necesitan es alguien que les pueda dar esperanza de ser desatadas de su pecado y su vergüenza. Esa esperanza viene de aquellos que ya han sido liberados. La gente liberada puede declarar su testimonio al decir: "Yo conozco la forma de salir del infierno. Déjame decirte lo que sentí cuando me di cuenta que estaba siendo usada por el joven a quien me entregué y quien estaba mintiéndome. Déjame contarte mi historia acerca de la culpa y la soledad, acerca del tormento de perder mi pureza y sentir como si nunca iba a poder recuperar lo que perdí y sobre el tormento del recuerdo de las experiencias sexuales negativas e insatisfactorias. Déjame decirte cómo me sentí al quedarme en una relación enfocada en el sexo con alguien que no se preocupaba por mí porque sabía que yo tenía temor a estar sola. ¡Oh!, también déjame contarte acerca del Dios de restaurador que perdonó todos mis pecados y rompió el poder de mi vergüenza. Él es el que me dio la oportunidad de ser sanada". Ese tipo de testimonio tiene el potencial de alterar profundamente nuestros intentos de alcanzar una generación para Dios.

La clave para ese tipo de testimonios es romper la vergüenza de aquellos que están atados por la misma, porque una hija nunca le revelará su quebrantamiento pasado a otros si de primero no se rompe la culpa en su vida. No querrá revelar su pasado a nadie, especialmente a los jóvenes que puedan ser esposos en potencia.

La buena noticia es que veo a Dios restaurando a una generación atrapada en la vergüenza. Dios está liberando a la juventud de la vergüenza de sus pasados sexuales. En vez de sentirse marcados por siempre por su historial pecaminoso, hombres y mujeres jóvenes ahora están siendo liberados para hablar acerca de sus vidas pasadas de una manera redentora. Es como si estuvieran hablando acerca de otra persona. De hecho, es del "viejo hombre" del que terminan hablando. *Por lo tanto, si alguno está en Cristo, es una nueva creación. ¡Lo viejo ha pasado, ha llegado ya lo nuevo!* (2 Corintios 5:17).

Liberados y restaurados, los hombres pueden declararle a su generación: "Déjenme decirles lo que se siente tener respeto por uno mismo por primera vez en la vida. Dios me ha mostrado lo que es la verdadera hombría. He aprendido a honrar a las mujeres en lugar de aprovecharme de ellas. Ya no estoy atrapado por la pornografía. Déjenme decirles cómo he sido cambiado".

Liberadas y restauradas, las hijas pueden ponerse de pie y decir: "Conozco la forma de salir del Infierno. Déjame mostrarte. La inmoralidad estaba destruyendo mi vida. Ahora he encontrado un lugar de sanidad y restauración. Déjame decirte cómo he cambiado". Cuando la Iglesia esté dispuesta a lidiar con la realidad y las consecuencias de la adoración a los dioses del sexo en medio nuestro, estará en posición de ser una voz y una influencia en la cultura.

PREGUNTAS

1. ¿Cómo se manifiesta el culto a los ídolos del sexo en nuestra cultura?

2. ¿De qué manera la historia del caimán ilustra la postura de la Iglesia con respecto a la sexualidad? Mencione algunas razones por las cuales la Iglesia no aborda el tema de la sexualidad.

3. Escriba algunos ejemplos modernos de los templos de hoy en día que cultiven una expectativa e inviten a una experiencia sexual que seduzca a toda nuestra cultura.

4. Explique por qué la coexistencia pacífica con dioses falsos es peligrosa.

5. Describa el Programa de Traslado del Manejo de la Vergüenza (Shame Management Relocation Program).

6. Explique el porqué solucionar los problemas sexuales en la Iglesia nos dará una voz en el mundo.

CAPÍTULO SIETE
LECCIONES DEL OBITUARIO

Leer la sección de obituarios en el periódico puede resultar interesante. Es increíble cuánto uno aprende de la vida de una persona a partir de unas pocas líneas. Los nombres propios dan unas pistas acerca de la etnicidad de la persona. Las notas acerca de cómo murieron describen un poco cómo vivieron, los logros de su vida, pasatiempos e intereses, los parientes que sobreviven, el tono o la ausencia de mensajes de apego por parte de miembros familiares —cada aspecto del obituario es una pista de la naturaleza de la vida de ese individuo—. Tales señales las veo algo extrañas, aun los finales anticlimáticos de la existencia de alguien o la experiencia de algún otro. Yo conozco gente que lee los obituarios regularmente. A algunos les podrá parecer una fascinación mórbida, pero para otros es una forma de reconciliarse con la vida y la muerte, una manera de participar y honrar cada parte de la historia humana. También puede ser una forma de aprender acerca de las cosas que más importan en la vida.

La Biblia también contiene lo que podríamos llamar obituarios. Por ejemplo, después del reino de Salomón, los libros de Reyes y Crónicas en el Antiguo Testamento registran la historia de los reyes de Israel y de Judá. Capítulos enteros fueron dictados para describir rey tras rey a través de sus obituarios. Las listas y las historias se leen casi como un reporte. Después del nombre del rey y del país que rigió, usualmente se lista el nombre de su padre o madre. Dice cuántos años reinó ese rey y si fue bueno o malo. Puede estar incluido un logro significativo o cosas en las cuales él participó. Los registros usualmente concluyen con la forma en que murió e indican si fue enterrado con sus antepasados. Es una manera muy simple, repetitiva y formularia de presentar información que no precisamente termina siendo una experiencia literaria sobrecogedora.

De hecho, la mayoría de la gente suele darle un vistazo superficial a estas listas en vez de leerlas y procesar la información que contienen. Sin embargo, si lees más detenidamente, notarás que cada registro biográfico contiene un elogio o una crítica acerca de la vida de cada gobernante. Si nos tomamos el tiempo para desglosar más detenidamente cada historia, reuniendo los pedazos y las partes reveladoras, tal vez descubriremos el punto de vista de Dios y lo que a Él le importa en nuestras vidas. Como en el pueblo de Dios era responsabilidad del rey guiar a la gente en los caminos del Señor, lo que pasaba en la nación durante el reino de ese rey era un reflejo directo de la relación y la obediencia que tenía el rey con Dios. De los veinte reyes de Judá registrados en las Crónicas, catorce fueron malvados y seis fueron reportados como buenos. Nos correspondería darle un vistazo a lo que constituía a un rey bueno o a un rey malo.

Lo siguiente es un ejemplo de obituario de un rey: "En el año diecisiete del reinado de Pecaj hijo de Remalías, Acaz hijo de Jotán ascendió al trono. Tenía veinte años cuando comenzó a reinar, y reinó en Jerusalén dieciséis años. Pero a diferencia de su antepasado David, Acaz no hizo lo que agradaba al Señor su Dios. Al contrario, siguió el mal ejemplo de los reyes de Israel y hasta sacrificó en el fuego a su hijo según las repugnantes ceremonias de las naciones que el Señor había expulsado delante de los israelitas. También ofrecía sacrificios y quemaba incienso en los santuarios paganos, en las colinas y bajo todo árbol frondoso" (2 Reyes 16:1-4). No es para nada un reporte de aprobación. Obviamente Acaz fue uno de los reyes malvados.

Azarías, por otro lado, es un ejemplo de uno de los seis reyes justos, en su registro se lee así: "En el año veintisiete del reinado de Jeroboán, rey de Israel, Azarías hijo de Amasías, rey de Judá, ascendió al trono. Tenía dieciséis años cuando comenzó a reinar, y reinó en Jerusalén cincuenta y dos años. Su madre era Jecolías, oriunda de Jerusalén. Azarías hizo lo que agrada al Señor, pues en todo siguió el buen ejemplo de su padre Amasías" (2 Reyes 15:1-3). Su obituario continúa, y aunque dice que hizo lo correcto delante de los ojos del Señor, también dice que *no se quitaron los altares paganos, sino que el pueblo siguió ofreciendo sacrificios y quemando incienso en ellos. Sin embargo, el Señor castigó al rey con lepra hasta el día de su muerte* (2 Reyes 15:4-5). ¿Qué es lo que le parece importarle a Dios en estos dos obituarios? Acaz es criticado claramente por fallar en seguir a Dios y por involucrarse en prácticas extrañas, tales como ofrecer sacrificios a dioses falsos y hacer pasar a su hijo por el fuego. Azarías, luego de 52 años de ser un buen gobernante, cuenta con siete versos que registran su vida entera, y uno de ellos apunta específicamente lo que no hizo (no removió los lugares altos).

CADA VEZ QUE UN BUEN REY NO REMOVIÓ LOS ALTARES DONDE OTROS DIOSES ERAN ADORADOS, A PESAR DE HABER HECHO EL BIEN DURANTE SU VIDA, CADA UNO DE LOS OBITUARIOS CONCLUYE CON LA MISMA FRASE: *SOLO QUE LOS LUGARES ALTOS NO FUERON REMOVIDOS.*

¿Podría esta ser la forma en la que Dios dice: "¡Pongan atención! ¡Esto es importante para mí!"?

Yo creo que lo es. Cada vez que un buen rey no removió los altares donde otros dioses eran adorados, a pesar de haber hecho el bien durante su vida, cada uno de los obituarios concluye con la misma frase: "Solo que los lugares altos no fueron removidos". Esto fue verdad para los reyes Joás, Amazías, Azarías y Jotam. ¿Está Dios indicando que a los reyes les confía un mandato gubernamental de derribar los lugares altos de su época? Dios no desperdicia palabras ni necesita guardar registros para Él mismo, así que esos versos son más que el simple ejercicio de hacer un recuento. Ya que los reyes son un ejemplo de liderazgo en el Antiguo Testamento, sus obituarios también pueden ser leídos como un comentario a su liderazgo. Los reyes tenían doble rol: ser líderes del pueblo de Dios y ser líderes de una nación.   Cuando leemos los comentarios que Dios dejó acerca de estos hombres que también eran líderes, necesitamos preguntarnos a nosotros mismos por qué Él le dio tanta importancia a derribar los lugares altos. ¿Qué tipo de sabiduría podemos obtener de todo esto para aplicarla al liderazgo en la Iglesia contemporánea?

LOS BUENOS REYES Y EL AVIVAMIENTO

No hemos agotado todavía el conocimiento escondido en los obituarios de los reyes del Antiguo Testamento. Si haces un estudio de los veinte reyes de Judá notarás que solo seis de ellos animaron al pueblo a seguir a Dios. De los seis reyes buenos, los registros declaran que cuatro fueron justos y ellos mismos siguieron los caminos del Señor en su vida personal. Los otros dos, sin embargo, fueron los únicos que se mencionan que derribaron los lugares altos. Solamente esos dos reyes trajeron avivamiento a Israel.

> ¿SERÁ COINCIDENCIA QUE JOSÍAS Y EZEQUÍAS, LOS ÚNICOS DOS REYES QUE DERRIBARON LOS ALTARES, FUERON TAMBIÉN LOS ÚNICOS DOS REYES QUE FACILITARON EL AVIVAMIENTO EN ISRAEL?

¿Será coincidencia que Josías y Ezequías, los únicos dos reyes que derribaron los altares, fueron también los únicos dos reyes que facilitaron el avivamiento en Israel? Yo no lo creo. En lugar de algunos cortos versos en sus obituarios, 1 y 2 de Reyes tienen capítulos enteros para describir los logros y las reformas de Josías y Ezequías. Luego de derribar los altares descubrieron el libro perdido de la Ley, repararon el pórtico del templo, restituyeron la pascua y los pactos y reformaron la adoración.

Los cuatro reyes buenos restantes no derribaron los altares de los dioses falsos, y como resultado, fallaron en traer avivamiento y reforma a su nación. Nunca cumplieron con el mandamiento, todavía relevante, de la dirección original que Israel recibió cuando entró a la tierra prometida: "Ten mucho cuidado de no hacer ningún pacto con los habitantes de la tierra que vas a ocupar, pues de lo contrario serán para ti una trampa. Derriba sus altares, y haz pedazos sus piedras sagradas y sus imágenes de la diosa Asera. No adores a otros dioses, porque el Señor es muy celoso. Su nombre es Dios celoso. No hagas ningún pacto con los habitantes de esta tierra, porque se prostituyen por ir tras sus dioses, y cuando les ofrezcan sacrificios a esos dioses, te invitarán a participar de ellos. Y si casas a tu hijo con una de sus mujeres, cuando ella se prostituya por ir tras sus dioses, inducirá a tu hijo a hacer lo mismo" (Éxodo 34:12-16). Al rehusarse a tratar con los altares condenó agresivamente a las futuras generaciones a la apostasía. Sin esa previsión y entendimiento, los cuatro reyes que honraron el *statu quo* fueron relegados a biografías/obituarios de siete líneas que delataron *que los altares no fueron derribados*.

REHUSARSE A TRATAR CON LOS ALTARES CONDENÓ AGRESIVAMENTE A LAS FUTURAS GENERACIONES A LA APOSTASÍA.

Solo dos reyes tuvieron la previsión y el entendimiento de derribarlos. Josías fue uno de esos reyes. Su obituario dice así: "Josías tenía ocho años cuando ascendió al trono, y reinó en Jerusalén treinta y un años. Josías hizo lo que agrada al Señor, pues siguió el buen ejemplo de su antepasado David; no se desvió de él en el más mínimo detalle. En el año octavo de su reinado, siendo aún muy joven, Josías comenzó a buscar al Dios de su antepasado David. En el año duodécimo empezó a purificar a Judá y a Jerusalén, quitando los santuarios paganos, las imágenes de la diosa Asera, y los ídolos y las imágenes de metal fundido. En su presencia fueron destruidos los altares de los baales y los altares sobre los que se quemaba incienso; también fueron despedazadas las imágenes para el culto a Asera, y los ídolos y las imágenes de metal fundido fueron reducidos a polvo, el cual fue esparcido sobre las tumbas de los que les habían ofrecido sacrificios. Quemó sobre los altares los huesos de los sacerdotes, purificando así a Judá y a Jerusalén. Lo mismo hizo en las ciudades de Manasés, Efraín, Simeón y Neftalí y en sus alrededores. En toda la región de Israel destruyó los altares, redujo a polvo los ídolos y las imágenes de la diosa Asera, y derribó los altares para quemar incienso. Luego regresó a Jerusalén" (2 Crónicas 34:1-7).

PASÓ SEIS AÑOS ENTEROS DEMOLIENDO EL SISTEMA DE ADORACIÓN A DIOSES FALSOS

Josías se convirtió en rey a los ocho años de edad. El joven rey hizo lo que le agradaba al Señor, ya que en el octavo año de su reinado, cuando tenía dieciséis años de edad, empezó a buscar a Dios. En el doceavo año de su reinado, cuando tenía veinte años, empezó a derribar los altares. Cuando cumplió dieciocho años en el trono, la tierra había sido purificada. Pasó seis años enteros demoliendo el sistema de adoración a dioses falsos. Con determinación persiguió a los poderes diabólicos que habían sido sembrados en su nación y no descansó ni desaceleró hasta que la tarea había sido completada.

Ezequías fue otro rey de avivamiento. Su obituario es el siguiente: "En el tercer año de Oseas hijo de Elá, rey de Israel, Ezequías hijo de Acaz, rey de Judá, ascendió al trono. Tenía veinticinco años cuando ascendió al trono, y reinó en Jerusalén veintinueve años. Su madre era Abí hija de Zacarías. Ezequías hizo lo que agrada al Señor, pues en todo siguió el ejemplo de su antepasado David. Quitó los altares paganos, destrozó las piedras sagradas y quebró las imágenes de la diosa Asera. Además, destruyó la serpiente de bronce que Moisés había hecho, pues los israelitas todavía le quemaban incienso y la llamaban Nejustán. Ezequías puso su confianza en el Señor, Dios de Israel. No hubo otro como él entre todos los reyes de Judá, ni antes ni después" (2 Reyes 18:1-5).

Al igual que Josías, Ezequías fue un reformador. Destruyó todo lo que tenía que ver con los dioses falsos y rompió la serpiente de bronce que en el tiempo de Moisés había traído sanidad al pueblo de Dios. Esta serpiente también se había vuelto un ídolo y el pueblo había empezado a adorarla. Ezequías *se mantuvo fiel al Señor y no se apartó de él, sino que cumplió los mandamientos* (2 Reyes 18:6). El verso cinco dice que debido a su confianza en el Señor, no hubo otro rey como él. Esa es una alta recomendación otorgada a un hombre en posición de liderazgo muy difícil y exigente. Pero, esa descripción fue apropiada porque Ezequías derribó por completo los altares paganos en su fidelidad y servicio a Dios.

Examinando brevemente la genealogía de Ezequías, una generación previa, revela una pieza vital del rompecabezas de esta historia. El padre de Ezequías fue Acaz. El obituario de Acaz se lee así: "(Acaz) siguió el mal ejemplo de los reyes de Israel, y hasta sacrificó en el fuego a su hijo, según las repugnantes ceremonias de las naciones que el Señor había expulsado delante de los israelitas. También ofrecía sacrificios y quemaba incienso en los santuarios paganos, en las colinas y bajo todo árbol frondoso" (2 Reyes 16:3-4). Ezequías creció rodeado de la adoración a dioses falsos. Vio la inmoralidad sexual y los sacrificios de infantes diariamente. De hecho, él fue un sobreviviente; por lo menos uno de sus hermanos fue sacrificado a los dioses por su padre. ¿Qué impacto tendría esta experiencia en el joven Ezequías? Muchas veces necesitamos leer entre líneas ya que la Escritura relata frecuentemente solo una versión resumida de las historias. Imagina al joven Ezequías descubriendo que su mamá estaba embarazada. Cada día él ponía su mano en el vientre de su madre y sentía los movimientos del bebé. Estaba emocionado de ser un hermano mayor. Luego el gran día llegó, su hermano iba a nacer al fin. Cada mañana se despertaba con el llanto o el arrullo de su pequeño hermano y corría a verlo y metía su dedo en la cuna para tocarlo. Ya estaba imaginando toda la diversión que tendrían jugando en el futuro. De pronto, una mañana ya no escuchó el llanto, solo silencio. Corrió al cuarto del bebé y este ya no estaba. Velozmente se echó a correr al cuarto de su mamá, y al ver su rostro hinchado de tanto llorar, le pregunta: "Mamá, ¿qué pasa? ¿Dónde está el bebé?".

"EZEQUÍAS, CUANDO SEA TU TURNO, NO TE OLVIDES QUE TUVISTE UN HERMANO QUE FUE SACRIFICADO A LOS DIOSES. USA TU INFLUENCIA PARA BORRAR ESTE MAL DE ESTA TIERRA".

Abí respondió: "Tu padre lo llevó al altar para ser sacrificado a Baal. Nunca regresará a casa". Imagina el impacto de esas palabras sobre su joven corazón. Desde una edad temprana entendió muy bien de qué se trataba la adoración a dioses falsos. Ese día y repetidamente, Abí tuvo que haberle susurrándole al oído: "Ezequías, cuando sea tu turno, no te olvides que tuviste un hermano que fue sacrificado a los dioses. Eres un sobreviviente. No olvides esto y no te olvides de ellos. Cuando estés en autoridad, recuerda a tu hermano y habla en su nombre. Tu día llegará. Usa tu influencia para borrar este mal de esta tierra". Y él no lo olvidó. Cuando se volvió rey erradicó la malvada práctica junto con todo lo que la adoración a los dioses falsos requería, y como resultado, Dios trajo avivamiento y reforma a su pueblo.

EL AVIVAMIENTO Y LOS LUGARES ALTOS

Cuando una nación o líder no identifica, confronta y derriba a los dioses falsos, las fortalezas diabólicas ejercen una cantidad tremenda de influencia y poder. Recuerda, no estamos hablando de estatuas o altares innatos e inofensivos. Estos altares son lugares de conexión demoníaca, y la adoración ofrecida ahí resulta en el empoderamiento diabólico sobre individuos, generaciones o naciones. El principio espiritual es este: o estamos influenciando estas fortalezas o estamos siendo influenciados por ellas. Si se dejan intactos, estos altares permanecen listos y preparados, resultan un monumento al pasado y un actual recordatorio de otros dioses y otras prácticas. Es por eso que Dios quiere que los altares sean erradicados. Si todas las estructuras permanecían intactas —las cuevas, los altares a Baal y las imágenes de Asera— era fácil continuar la adoración a ídolos e implementar las prácticas de inmoralidad sexual, prostitución de templo y sacrificio infantil. Si le tomó seis años a Josías simplemente derribar todas las estructuras, ciertamente tomaría mucho tiempo, esfuerzo y planificación deliberada restablecer la adoración pagana. Por eso Dios les estaba diciendo *Derríbenla. Queremos que sea tan difícil como sea posible que regresen al pecado que estaba destruyendo su vida y su nación.* Parte de derribar los altares tenía que ver con que no hubiera ningún recordatorio visible de su idolatría pasada. Cada altar, sitio y símbolo obsceno sería destruido y removido de la vista del pueblo, ayudando a purificar y a santificar una vez más la atmósfera erotizada que había saturado su cultura.

Como mencionamos anteriormente, no es suficiente con simplemente sobrecargar nuestra experiencia en el templo. El mandato del templo está incompleto sin el mandato del mercado. Si hay un gran mal en la tierra y el pueblo de Dios está ausente, el mal continuará sin ningún desafío. Sin embargo, si el pueblo de Dios se hace presente, declara su postura y actúa en medio de gran maldad, Dios promete la victoria. Para que podamos experimentar avivamiento, debemos entender y abordar audazmente lo que está pasando en nuestra cultura. Si vamos a ser reformadores y queremos ver un avivamiento en nuestra nación, debemos demoler los lugares altos. El verdadero liderazgo ve a las fuerzas demoniacas causando devastación en la vida de la gente y la cultura, y dice: "Vamos a lidiar con ellas y a erradicarlas". Yo creo que esto es precisamente lo que Dios le está pidiendo a la Iglesia el día de hoy. Entonces, y solo entonces, nuestros obituarios serán como los de Josías y Ezequías.

PREGUNTAS

1. En los obituarios de los reyes del Antiguo Testamento, ¿qué determinaba si un rey era bueno o malo? ¿Cómo aplica esto a los líderes actuales de la Iglesia?

2. ¿Qué implicaba adorar en los lugares altos?

3. ¿Por qué fue necesario derribar los lugares altos para lograr un avivamiento espiritual?

4. ¿Por qué Dios insistió en destruir completamente todo lo relacionado a la adoración de ídolos?

5. ¿Qué relación tiene el mandato del mercado con el avivamiento y la reforma?

6. ¿Cuáles fueron algunas cualidades del carácter de los dos reyes, quienes derribaron los lugares altos y trajeron avivamiento al pueblo de Dios?

7. ¿Qué podemos hacer hoy en día para que nuestros obituarios sean como los de los reyes Josías y Ezequías?

CAPÍTULO OCHO
MALDICIONES Y CONFUSIÓN

Una sala de juntas en el Infierno. La conversación está animada unos minutos antes de que empiece la reunión. El juez hace sonar su martillo y las voces se callan. "¡Orden en la casa!". Una vez más el sonido del martillo resuena. "Todos de pie, su señoría entró en la sala". Una reunión de táctica está por realizarse y Satanás mismo liderará la discusión. ¿El tema de hoy? El desarrollo de una estrategia para destruir a las naciones de la Tierra.

—¿Sugerencias para el logro de nuestro objetivo?—, pregunta Satanás. Uno de los demonios más viejos ofrece una sugerencia.

—Si le apuntamos a las infraestructuras que afectan la calidad de vida, seguramente eso aceleraría el deceso de una nación. Yo sugiero contaminar las fuentes de agua y afectar los sistemas de transporte al colocar muchos más baches en los caminos.

Los demonios más jóvenes se ofenden: "Estos viejos están fuera de onda. ¿Qué no entienden que hay una revolución tecnológica?". —Yo sugiero que perturbemos todo el sistema de telefonía celular, junto con el internet. Sin textos ni llamadas. Dejémoslos sin navegación por el internet, sin redes sociales. Un quiebre total de comunicación para lograr aislamiento—, dice uno de los demonios más jóvenes con un tono de superioridad, especialmente en el marco del comentario anterior.

Satanás se frustra con la falta de progreso que ha tenido al hacer que los demonios viejos se actualicen y al ayudar a los nuevos a entender la naturaleza crítica de la selección de una meta. Con impaciencia explica: "Necesitamos mantenernos enfocados en las estrategias a largo plazo que han tenido éxito y que pusieron de rodillas a las antiguas civilizaciones. Los sistemas perturbados son evidencia de las roturas de una nación pero no son nuestro objetivo primordial. "Primero, ¡acertamos al blanco con un golpe duro! Nos enfocamos en sus debilidades humanas corroboradas por el tiempo y sus relaciones primordiales. Ya sea que vayan galopando en caballo o en un jet privado, necesitamos asaltar su identidad, su sexualidad, sus matrimonios y sus familias —las cosas que el dinero no puede comprar—. Los ricos fácilmente reemplazarían la infraestructura en una nación; pero no pueden comprar un buen matrimonio, ni su pureza moral, el amor familiar o la unidad. Esos objetivos han sido probados con el tiempo y son los medios para destruir naciones enteras".

YA SEA QUE VAYAN GALOPANDO EN CABALLO O EN UN JET PRIVADO, NECESITAMOS ASALTAR SU IDENTIDAD, SU SEXUALIDAD, SUS MATRIMONIOS Y SUS FAMILIAS —COSAS QUE EL DINERO NO PUEDE COMPRAR—.

Si hubiese una reunión en la sala de juntas del infierno y todo el meollo de la discusión fuera diseñar un plan para destruir una nación, ¿qué estrategias piensas que considerarían? ¿La conversación se centraría en los esquemas para descomponer los sistemas de comunicación o transporte? ¿Qué hay del agua potable? Si su objetivo fuera el agua, podrían crear enfermedades epidémicas. ¿Sería suficiente para destruirnos? ¿Y qué hay de un asalto a la sexualidad? ¿O a la familia? ¿Y si el enemigo pudiera traer confusión a la definición sexual, emocional y gubernamental del hombre, a la definición bíblica de la hombría? ¿Qué tal si hubiera una nube de confusión alrededor de la verdadera definición de lo que significa ser una hija y lo que está en la parte más profunda de su corazón? ¿Y qué hay de los hijos y la familia? ¿De una novia? ¿Qué tal sería un asalto a la pureza? La redefinición del matrimonio sería una estrategia plausible. ¿Qué tal si el enemigo pudiera

cambiar todas esas definiciones y lo que representan para nosotros? ¿Qué pasaría entonces? ¿Qué tal si el infierno pudiera alterar
esas cosas esenciales y asaltarnos tantas veces como fuera posible? ¿Podríamos ver entonces cómo se desmorona una nación?

HAY UN ASALTO FRONTAL CONTRA EL REGALO DE DIOS QUE ES LA SEXUALIDAD Y ESTE ASALTO SE ORIGINÓ EN LA SALA DE JUNTAS DEL INFIERNO.

Hay un asalto frontal contra el regalo de Dios que es la sexualidad y este asalto se originó en la sala de juntas del Infierno. Sin
mucho esfuerzo se puede observar en la cultura. Afecta a todo. Las
cosas que antes estaban claramente definidas ahora están rodeadas
de neblina y están bajo fuego.

¿A quién se le ocurrió la idea del sexo? ¿Lo diseñó Dios? ¿Qué
implica el regalo de la sexualidad? ¿Funciona mejor el plan del
Señor? ¿Por qué hay tanto dolor asociado con la sexualidad? ¿Es
el sexo la mayor experiencia humana? ¿Qué es la mujer? ¿Cuál
es su rol? ¿Qué es el hombre? ¿Cuál es su verdadero rol? ¿Es
permisible que los hombres estén con hombres y las mujeres con
mujeres? ¿Juanito puede ser criado igual de bien por dos mamás
o dos papás como es criado por un papá con una mamá? ¿Qué
hay de malo con que dos personas vivan juntas antes de casarse?
Hemos caído en un estado de confusión y la gente está haciendo
preguntas que nunca se había formulado. Hay un debate acerca de
la identidad sexual de hombres y mujeres. Si arrancáramos todos
los mensajes que la cultura imparte y viéramos directamente al
corazón de una mujer, ¿qué encontraríamos ahí? Si arrancáramos
los mensajes contemporáneos y las prácticas culturales, ¿qué des-
cubriríamos acerca del rol ordenado del hombre?

El matrimonio es publicitado como un arreglo en donde el "señor Perfecto" viene a rescatar a la señorita, algo adecuado a su triste
y solitaria vida de soltera, proveyendo a ambos éxtasis sexual y satisfacción. Sin embargo, cuando esas expectativas no se cumplen,
el matrimonio se vuelve un trabajo pesado y la gente quiere salirse

del mismo. Como resultado, toda la institución del matrimonio está siendo ridiculizada porque no puede cumplir lo que prometió. Hemos perdido la verdadera definición del matrimonio. ¿Qué ya no hay posibilidad de que el matrimonio sea la unión que Dios hace de dos personas para su Reino, sus propósitos y su gloria? La pureza, una imagen de obediencia e integridad delante de Dios, se ha vuelto una cosa del pasado. Una novia vestida de blanco se ha reducido a un color dictado por la tradición, en vez de un vivo testimonio, un símbolo de castidad y fidelidad. Las novias son objeto de un odio diabólico porque representan la Iglesia de Jesús.

> NO ES DE ASOMBRARSE QUE EL DIABLO ODIE TODO EL CONCEPTO DE UNA NOVIA. SU SUMISIÓN AL ESPOSO ES UN SÍMBOLO DE LA IGLESIA Y SU RELACIÓN CON DIOS Y SU PUREZA ES FIGURA DE NUESTRA DEVOCIÓN SINCERA A ÉL.

No es de asombrarse que el diablo odie todo el concepto de una novia: la sumisión a su esposo es un símbolo de la Iglesia y su relación con Dios, y su pureza es figura de nuestra devoción sincera a Él. Nuestra cultura moderna no presenta casi nada de evidencia de este tipo de entendimiento. ¿Cómo pudo ser que el Infierno haya podido convencer a una nación a someterse a tal nube de confusión en cada uno de esos niveles?

NUEVA ORLEANS

En los primeros años de la década de los noventas viajé a Nueva Orleans para unirme con creyentes de toda la nación para una semana de oración a favor de la vida. En ese entonces, Nueva Orleans era la capital nacional de asesinatos con un promedio de 13 a 17 muertes a la semana. A medida que la gente empezaba a llegar de todas partes del país, las clínicas de aborto cerraron durante esa semana para evitarse lidiar con nosotros. A pesar de los cierres, obtuvimos los permisos apropiados y nos reunimos enfrente de las clínicas. Los generadores para los sistemas de sonido se colocaron y los equipos de adoración nos dirigían a medida que empezamos a orar y adorar a Dios. En donde días antes habían funcionado estos altares de muerte en la ciudad, establecimos altares de vida en su lugar. En vez de desesperanza, hablamos esperanza.

Algo muy extraño sucedió. No solo no había abortos, sino que el primer día que oramos y adoramos y nos opusimos abiertamente al aborto, no se cometió un solo asesinato en la ciudad de Nueva Orleans. Continuamos adorando en el día número dos, de nuevo, elevando altares a Dios en nuestros corazones en lugares en donde el enemigo había hecho lo que quería con esta generación. De nuevo, todo el segundo día pasó y no hubo un solo asesinato en toda la ciudad. Lo mismo ocurrió el tercer día. Este fenómeno de días libres de homicidios fue tan significativo y notable que en el cuarto día la policía llamó a una conferencia de prensa para anunciar que como resultado de un mejor entrenamiento y vigilancia en la fuerza policiaca de Nueva Orleans estaba bajando el índice de homicidios. Aunque ese tipo de lógica es similar a decir que la incidencia de incendios disminuyó como resultado de un mejor entrenamiento antiincendios, esa era su única explicación posible.

Continuamos adorando y orando por cinco, seis, siete días. En el octavo día se rumoró que un homicidio había ocurrido fuera de los límites de la ciudad, aunque Nueva Orleans en sí, continuó sin asesinatos. Los reportes de la policía anunciaron que el 30% de cada categoría de crimen también había bajado. Algunos de los oficiales de la policía hacían bromas con nosotros pidiéndonos que nos quedáramos más tiempo: "Es como tener vacaciones pagadas. Nos encanta tenerlos aquí". Los activistas provida estaban tomándose fotos con los comandantes de la policía. La policía empezó a darnos escoltas que nos rodeaban en las autopistas con sus luces encendidas a medida que nos dirigíamos hacía otra clínica de la ciudad para orar y adorar a Dios.

Nosotros mismos nos empezamos a preguntar si podría haber una conexión entre nuestras actividades y la atmósfera sin crimen de la ciudad. En esa semana —cuando todas las clínicas de aborto se cerraron, altares de adoración fueron erigidos en la ciudad y se ofrecieron las oraciones pidiendo su misericordia— la atmósfera de la ciudad entera de Nueva Orleans fue alterada tangiblemente. Me pregunto si en esa pequeña ventana de ocho días el Cielo se abrió sobre una ciudad debido a que la sangre inocente ya no estaba siendo derramada. Fue como si la cordura hubiera penetrado las tinieblas y hubiese empezado a asentarse sobre la mente de la gente de la ciudad. Después de que nos fuimos, las clínicas de aborto reactivaron su rutina y las estadísticas de crimen subieron a sus números usuales. ¿Estaba Dios tratando de enseñarnos algo o fue una coincidencia gigantesca?

IMPORTA MUCHO
QUE LA SANGRE SEA INOCENTE

Génesis 4 recuenta la historia de celos y derramamiento de sangre inocente. En esa historia, Caín va con su hermano Abel quien está en el campo, lo golpea y lo mata. Nadie ve el asesinato, pero el Señor habla con Caín y le dice: *Desde la tierra la sangre de tu hermano reclama justicia. Por eso, ahora quedarás bajo la maldición de la tierra, la cual ha abierto sus fauces para recibir la sangre de tu hermano que tú has derramado* (Génesis 4:10-11).

Para mí, este es, sin lugar a dudas, uno de los simbolismos más evocadores en la Escritura; la tierra abre sus fauces y recibe la sangre derramada de un hombre inocente. Luego, cuando la tierra, en un área geográfica, ha tragado la sangre, Dios escucha un coro agobiante clamando hacia Él. ¡Qué conexión más extraña y poderosa! Es como si la tierra recibiera la sangre como un marcador histórico, un memorial del evento que se llevó a cabo en ese mismo lugar.

Cuando Dios le dice a Caín *Ahora quedarás bajo maldición de la tierra*, significa que cuando la sangre inocente de su hermano se absorbió en la tierra fue como si Caín hubiese plantado una semilla de muerte en la misma. Esa semilla produjo una maldición sobre su vida.

Ahora, pensemos otra vez en Nueva Orleans. Había una alteración atmosférica presente en ese lugar como resultado directo del derramamiento de sangre inocente. Dios le dio al hombre dominio sobre la tierra, y Dios considera responsables a las autoridades delegadas por cualquier bien o cualquier mal que ocurre en su área geográfica. Si los que están a cargo de la tierra abandonan su responsabilidad de gobernar justamente en esa región y hay sangre inocente derramada, la tierra es marcada.

> SI ESAS TERRIBLES SEMILLAS DE SANGRE INOCENTE SE PLANTAN, UNA GRAN NEBLINA DIABÓLICA SE LEVANTA Y UNA MALDICIÓN EMERGE SOBRE ESA ÁREA GEOGRÁFICA, ALTERANDO EL AMBIENTE FÍSICO Y ESPIRITUAL.

Si esas terribles semillas de sangre inocente se plantan, una gran neblina diabólica se levanta y una maldición emerge sobre esa área geográfica alterando el ambiente físico y espiritual.

El concepto de sangre inocente era muy claro en la mente de los hebreos. De hecho, Dios instituyó reglas que trataban con este asunto en particular. Dios le dijo a su pueblo que apartara ciudades de refugio para que la sangre inocente no fuera derramada en la tierra de Israel. Cualquiera que fuera acusado injustamente de homicidio podía huir a una ciudad de refugio para protegerse y evitarle a la nación el derramamiento de sangre inocente (la cual pudiera haber llegado a través de un homicidio por venganza). Por ejemplo, la ley hebrea decía que un hombre que *sin querer empuje a una persona, o que sin mala intención le lance algún objeto, o que sin darse cuenta le deje caer una piedra, y que esa persona muera. Como en este caso ellos no eran enemigos, ni hubo intención de hacer daño, será la comunidad la que, de acuerdo con estas leyes, deberá arbitrar entre el acusado y el vengador. La comunidad deberá proteger del vengador al acusado, dejando que el acusado regrese a la ciudad de refugio adonde huyó, y que se quede allí hasta la muerte del sumo sacerdote que fue ungido con el aceite sagrado* (Números 35:22-25). *Por ejemplo, si un *hombre va con su prójimo al bosque a cortar leña, y al dar el hachazo para cortar un árbol el hierro se desprende y golpea a su prójimo* *y lo mata, tal hombre podrá refugiarse en una de esas ciudades y ponerse a salvo* (Deuteronomio 19:5).

Esto es similar a nuestras leyes penales que hacen una diferencia entre el asesinato premeditado o el homicidio involuntario. En el caso del hombre cortando leña, como no hubo premeditación, cualquier derramamiento de sangre hecho después de un accidente (sangre derramada por parte de los vengadores de la sangre) hubiese sido sangre inocente. Hubo seis ciudades designadas como lugares de refugio para poder permitir que el presunto homicida fueran ahí y dijera: "Estoy buscando asilo. Un hombre murió por mi culpa; fue un accidente, y ahora sus hermanos quieren vengar su muerte matándome". A él, entonces, se le daba refugio en esa ciudad hasta que el actual sumo sacerdote muriera. Era la forma en que Dios aseguraba que no iba a ser derramada más sangre inocente.

La importancia de derramar sangre inocente y el juicio resultante sobre el responsable es ilustrado en otro escenario. Si a un hombre se le sorprendía muerto a campo abierto, la ley hebrea demandaba que los residentes de la ciudad más cercana sacrificaran una vaquilla al Señor, y los ancianos de esa ciudad necesitaban testificar que ellos no habían derramado esa sangre ni lo habían visto (Deuteronomio 21:7). Independientemente del hecho de que no tuvieron nada que ver con la muerte de este hombre, tenían que lidiar con ello apropiadamente y absolverse a sí mismos de la sangre inocente. El acto de sacrificar una vaquilla aseguraba que serían exentos de la culpa de la sangre inocente en medio de ellos. Dios hizo provisiones para tales situaciones porque Él sabía que si había sangre inocente derramada, toda la atmósfera de la nación empezaría a cambiar y la gente se encontraría bajo una maldición. Serían atrapados en una neblina espiritual, separados de Dios y de las bendiciones de las leyes de su amor. Tales leyes ayudaban al pueblo de Dios para que estuvieran consciente de las maldiciones resultantes del derramamiento de sangre inocente y les enseñaran a hacer todo lo posible para evitar tener cualquier sangre inocente en contra de ellos.

Hay más ejemplos en la Escritura que nos enseñan acerca de la sangre inocente, más de lo que podrías imaginar. El libro de Jonás ilustra la renuencia de algunos hombres a estar implicados con sangre inocente. Jonás resultó *desviándose en su obediencia*, se

> YA SEA QUE FUERAN O NO SEGUIDORES DE YAVÉ, ELLOS TEMBLABAN CON TEMOR ANTE LA IDEA DE DERRAMAR SANGRE INOCENTE

rehusó a advertirle a Nínive acerca del inminente juicio de Dios y se encontró navegando en un bote que iba a Tarsis en medio de una gran tormenta. Pronto se dio cuenta que la tempestad fue enviada por su desobediencia y le pidió a los hombres que lo tiraran por la borda creyendo que eso salvaría las vidas del resto de los hombres. Los marineros enfrentaron la decisión de salvar sus vidas o tirar a Jonás por la borda a petición de él mismo; dudaban si era bueno o no participar de esta idea. Ya sea que fueran o no seguidores de Yavé, ellos temblaban con temor ante la idea de derramar sangre inocente y oraron: "Te rogamos, oh Señor, no permitas que perezcamos ahora por causa de la vida de este hombre, ni pongas sobre nosotros sangre inocente" (Jonás 1:14 [LBLA]).

> ES NOTABLE CÓMO LA SIMPLE MENCIÓN DE SANGRE INOCENTE CAMBIÓ EL TONO DE LOS ACUSADORES DE JEREMÍAS E INMEDIATAMENTE LA MULTITUD DECLARABA: "¡QUE NO HAYA SENTENCIA DE MUERTE PARA ESTE HOMBRE!".

Otro ejemplo ocurrió cuando los hermanos de José se acercaron al oficial de Egipto, quien, sin saber ellos, era José, el hermano que pensaban había muerto a mano de ellos mismos. Mientras José los cuestionaba y los desafiaba, se decían entre ellos: "¡Ahora tenemos que pagar el precio de su sangre!" (Génesis 42:22). Se estaban refiriendo a la maldad que le habían hecho a José, pensando que los actos que habían cometido al abandonarlo y venderlo habían resultado en su muerte. Inmediatamente asumieron que estaban cosechando justamente el castigo por la sangre inocente. Luego, en el Antiguo Testamento, el profeta Jeremías acababa de profetizar la palabra del Señor al pueblo de Judá durante el reino de Eliaquín. Los sacerdotes y profetas se enfurecieron con Jeremías y lo agarraron para matarlo. Jeremías, conociendo su cultura y comprendiendo su postura en cuanto a la sangre inocente, prontamente les recordó: "En cuanto a mí, estoy en manos de ustedes; hagan conmigo lo que mejor les parezca. Pero sepan que si me matan estarán derramando sangre inocente sobre ustedes mismos y sobre los habitantes de esta ciudad. Lo cierto es que el Señor me ha enviado a que les anuncie claramente todas estas cosas" (Jeremías 26:14-15). Es notable cómo la simple mención de la sangre inocente cambió el tono de los acusadores de Jeremías e inmediatamente la multitud declaró: *¡Que no haya sentencia de muerte para este hombre!* La consciencia colectiva y su respuesta inmediata al verse acusados de sangre inocente fue tan fuerte esto terminó salvando la vida de Jeremías.

En el Nuevo Testamento, cuando los intentos de Pilato por librar a Jesús fueron coartados por los fariseos y el pueblo, y cuando pensaba qué hacer con Jesús en respuesta a sus demandas de crucificarlo, Pilato preguntó: "*¿Por qué? ¿Qué mal ha cometido* este hombre?" (Mateo 27:23). Pilato reconoció la inocencia de Cristo pues no habían cargos válidos contra él. Cuando las multitudes continuaron gritándole, Pilato se lavó las manos diciendo: "—Soy inocente de la sangre de este hombre —dijo—. ¡Allá ustedes!" (Mateo 27:24). De nuevo, en el Nuevo Testamento, cuando Judas sintió remordimiento por entregar a Jesús a los oficiales y trató de devolver las 30 piezas de plata que los fariseos le habían pagado, dijo: "—He pecado porque he entregado sangre inocente" (Mateo 27:4). Los fariseos, a pesar de su complicidad en la muerte de Jesús, se rehusaron a tomar el dinero y dijeron: "La ley no permite echar esto al tesoro porque es precio de sangre" ((Mateo 27:6). Ellos sabían que la sangre inocente tenía una maldición y no querían que la maldición que tenía ese dinero les fuera asignada a ellos.

LA SANGRE INOCENTE EL DÍA DE HOY

Alguna vez leí una historia acerca de un hombre llamado Joshua Blahyi, "el general desnudo". Era un rebelde en la guerra civil de Liberia a mediados de los años noventa. El título leía: "El matón ahora desnuda solamente su alma". Aquí hay unos extractos de la historia:

> Los anales macabros de la guerra civil liberiana incluyen a asesinos vestidos de mujer, cráneos humanos usados como pelotas de futbol y la tortura grabada en video del presidente derrocado. Pero nada se compara con la historia del "general desnudo". Desnudo, excepto por sus zapatos de cuero amarrados y una pistola. El general lideró su feroz batallón a favor del caudillo Roosevelt Johnson, quien contrató al guerrero sin ropa por temerario y por sus habilidades de lucha.
>
> "Yo era solamente un hombre ordinario, pero también era muy espiritual. Profundizaba en el ocultismo" así explicaba Blahyi, de veinticinco años, cómo se había convertido en el despiadado general. Sus comandos estaban entre los más notorios de este conflicto de siete años que devastó a la nación africana fundada 150 años atrás por esclavos americanos liberados.

BLAHYI DECÍA QUE ERA OBLIGATORIO HACER UN SACRIFICIO HUMANO ANTES DE LA BATALLA, USUALMENTE DE UN NIÑO, ALGUIEN CUYA SANGRE FRESCA PUDIERA SATISFACER AL DIABLO.

> Los civiles rara vez se veían desconcertados. Pero el batallón desnudo sobresalía no solo porque andaba sin ropa, sino también por su brutalidad y su aparente

falta de temor. Blahyi decía que esto era resultado de un contrato con el diablo, sellado a la edad de once años, cuando fue iniciado en una sociedad satánica que demandaba sacrificios humanos de forma regular y desnudez en el campo de batalla para asegurarles protección contra sus enemigos. Blahyi decía que era obligatorio hacer un sacrificio humano antes de la batalla, usualmente de un niño, alguien cuya sangre fresca pudiera satisfacer al diablo. "Algunas veces me sumergía bajo el agua en donde habían niños jugando. Buceaba, agarraba a uno, lo llevaba a lo profundo y le quebraba el cuello. En ocasiones causaba accidentes o solo los masacraba", decía como si nada.

Fue durante una de esas batallas, en el nuevo puente que conectaba Monrovia central con las afueras de la ciudad, que empezó la conversión de Blahyi con Jesucristo. Estaba desnudo en el frente de batalla cuando él cuenta que Dios se le apareció y le dijo que era un esclavo de Satanás, no el héroe que él consideraba ser. Blahyi admitió que le tomó un tiempo aceptar su nuevo llamado, pero en noviembre finalmente empezó a predicar de tiempo completo e incluso comenzó a asistir a una escuela teológica en Nigeria. Ahora, cuando sale a predicar, dice que a veces encuentra parientes de sus víctimas: "Yo me siento muy mal, muy mal", dice, pero insiste en que fueron poderes satánicos que lo poseyeron en el pasado y que él no puede hacerse responsable.

Para tratar de compensar por su pasado, Blahyi ahora vende casetes de sus sermones por veinte pesos cada uno para levantar fondos para una escuela para exguerreros como él. "Aún ahora lucho. Estoy peleando una guerra espiritual", dijo Blahyi antes de salir a caminar bajo la lluvia para otro día de predicación (Prensa Asociada, 1997).

Esto no ocurrió en el Antiguo Testamento o en el tiempo de la iglesia primitiva. Este es un evento actual, lo cual demuestra la realidad del empoderamiento demoníaco espiritual conectado al derramamiento de sangre inocente.

LAS CONSECUENCIAS DE DERRAMAR SANGRE INOCENTE

Los juicios de Dios sobre las naciones que derramaron sangre inocente son muy pronunciados en la Escritura. Así dijo el Señor: "Voy a enviar tal desgracia sobre Jerusalén y Judá, que a todo el que lo oiga le quedará retumbando en los oídos" (2 Reyes 21:12). La razón de esta calamidad prometida se encuentra unos capítulos después: "De hecho, esto le sucedió a Judá por orden del Señor, para apartar al pueblo de su presencia por los pecados de Manasés y por todo lo que hizo, incluso por haber derramado sangre inocente, con la cual inundó a Jerusalén. Por lo tanto, el Señor no quiso perdonar" (2 Reyes 24:3-4).

> ¿QUÉ AMBIENTALISTA EL DÍA DE HOY RECONOCERÍA QUE NUESTRA TIERRA FÍSICA SUFRE DEBIDO AL PECADO MORAL Y A LA OFENSA CONTRA DIOS?

En Oseas dice: "Escuchen, israelitas, la palabra del Señor, porque el Señor va a entrar en juicio contra los habitantes del país: 'Ya no hay entre mi pueblo fidelidad ni amor, ni conocimiento de Dios. Cunden, más bien, el perjurio y la mentira. Abundan el robo, el adulterio y el asesinato. ¡Un homicidio sigue a otro! Por lo tanto, se resecará la tierra, y desfallecerán todos sus habitantes. ¡Morirán las bestias del campo, las aves del cielo y los peces del mar!" (Oseas 4:1-3). ¡Qué tal ésta declaración acerca de cuidar nuestro ambiente! ¿Qué ambientalista el día de hoy reconocería que nuestra Tierra sufre debido al pecado moral y la ofensa contra Dios? Cuando la humanidad no se compromete a proteger la vida de la creación más grande de Dios (el hombre), igualmente corre riesgo la vida y la calidad de la creación terrestre de Dios muy valiosa también. Cuando los humanos fallan en gobernar responsablemente y guardar la vida, no solo la tierra recibe la sangre, sino que clama y languidece, junto con las bestias, las aves, los peces y la gente que vive en ella. Las palabras de Oseas describieron la atmósfera de una nación bajo tal juicio; todo cambió debido al pecado de la gente y la sangre inocente que derramaron.

EL OBISPO MUTHEE

Hace años, mi iglesia invitó al Obispo Thomas Muthee, de Kenia, para que viniera y nos hablara; este era un hombre que había salido en los videos de *Transformación*. Su testimonio contaba cómo se había deshecho de las fuerzas opresivas demoníacas en su área. A través de una intercesión agresiva y guerra espiritual, los creyentes en su localidad empujaron a las fuerzas de las tinieblas y las echaron fuera de la región liberando la atmósfera espiritual de los efectos del espíritu de muerte y del sacrificio humano. Uno de nuestro equipo le recogió en el aeropuerto, y cuando estaban manejando hacia la ciudad, el Obispo Muthee se volteó hacia el conductor y le dijo: "Siento el espíritu de sacrificios humanos aquí". Usualmente uno espera escuchar comentarios como: "¡Pero qué bonito es su país!" o "¿Por cuánto tiempo has vivido en Spokane?" o "¿Estás disfrutando tu programa de internado?". Es un reto responder apropiadamente al comentario de "Siento el espíritu de sacrificios humanos aquí". No era un comentario extraño para el Obispo Muthee. Estaba muy consciente de cómo era vivir bajo una nube de opresión causada por el sacrificio humano, y cuando Dios le dio la estrategia y el poder para quebrar la fuerza diabólica sobre su región, y esta se fue, también pudo estar igualmente consciente de su ausencia. Sintió y vio la diferencia.

¿Qué habrá percibido? Pudieron haber sido los aquelarres de las brujas de magia negra en donde hijas son abusadas sexualmente y preñadas en rituales satánicos, para luego sacrificar esos bebés a Satanás. Todo es en secreto; pasan el embarazo en la casa y dan a luz. Oré una vez con una mujer que allí mismo había sido abusada ritual, satánica y sexualmente, y había sostenido un corazón humano en sus manos. Estos eventos son reales. Ocurren en gran parte de los Estdos Unidos. Tal vez es parte de lo que sintió el Obispo Muthee. O posiblemente estaba sintiendo los dos mil abortos que son realizados cada año en la clínica local de *Planned Parenthood,* de los cuales quinientos son efectuados en adolescentes. Sea cual fuere el caso, él podía sentir la atmósfera de sacrificios humanos en nuestra ciudad. Era tangible para él.

> MIENTRAS MÁS NOS MEZCLEMOS CON LA ADORACIÓN A DIOSES FALSOS Y SEAMOS AFECTADOS POR LA MISMA, MÁS DENSA SE HARÁ LA NEBLINA DEMONÍACA SOBRE NUESTRA NACIÓN.

He hablado con mucha gente que cuando viaja de un lugar a otro puede sentir diferencias en la atmósfera espiritual de diferentes regiones o ciudades. La causa puede ser cualquier cosa —desde el aborto, poderes diabólicos, hasta poderes económicos que impactan el ambiente da una localidad—. Cuando hay sangre inocente derramándose en la tierra, se levanta una maldición sobre esa área y la neblina espiritual es tangible. La neblina sobre nuestra nación ha disminuido nuestra habilidad de entender el orden creado por Dios. En Oseas se menciona un juicio donde Dios sería como una especie de polilla: "¡Pues seré para Efraín como polilla, como carcoma para el pueblo de Judá!" (Oseas 5:12).

Este juicio actúa como una erosión imperceptible en una nación. Es similar a encontrar polillas que han arruinado nuestro suéter de lana favorito haciéndole agujeros durante el verano. En algún momento durante la primavera, el verano o el invierno, aunque tú no notaste nada, las polillas estaban comiéndose tu prenda de vestir. Lenta, secreta e insidiosamente mordisquearon las fibras hasta destruirlas.

Mientras más nos mezclemos con la adoración a dioses falsos y seamos afectados por la misma, más densa se hará la neblina demoníaca sobre nuestra nación. También esto ocurre lenta y secretamente, de manera que apenas podemos reconocer sus efectos. A medida que sea derramada más sangre inocente, la neblina se incrementa en espesor y disminuye nuestra habilidad de ver claramente las verdades de Dios.

ESTAMOS VIVIENDO EN MEDIO DE JUICIO Y DESTRUCCIÓN Y NI SIQUIERA LO PERCIBIMOS.

El enemigo entiende las leyes de la siembra y la cosecha. Nos seduce con mentiras y promesas vacías para que crucemos la línea, y cuando la hemos cruzado solo entonces vemos las horribles consecuencias de nuestras decisiones. En 1973, la resolución de la Corte Suprema de Justicia con respecto al caso de Roe contra Wade abrió la puerta al aborto en nuestra nación. Ni siquiera estábamos conscientes de la sangre inocente que estaba siendo descubierta y regularmente derramada en nuestra nación. Ahora tenemos la sangre de más de 50 millones de niños inocentes absorbida en la tierra. La niebla resultante es tan espesa e impenetrable que ni siquiera nos damos cuenta de lo que nos ha ocurrido. Estamos viviendo en medio de juicio y destrucción y ni siquiera lo percibimos. Si estuviéramos hablando de una pequeña cantidad de sangre y una neblina correspondientemente delgada, posiblemente podríamos ver a través de ella y todavía identificar el plan maestro de Dios para la vida y la cultura. Sin embargo, la niebla es tan densa que hemos perdido casi completamente nuestro entendimiento de los caminos de Dios. No sabemos lo que no sabemos. Y no vemos lo que no vemos. Ya no sabemos cual es la definición verdadera de un hombre. Ya no entendemos para qué fue creada la mujer. No sabemos cuál es la verdadera esencia de un hombre ni cuál es la identidad sexual de la mujer. ¿Cómo se supone que debe comportarse una mujer cristiana? ¿Cómo se supone que piense un hombre cristiano? ¿Cómo se supone que los jóvenes manejen sus relaciones? Nuestra manera de pensar ha cambiado. Abunda la confusión. El asalto del enemigo contra nosotros ha sido extremadamente exitoso.

INDICADORES CULTURALES

Si observamos los indicadores sociales y culturales —homicidio, violación, asalto sexual, acoso, embarazos en adolescentes, drogadicción, crimen, aborto, la tasa de divorcio, alcoholismo, la tasa de suicidios, enfermedades sexualmente transmitidas— del año 1900 hasta el presente, ¿veríamos un incremento o una disminución? Muchos dicen que los indicadores culturales eran una línea recta desde los primeros años del siglo hasta 1962, cuando se prohibió la oración en las escuelas públicas. En ese punto, podemos ver un pequeño pico en los indicadores. Sin embargo, si observamos lo que sucedió después de 1973, el año en el que la Corte Suprema decidió a favor del aborto, podemos ver que ocurrió una explosión en la escala.

TOMAMOS LAS SEMILLAS DE LA MUERTE Y LA VIOLENCIA, LAS SEMBRAMOS EN LA TIERRA DE NUESTRA NACIÓN, Y HOY LEVANTAMOS UNA COSECHA DE CRECIENTE CONFUSIÓN, MUERTE Y VIOLENCIA.

El crimen, el homicidio, la violación, el suicidio y otros indicadores sociales saltaron desde un 200 hasta un 500 por ciento. En la década de los sesenta habían solamente dos enfermedades sexualmente transmitidas. Hoy hay más de 25, algunas de ellas son incurables. Con la decisión de Roe contra Wade, hicimos un decreto gubernamental diciendo que es permisible quebrantar las reglas de Dios para poder resolver problemas humanos. Tomamos las semillas de la muerte y la violencia, las sembramos en la tierra de nuestra nación, y hoy levantamos una cosecha de creciente confusión, muerte y violencia.

Esta discusión de la sangre inocente tiene ramificaciones para las multitudes de tiroteos masivos que están ocurriendo en nuestro país. Cuando las matanzas ocurrieron en *Columbine High School*, en donde dos jóvenes marginados mataron a doce estudiantes y a un maestro, yo me entristecí mucho. Algunos años después experimentamos la matanza en el Tecnológico de Virginia, que dejó a treinta y tres muertos y veinte heridos. De nuevo, me entristecí. Sin embargo, no me conmoví. Lo que me sorprende es que ese tipo de sucesos no sean más frecuentes. Una generación entera ha crecido viendo a sus mayores sembrar semillas de violencia y muerte en la tierra de nuestra nación. Hemos modelado estilos de vida que consienten la violencia para lograr nuestros fines deseados. Una vez leí una historia acerca de un pandillero con sentencia de muerte debido a un asesinato, su declaración fue: "Ustedes los matan adentro del vientre, nosotros los matamos afuera del vientre. ¿Cuál es la diferencia?". Aunque esta lógica devastadora no provee justificación razonable para un asesinato, no nos debería sacudir el hecho de que los jóvenes estén experimentando una ética que ha sido modelada y heredada a ellos por parte de nosotros. Simplemente están cumpliendo con una moralidad consistente con la moralidad que les hemos dado. Nosotros, la generación más vieja, somos grandemente responsables por erosionar la moralidad de nuestra nación. Somos la generación "Haight-Ashbury" que introdujo el amor libre, el sexo libre y las filosofías de vivir por uno mismo y detestar todo lo que tuviera que ver con la autoridad. Los jóvenes heredaron esas filosofías de nuestra parte, y aun así, nos preguntamos por qué sus vidas están tan rotas.

EL CONTRASTE DEL ANTES Y EL DESPUÉS

Hubo tiempos en el Antiguo Testamento cuando el pensamiento claro era prevalente, cuando el plan maestro de Dios para la vida todavía era honrado. Antes de que la tierra fuera manchada con sangre y una fuerza diabólica estuviera ejerciendo poder sobre la nación, reinaba la cordura moral. Abraham, al viajar a través de la tierra de Gerar, le mintió al rey Abimelec acerca de su esposa Sara diciendole que era su hermana. El rey llevó a Sara a su palacio, pero luego tuvo un sueño en el que Dios le dijo: "Puedes darte por muerto a causa de la mujer que has tomado, porque ella es casada"

(Génesis 20:3). Abimelec inmediatamente dejó ir a Sara y reprendió a Abraham diciéndole:

ABIMELEC ENTENDIÓ QUE EL PECADO MORAL TIENE CONSECUENCIAS.

"¡Qué nos has hecho! ¿En qué te he ofendido, que has traído un pecado tan grande sobre mí y sobre mi reino? ¡Lo que me has hecho no tiene nombre!" (Génesis 20:9). El rey se dio cuenta que si hubiera violado a la mujer de otro hombre, hubiese incurrido en un juicio terrible de parte de Dios sobre su reino. Abimelec entendió que el pecado moral tiene consecuencias. Lo entendió; nada oscureció su visión. Cuando se dio cuenta de su pecado, se apresuró a rectificar la situación.

Cuando *ofrecieron a sus hijos y a sus hijas como sacrificio a esos demonios y derramaron sangre inocente ...su sangre derramada profanó la tierra* (Salmo 106:37-38) y la atmósfera de la nación cambió. La gente cambió. Observemos la secuencia en Oseas cuando la gente se apartó de Dios: "A la prostitución y al vino, ¡al mosto que hace perder la razón! Mi pueblo consulta a su ídolo de madera, y ese pedazo de palo le responde; su tendencia a prostituirse los descarría; se prostituyen en abierto desafío a su Dios. En la cumbre de montes y colinas queman ofrendas y ofrecen sacrificios, bajo la agradable sombra de robles, álamos y encinas. Por eso se prostituyen sus hijas y cometen adulterio sus nueras. Pero no las castigaré por sus prostituciones y adulterios, porque sus propios maridos se juntan con prostitutas y celebran banquetes paganos con las sacerdotisas del templo. ¡Es así como acaba por hundirse un pueblo falto de entendimiento!" (Oseas 4:11-14). Hay que notar la progresión: la gente se prostituyó con otros dioses y dejó al Señor su Dios. Luego perdieron el entendimiento, lo cual a su vez les llevó a la ruina en esa nación, y eso los llevó a su deceso.

Algunos eruditos del hebreo han dicho que *la voz de la sangre de tu hermano* (Génesis 4:10 [RVR1960]), en la historia de Caín y Abel, puede ser traducida como *la voz de las sangres de tu hermano*, refiriéndose no solo a la voz de Abel, sino a las voces de los hijos que hubiera tenido y de los hijos de sus hijos en la historia. En otras palabras, todas las voces de los descendientes de Abel clamaron porque habían sido cortadas. Cuando Dios vio a Abraham, vio a sus descendientes tan numerosos como las estrellas en el cielo. Dios no puede vernos sin ver las generaciones futuras que saldrán de nosotros, no puede verme sin ver mi simiente extendida en el futuro. ¿Cómo podemos entender que Dios —quien mira todas las cosas en todos los tiempos simultáneamente— vio y escuchó cuando Abel y sus hijos, cuyas vidas fueron cortadas, clamaban? ¿Cuántos hijos habría tenido Abel? ¿Y cuántos habrían tenido sus hijos? ¿Y los hijos de sus hijos? Ahora toma eso y aplícalo a los 50 millones de niños que han sido abortados solamente en nuestro país, sin mencionar las otras naciones del mundo, y trata de calcular cuantos millones de seres humanos inocentes, preciosos en el corazón de Dios, han sido cortados de la vida y de su posteridad.

REVELACIÓN

La sangre inocente no es la única cosa que trae una maldición al a tierra. Todo el capítulo de Levítico 18 nos exhorta así: "No se comporten como la gente de Egipto, donde ustedes vivían, o como la gente de Canaán, adonde los llevo. No deberán imitar su estilo de vida. Ustedes deben obedecer todas mis ordenanzas y asegurarse de obedecer mis decretos, porque yo soy el Señor su Dios" (Levítico 18:2-4 [NTV]). Esta exhortación es seguida por 17 versos delineando, con detalles específicos, las prohibiciones en nuestras vidas sexuales. Estas incluyen prohibiciones contra el incesto, sexo con cualquier pariente, adulterio y sexo con animales. Estas prohibiciones son tan exhaustivas, que claramente excluyen tener sexo con cualquier otra persona que no sea nuestro esposo (a). ¿Cuáles son las consecuencias por violar estas prohibiciones? La contaminación y la expulsión de la tierra: "No hagan nada de esto, o de lo contrario, se volverán impuros. Los pueblos que ahora voy a expulsar del territorio que les voy a dar, han cometido todas estas maldades, y tanto ellos como el territorio se han vuelto impuros. Pero ni ustedes ni los extranjeros que vivan en su país deberán comportarse tan mal. Si lo hacen, tanto ustedes como el territorio se volverán impuros, y tendré que expulsarlos también a ustedes" (Levítico 18: 24-28 [TLA]).

> ¡QUÉ REVELACIÓN! NO SOLO EL ABORTO CONTAMINA LA TIERRA E INVITA AL JUICIO DE DIOS, TAMBIÉN LO HACE LA INMORALIDAD SEXUAL.

¡Qué revelación! No solo el aborto contamina la tierra e invita al juicio de Dios, también lo hace la inmoralidad sexual. El grado tan horrendo al que hemos llegado a practicar el aborto y la inmoralidad sexual presagia consecuencias terribles para nosotros como nación.

En noviembre de 1989, Lech Walesa, el entonces presidente de Polonia, hizo una declaración con respecto a nuestra nación: "América ha avanzado tecnológicamente, económicamente y científicamente; pero América no ha mantenido su curso moral. Temo por ustedes". Dios detesta el derramamiento de sangre inocente. Dios detesta la inmoralidad sexual. Dios le dice a su pueblo a través de Oseas: "Mi acusación es solo contra los sacerdotes, ¡nadie más es responsable! De día y de noche pecan, y hacen pecar a los profetas; ¡por eso destruiré a su descendencia! Mi pueblo no ha querido reconocerme como su Dios, y por eso se está muriendo. ¡Ni los sacerdotes me reconocen! Por eso no quiero que sigan sirviendo en mi templo. Ya que olvidaron mis mandamientos, yo también me olvidaré de sus hijos" (Oseas 4:4-6). También yo temo por mi nación.

PREGUNTAS

1. ¿Cómo afecta una violación sexual a una cultura o nación en cuanto a la identidad de un hombre, de una mujer y en la definición de matrimonio?

2. ¿Qué sucede cuando se siembran semillas de sangre inocente en el suelo de una ciudad, región o nación?

3. Explique el concepto detrás de las ciudades de refugio y por qué su presencia fue importante.

4. Comparta algunas narraciones del Antiguo y del Nuevo Testamento que enfaticen la gravedad del derramamiento de sangre inocente.

5. Explique qué efectos tuvo en nuestra nación la decisión de la Corte Suprema en 1973 en relación a Roe contra Wade .

6. ¿Por qué Lech Walsa, presidente de Polonia en 1989, dijo que él temía por nuestra nación?

CAPÍTULO NUEVE
LAS LLAVES
DEL AVIVAMIENTO

Cuando viajo de iglesia en iglesia, me encuentro constantemente con hombres jóvenes que me dicen: "¿Le puedo ayudar en algo pastor Jim?". Luego, usualmente vienen otro par de preguntas como: "¿Puedo cargar algo por usted u ofrecerle algo de tomar?".

Yo sonrío. No tienen idea de lo que les espera. Saben que soy el predicador de las hijas, las flores y las princesas, el tipo que habla acerca de la sexualidad, el hombre que hace llorar a las chicas e intimida a los chicos. Honestamente, los considero valientes por acercarse a hablarme. Casi me siento mal por lo que estoy por hacerles, pero de alguna manera, no me puedo resistir. Yo me vuelo a ellos y les digo: "Claro que sí. De hecho, hay algo que puedes hacer por mí". Sus ojos se iluminan, sus espaldas se yerguen y se alistan para entrar en acción. "¿Podrías salir allá afuera y acabar con la pornografía? Eso ayudaría mucho. Y cuando termines con eso, sigue con el aborto también. Yo apreciaría mucho eso. Gracias". Deberían ver sus rostros. A veces su boca se queda abierta y sus rostros se vuelven blancos. Ahí está el pobre joven, el que le hizo frente a la intimidación para asistirme de alguna manera, tragando en seco, sin saber si estoy bromeando o estoy hablando en serio. Cuando hago eso, aunque sirve como una llamada de atención a la realidad para estos jóvenes, estoy consciente de que realmente no es justo. Con toda honestidad, solo Dios puede sanar nuestra tierra. Sin embargo, podemos tomar parte importante en esa sanidad. Veamos más de cerca de qué manera Dios nos ha llamado a hacerlo.

EL VERDADERO ACUSADO

Un fenómeno triste está ocurriendo en la Iglesia. Luego de ser salvos y vivir en la cultura cristiana durante suficiente tiempo, empezamos a vernos a nosotros mismos cada vez con menos y menos cosas en común con la cultura y sus necesidades. Nuestra mentalidad cambia y pasa de tener una conciencia de que somos pecadores, que necesitamos un salvador, a sentir disgusto por *toda esa gente mala allá afuera*. Creemos que son los productores de pornografía de Hollywood los que están acabando con nuestro país. Nos decimos a nosotros mismos: "Si esos que están a favor del aborto, los que venden droga y las prostitutas pararan de hacer lo que hacen, nuestra nación sería un lugar mucho mejor". Esa parece ser una declaración muy lógica, y aun así yo argumentaría desde una perspectiva bíblica, que los traficantes, los que practican los abortos y las prostitutas no son responsables por el declive de moralidad en nuestro país. Ni tampoco son responsables por su recuperación. La Palabra de Dios dice: "Si mi pueblo, que lleva mi nombre, se humilla y ora, y me busca y abandona su mala conducta, yo lo escucharé desde el cielo, perdonaré su pecado y restauraré su tierra" (2 Crónicas 7:14). ¿Notaste que no dijo nada acerca de que los traficantes de droga o la gente de Hollywood eran la respuesta? Él dijo *mi pueblo* debe *humillarse*. El no está responsabilizando a los políticos, a los ladrones de bancos, a los traficantes de droga ni a los homosexuales. El nos está haciendo responsables a nosotros, su Iglesia, de la situación actual.

> LA CONDICIÓN MORAL DE UNA NACIÓN ES UN REFLEJO DEL PUEBLO QUE ESTÁ BAJO LA AUTORIDAD DE DIOS EN ESA NACIÓN, LOS QUE SON LLAMADOS POR SU NOMBRE, NO DE LOS *PECADORES ALLÁ AFUERA*.

La condición moral de una nación es un reflejo del pueblo que está bajo la autoridad de Dios en esa nación, los que son llamados por su nombre, no de los *pecadores allá afuera*. Él está esperando a que nos alineemos con su voluntad, volvamos nuestros corazones a Él y le digamos: "Sea lo que sea que tú quieres Señor, yo también lo quiero". Yo le llamo a 2 Crónicas 7:14 *el pasaje del avivamiento*, porque dice que si nosotros, individual y colectivamente, estamos dispuestos a hacer esas cuatro cosas (humillarnos a nosotros mismos, orar, buscar su rostro y dejar nuestros malos caminos), entonces Dios promete hacer las tres cosas que *no podemos hacer* (escuchar desde el Cielo, perdonar nuestro pecado y sanar nuestra tierra). Si hacemos las cosas que podemos hacer, Dios hará las que no podemos hacer.

SI NOSOTROS HACEMOS LAS COSAS QUE PODEMOS HACER, DIOS HARÁ LAS COSAS QUE NO PODEMOS HACER.

HUMILLARNOS

Cuando mi hijo Luke era un pequeñín, frecuentemente recibía nalgadas múltiples veces durante un día. Era de esos niños con voluntad fuerte que resultan todo un desafío para criar, pero que tienen un potencial enorme de liderazgo. Escuchábamos a sus hermanas gritar y preguntábamos:

—Luke, ¿qué estás haciendo? ¿Estás molestando a tus hermanas otra vez? —él asentía con la cabeza—. No puedes hacer eso. ¿Qué pasa cuando lo haces?

—Me das unas nalgadas.

—Exacto—. Luego yo lo nalgueaba y veía su rostro para ver si había entendido. Lloraba y se arrepentía, luego de lo cual yo lo perdonaba y le decía que era un buen chico, y nos abrazábamos y orábamos juntos. Sucedía así vez tras vez, incluso múltiples veces en un día. Era agotador pero necesario. En cada disciplina observábamos su rostro y su comportamiento para ver si algo lo estaba cambiando. De vez en cuando el Señor *nalguea* (disciplina) a una nación y luego busca y observa qué tipo de respuesta está en el rostro y en el corazón de ese país: ¿Estás corriendo hacia mí durante ésta dificultad o continúas alejándote? ¿Qué hay en tu corazón?

América fue sacudida en el evento del 9/11 (11 de septiembre) cuando las torres gemelas de la ciudad de Nueva York cayeron en un solo momento durante un ataque terrorista. Inmediatamente el país se volvió religioso. Podíamos orar abiertamente en cualquier lugar (en juegos de beisbol, en las escuelas y en los trabajos). La asistencia a las iglesias llegó a su número máximo. Abercrombie and Fitch cancelaron sus catálogos de otoño plagados de imágenes de chicos y chicas desvestidos, entrelazados en poses sugestivas porque se dieron cuenta que en ese momento en particular hubiese sido una afrenta al pueblo de esta nación. La gente en medio de procedimientos de divorcio repentinamente experimentaron una comprensión aguda de lo que era importante en la vida, y algunos detuvieron el proceso. En un momento nuestra orgullosa independencia fue arrancada y la gente se decía: "Un momento, yo necesito a Dios". Fuimos conmovidos y humillados. Desafortunadamente, nuestro arrepentimiento y nuestra búsqueda de Dios duró muy poco tiempo.

El avivamiento prometido en 2 Crónicas 7 se dio cuando Salomón dedicó el templo al Señor. Dios respondió la dedicación de Salomón diciéndole: "He escuchado tu oración, y he escogido este templo para que en él me ofrezcan sacrificios" (2 Crónicas 7:12). Sin embargo, de forma muy extraña, Dios sigue esta afirmación con un cambio abrupto de tono. El verso siguiente después de la aprobación dice: "Cuando yo cierre los cielos para que no llueva, o le ordene a la langosta que devore la tierra, o envíe pestes sobre mi pueblo" (2 Crónicas 7:13), seguido por la promesa de 2 Crónicas 7:14. En esencia, Dios estaba diciéndoles: "Si me traicionan o caen en desobediencia, estoy dispuesto a cerrar los Cielos, a enviar la langosta o pestilencia para obtener su atención —en otras palabras, para disciplinarlos—. Sin embargo, si en ese punto se humillan con desesperación y empiezan a orar y a clamar por mí, yo les responderé y les perdonaré y sanaré su tierra". La gente tiende a volverse al único Dios verdadero en medio de circunstancias difíciles. La sociedad durante el reino de Salomón era mayoritariamente agraria, así que cuando Dios habló de enviar sequías o desastres naturales, había también un desastre económico aunado a estas promesas. Dios sabía que muchas veces Él necesitaba *golpear a la gente en sus billeteras* para poder tener su atención y volver sus corazones a Él. La gente necesitaba que le recordaran que Dios era la fuente de provisión y prosperidad.

LA MISERICORDIA NOS PERMITE SOPORTAR LA SACUDIDA QUE EROSIONA LA FUERZA DE NUESTROS DIOSES FALSOS, NOS MUESTRA QUE SON FALSOS Y HACE QUE NOS VOLVAMOS A DIOS.

La disposición que Dios tiene para disciplinarnos es una demostración de su misericordia. Un juicio áspero de Dios sería dejarnos en nuestro pecado y apostasía, mientras nosotros pensamos que estamos bien. La misericordia nos permite soportar la sacudida que erosiona la fuerza de nuestros dioses falsos, nos muestra que son falsos y hace que volvamos a Dios. Dios nos sacude y nos llama la atención para aprehender nuestros corazones completamente y que se vuelvan a Él. "Te humilló y te hizo pasar hambre, pero luego te alimentó con maná, comida que ni tú ni tus antepasados habían conocido, con lo que te enseñó que no sólo de pan vive el hombre, sino de todo lo que sale de la boca del Señor" (Deuteronomio 8:3). Él hace esto con individuos, con naciones, con la Iglesia (su Novia), porque la humildad nace de un reconocimiento de nuestra propia desesperación y necesidad de Él.

HELADO, PAPÁ

Algunos piensan que el avivamiento es cosa del pasado, algo acerca de lo cual leemos en libros de historia. Leemos acerca de George Whitefield, John y Charles Wesley, Charles Finney o Jeremiah Lanphier y tendemos a pensar que el avivamiento y la reforma que ocurrieron durante sus vidas fueron una intervención al azar de Dios y que no hay nada que podamos hacer para que ocurra de nuevo. Con esa mentalidad nos acercamos a Dios tratando de torcer su brazo con nuestra oración, creyendo que estamos intentando hacer que haga algo que Él no quiere hacer. Clamamos: "¡Oh, Señor, salva a mi generación!", como si eso fuera algo que Él nunca ha considerado realizar o que no le importa.

ÉL QUIERE QUE LE PIDAMOS AVIVAMIENTO, PORQUE DIOS SE HA LIMITADO A SÍ MISMO A OBRAR A TRAVÉS DE MEDIOS HUMANOS EN SUS LABORES SOBRE LA TIERRA

Yo tengo una revelación que cambiará tu vida de oración: Dios quiere avivamiento más que tú. Él tiene más carga por lo que está pasando en nuestra cultura que nosotros mismos. A Él le encantaría romper las tinieblas que amenazan con envolver generaciones enteras en confusión y destrucción. Cuando oramos y buscamos su rostro descubrimos que el avivamiento ya está en su corazón. Él quiere que le pidamos avivamiento porque se ha limitado a sí mismo a obrar a través de medios humanos en sus trabajos en la tierra.

Amo las promesas de avivamiento en la Escritura. Una es especialmente interesante para mí, porque en algunas versiones contiene la frase *los que le recuerdan al Señor*. Dice: "Jerusalén, sobre tus muros he puesto centinelas que nunca callarán, ni de día ni de noche. Ustedes, los que invocan al Señor, no se den descanso; ni tampoco lo dejen descansar, hasta que establezca a Jerusalén y la convierta en la alabanza de la tierra" (Isaías 62:6-7). Esto describe el rol de los que interceden, de los que le piden a Dios que haga de su pueblo una bendición sobre la tierra. Después de leer eso, podrías preguntarte: "¿Necesita Dios que yo le recuerde algo?". Déjame decirte cómo llegué a la comprensión de este verso y cómo me ayuda a entender el avivamiento.

A mis hijos les encanta el helado. En ocasiones me han rogado y les he prometido que más tarde, durante el día iríamos todos a la tienda de helados y les compraría un cono a cada uno. Frecuentemente, a medida que progresaba el día, me distraía con el trabajo y las llamadas telefónicas y se me olvidaba la promesa que les había hecho. Uno de mis hijos (o todos ellos) inevitablemente me recordaría: "Papá, dijiste que nos llevarías por un helado".

Inmediatamente me acordaba de la promesa y les decía: "¡Sí, helado! Vamos". Y nos íbamos.

Mis chicos no estaban torciéndome el brazo. Solo estaban pidiendo lo que ya estaba en mi corazón hacer por ellos. Yo les había prometido, tenía la intención de cumplirles, les quería dar el helado. Su recordatorio simplemente activó la intención de mi corazón.

> CUANDO VENIMOS A ÉL Y LE RECORDAMOS
> SUS PROMESAS, PODEMOS ESTAR CONFIADOS
> DE QUE HARÁ LO QUE NOS DIJO QUE HARÍA.

Dios ama a sus hijos más de lo que yo amo a los míos, y Él, a diferencia de mí, no se olvida de sus promesas. Cuando acudimos a Dios y le recordamos sus compromisos podemos estar confiados de que hará lo que nos dijo. Cuando me levanto en las mañanas a orar y caminar, pienso acerca de nuestra nación y cuánto necesitamos la intervención de Dios y su sanidad en nuestra tierra. Algunas veces simplemente digo "Helado, Papá", insinuando que lo que estoy pidiendo ya está en su corazón. Dejo que mi corazón clame a Dios, y mis oraciones se unen a las oraciones de todos los otros santos en las copas del Cielo. Al leer su Palabra y descubrir su corazón e intenciones podemos ir a Él confiadamente con nuestras peticiones. Dios está esperando para que cada uno de nosotros alineemos nuestros corazones con su voluntad y digamos: "Señor, lo que tú quieres es lo que yo quiero. Hazlo Señor. Helado, Papá".

DOS TIPOS DE COPAS Y UNA RAZA EXTRAÑA

Como dice Dutch Sheets en su libro *Oración Intercesora*, **nuestras oraciones sí hacen la diferencia**. "Se acercó otro ángel y se puso de pie frente al altar. Tenía un incensario de oro, y se le entregó mucho incienso para ofrecerlo, junto con las oraciones de todo el pueblo de Dios, sobre el altar de oro que está delante del trono.

Y junto con esas oraciones, subió el humo del incienso desde la mano del ángel hasta la presencia de Dios. Luego el ángel tomó el incensario y lo llenó con brasas del altar, las cuales arrojó sobre la tierra; y se produjeron truenos, estruendos, relámpagos y un terremoto" (Apocalipsis 8:3-5). Esta Escritura dice que los ancianos alrededor del trono de Dios tienen incensarios y copas que se llenan con nuestras oraciones, y cuando las copas se llenan, son lanzadas a la tierra para causar truenos, relámpagos y un terremoto.

LAS ORACIONES ASCIENDEN Y LUEGO SON DESATADAS EN LA TIERRA PARA SACUDIR GOBIERNOS Y NACIONES Y ROMPER FORTALEZAS DIABÓLICAS

Las oraciones ascienden y luego son desatadas en la tierra para sacudir gobiernos y naciones y romper fortalezas diabólicas. ¿Qué es lo que crees que causó que se cayera la cortina de hierro, esa pared demoníaca de comunismo en la antigua Unión Soviética? ¿Pudo haber sido el llanto descorazonador del pueblo oprimido? No sabemos cuantos santos amados pasaron años en los campos de prisión ahí. No podemos pretender entender o tener empatía con el sufrimiento y la profundidad de angustia que experimentaron como pueblo. Pero de ese sufrimiento salieron oraciones que ascendieron por parte de los santos, las copas en los Cielos se llenaron y luego se lanzaron a la tierra. Las sacudidas vinieron y la liberación de Dios fue desatada. Millones de personas fueron liberadas de la fortaleza comunista y atea, y de acuerdo a la Escritura, esa liberación se dio gracias a la oración.

En contraste, Apocalipsis pinta un panorama de otro tipo de copa que se está llenando en el Cielo y es lanzada a la tierra: "Uno de los cuatro seres vivientes dio a cada uno de los siete ángeles una copa de oro llena del furor de Dios, quien vive por los siglos de los siglos... Oí una voz que desde el templo decía a gritos a los siete ángeles: '¡Vayan y derramen sobre la tierra las siete copas del furor de Dios!'" (Apocalipsis 15:7, 16:1). Dos tipos de copas se están llenando en el Cielo: una con las oraciones de los santos y otra con la ira de Dios. Nuestras oraciones ayudan a determinar qué copa será derramada en la tierra.

A MENOS QUE LLENEMOS LAS COPAS DE LA ORACIÓN Y LA INTERCESIÓN, LAS COPAS DE LA IRA SERÁN DERRAMADAS EN NUESTRA NACIÓN.

Para usar otra analogía, creo que hay un tipo extraño de carrera ocurriendo en el Cielo. Por un lado Dios dice: "Si mi pueblo, que lleva mi nombre, se humilla y ora, y me busca y abandona su mala conducta, yo lo escucharé desde el cielo, perdonaré su pecado y restauraré su tierra" (2 Crónicas 7:14). Por otro lado, también dice que la sangre inocente clama a Él desde la tierra. ¿Es la voz colectiva de la humildad y el arrepentimiento de los santos más recia, que la voz de la sangre inocente derramada? ¿Cuál está llamando más la atención de Dios? O, para usar otra analogía, ¿está la copa de la ira de Dios llenándose más rápido que la copa de las oraciones de los santos? Nuestra única esperanza de avivamiento es que el pueblo de Dios se despierte y clame más recio que la voz de la sangre. Nuestra única esperanza es dejar nuestros caminos de maldad —nuestro pecado individual y nuestro pecado colectivo y nacional— y empezar a orar: "Señor, clamamos a una sangre mayor, la sangre de Cristo, para que cubra la sangre inocente que ha sido derramada en nuestra nación". Ninguna nación, ningún individuo, corte o institución, puede romper jamás la ley de Dios y salirse con la suya. Tarde o temprano la ley de Dios los quebrará. Cuando la Corte Suprema de los Estados Unidos decidió hacer legal el aborto, declararon: "Vamos a violar la ley de Dios para resolver los problemas humanos". Parecía que, como nación, nos habíamos salido con la nuestra. Sin embargo, cuando cualquier institución condona las semillas de violencia y muerte para que sean sembradas en la tierra de una nación, la cosecha de violencia y muerte florecerá y pondrá a esa nación de rodillas.

SE NECESITA MÁS

La solución, desafortunadamente, no es tan fácil como decir una oración. Dios nos dice: "Cuando ustedes levantan las manos para orar, yo aparto mis ojos de ustedes; y aunque hacen muchas oraciones, yo no las escucho. Tienen las manos manchadas de sangre" (Isaías 1:15 [DHH]). Isaías entregó el mensaje de que Dios no escucharía las oraciones del pueblo como estaban siendo ofrecidas, ya que no podemos ganarnos el corazón del Dios mientras hay sangre en nuestras manos. Sin embargo, él siguió con algunas instrucciones muy útiles: "¡Lávense, límpiense! ¡Aparten de mi vista sus obras malvadas! ¡Dejen de hacer el mal! ¡Aprendan a hacer el bien! ¡Busquen la justicia y reprendan al opresor! ¡Aboguen por el huérfano y defiendan a la viuda!" (Isaías 1:16-17).

> LOS OÍDOS DE DIOS SE DESTAPAN CUANDO DEJAMOS NUESTROS MALOS CAMINOS Y NOS VOLVEMOS A ALINEAR CON ÉL.

Cuando hemos dejado a Dios y sus caminos, le somos como una ramera infiel. Los oídos de Dios se destapan cuando dejamos nuestros malos caminos y nos volvemos a alinear con Él. Esto es arrepentimiento verdadero y está descrito de esta manera: "El ayuno que he escogido, ¿no es más bien romper las cadenas de injusticia y desatar las correas del yugo, poner en libertad a los oprimidos y romper toda atadura?¿No es acaso el ayuno compartir tu pan con el hambriento y dar refugio a los pobres sin techo, vestir al desnudo y no dejar de lado a tus semejantes?" (Isaías 58:6-7). Eso es arrepentimiento verdadero. Necesitamos ver más a fondo qué significa esto del arrepentimiento.

DEJANDO LOS MALOS CAMINOS

Durante el avivamiento de Finney en 1840, de 1.5 a 2 millones de personas se convirtieron al Señor en un tiempo en donde la población entera de los Estados Unidos se estimaba entre 16 y 20 millones en total. Eso significa que el 10% de la población de América se convirtió bajo el ministerio de Finney. ¡Sin micrófonos, grabaciones, televisión u cualquier otro medio de tecnología moderna! ¡Guau! 85% de estos convertidos permanecieron fieles al Señor.

Hoy en día solamente 5-10 % de los que son salvos en las reuniones de Billy Graham permanecen fieles a la fe. Estoy seguro que el ministerio de Billy Graham lamenta fuertemente este hecho. Parte del problema es que nuestro evangelio moderno americano está lleno de verdades a medias y de una moralidad trastocada. Odiamos hacer sentir mal a la gente en nuestras iglesias del siglo XXI, así que diluimos el mensaje. En vez de permitir que la verdad de Dios convenza a la gente de pecado para que abandonen sus vidas impías y acepten la misericordia de Dios y su gracia salvadora, frecuentemente nos saltamos el mover de Dios y les ofrecemos un evangelio más digerible. Sin embargo, Dios está más preocupado con la verdadera salvación de nuestras almas que de los niveles de comodidad o incomodidad que experimentemos en el proceso.

Dios no solo quiere traer salvación a individuos, lavando así sus pecados, Dios también quiere derramar su sanidad en naciones enteras a través de un avivamiento que cambie el clima moral de nuestras comunidades. Para cambiar el clima moral tenemos que dejar a un lado nuestros malos caminos; esa es la marca del avivamiento genuino. Un simple incremento en la actividad religiosa no es la marca de un avivamiento verdadero.

DIOS NO ESTÁ INTERESADO EN QUE LA ASISTENCIA A LA IGLESIA SE INCREMENTE, A MENOS QUE AQUELLOS QUE ASISTEN CAMBIEN SUS CAMINOS Y EMPIECEN A VIVIR DE MANERA SANTA.

A.W. Tozer escribió lo siguiente en su libro *La vida más profunda*, con respecto al verdadero avivamiento:

El avivamiento debe necesariamente tener un im-

pacto en la comunidad y este es uno de los medios
por los que podemos distinguirlo. El avivamiento
siempre revitalizará al pueblo de Dios. Pero el avivamiento no es bienvenido. Para muchos, el precio
es demasiado alto. No hay gracia barata en el avivamiento. El avivamiento requiere repudiar la compla-
cencia de la autosatisfacción. El avivamiento vuelve
la vida descuidada en una preocupación vital e inter-
cambia la auto indulgencia con negación a nosotros
mismos. Debemos tener una reforma dentro de la
Iglesia. El rogar que venga un diluvio de bendiciones
sobre una iglesia desobediente y que está en pecado,
es perder tiempo y esfuerzo. Una nueva ola de interés religioso no hará más que añadir números a las
iglesias, gente sin intención de poseer el señorío de
Jesús ni de obedecer sus mandamientos. Dios no está
interesado en incrementar la asistencia a la iglesia a
menos que aquellos que asisten dejen a un lado sus
caminos y empiecen a vivir vidas santas. La oración
por avivamiento prevalecerá cuando esté acompañada con un cambio radical en las vidas, no antes.
Las vigilias de oración que no están precedidas por
arrepentimiento práctico, de hecho pueden ser desa-
gradables a Dios... Debemos regresar al cristianismo
del Nuevo Testamento, no solamente en credo sino
en un estilo de vida completo también. La separación, la obediencia, la humildad, la sencillez, la gravedad, el auto control, la modestia, el llevar nuestra
cruz: todas estas cosas deben volver a ser tomadas
como parte viviente de un concepto total cristiano y
ser vividas en la conducta diaria. Debemos limpiar
el templo de los mercaderes y de los cambistas y so-
meternos completamente bajo la autoridad de nuestro
Señor resucitado una vez más... Luego podemos orar
con confianza y esperar un verdadero avivamiento.
Como iglesia necesitamos echar un vistazo honesto a

lo que está pasando y decir: "Señor todas estas cosas que hemos estado haciendo no han logrado nada de lo que nos hubiera gustado alcanzar. Luego de hacer todas estas cosas que hemos hecho, no hemos visto cambios en nuestra nación, en nuestra generación. La carga no se ha levantado".

La mayoría de los historiadores cristianos creían que los 600 mil hombres que murieron en la guerra civil fueron resultado de un juicio sobre nuestra nación por el sistema barbárico que convirtió a 2.5 millones de hombres, mujeres y niños africanos en esclavos. Si ese fue el caso realmente, entonces necesitamos preguntar: "Dios, de florecer tu siembra y cosecha en nuestra nación, ¿qué tipo de juicio requerirán las vidas de más de 50 millones de bebés?". Ahora más que nunca, necesitamos dejar nuestros malos caminos (individual y colectivamente), arrepentirnos y rogar porque la sangre de Jesús cubra nuestros pecados y los pecados de una nación.

EL VÍNCULO DE AVIVAMIENTO CON LA INJUSTICIA

Hay muchos ejemplos en la historia de las transformaciones sociales que resultaron de algunos avivamientos. Antes del avivamiento Wesleyano en 1700, Inglaterra estaba en un estado serio de declive moral. J. Wesley Bready, en su historia de las condiciones antes del avivamiento en Inglaterra titulado *Inglaterra antes y después de Wesley*, describe la atmósfera deplorable: "El código penal incluía 160 leyes diferentes que, si eran violadas, incurrían en pena de muerte. Infracciones tales como robarle la cartera a alguien, si valía más de un chelín, robar cualquier objeto, robar un caballo o una oveja, quebrar un pequeño árbol, agarrar una fruta cosechada, raptar un conejo de la tierra de un caballero o aparecer en la carretera con un rostro ennegrecido, todas garantizaban ejecución. Miles de personas se congregaban cada seis semanas en Londres para ser entretenidos por lo que ellos llamaban Espectáculos de ahorcamientos. Charles Wesley una vez predicó en la prisión en donde habían 52 personas esperando su ejecución, entre ellos un niño de diez años". Luego de los ahorcamientos, los cuerpos permanecían colgados en las plazas de la ciudad como una advertencia al populacho local. La gente que incurría en deudas no terminaba en la ahorca, pero era una infracción que resultaba en una sentencia de prisión. Los deudores no eran liberados hasta que su deuda original y un interés adicional fuera pagado totalmente. Frecuentemente, la única esperanza para estos hombres era que sus esposas e hijas se vendieran a la prostitución hasta que pudieran ganar suficiente dinero para pagar lo que debían. La industria económica de Inglaterra se jactaba de que uno de cada tres negocios vendía alcohol. Las fábricas empleaban niños que trabajaban seis días cada semana, de doce a catorce horas por día, en condiciones de trabajo espantosas. Los niños empleados en fábricas de fósforos estaban tan contaminados con químicos que sus ojos brillaban en la oscuridad, prediciendo su muerte inminente debido a un envenenamiento químico sistémico. Las madres vendían sus hijas vírgenes preadolescentes a transeúntes ricos como en una versión pervertida de *Mi Bella Dama*, todo para tener dinero y poder comprar ginebra. El Parlamento, el cuerpo gubernamental de la nación, estaban llenos de hombres que lucraban con el tráfico de esclavos. Tal era la condición de Inglaterra antes del avivamiento. Los caminos de esta nación eran definitivamente malvados.

En medio de esa oscuridad, los hombres de Dios empezaron a predicar el evangelio. Los sermones de George Whitefield eran considerados muy perturbadores para la gente, tanto que fue expulsado de la iglesia. Inamovible, empezó a predicar en las praderas a campo abierto. Iniciaba a las cinco de la mañana a medida que los mineros de carbón iban a trabajar. Él se paraba en una baranda de piedra para que pudieran reunirse a escucharlo. Luego, después de doce a catorce horas de trabajo, los mineros regresaban para encontrar a hombres como Wesley y Whitefield predicando ahí otra vez. Líneas blancas aparecían lentamente en las caras ennegrecidas de los hombres a medida que las lágrimas de remordimiento caían y los hombres le daban su corazón a Dios. Florecieron las reuniones de oración, los estudios bíblicos y los grupos celulares. Ni las turbas contratadas por las iglesias para causarles disturbios podían impedir las reuniones.

CUANDO LOS EVANGELISTAS PREDICABAN SOBRE LA RECTITUD, LA GENTE EMPEZABA A LIDIAR CON LAS INJUSTICIAS.

Cuando los evangelistas predicaban sobre la rectitud, la gente empezaba a lidiar con las injusticias. Robert Raikes, un editor de periódico en Inglaterra, notó que los niños de las familias pobres laboraban seis días a la semana en condiciones de trabajo miserables. Aun si no trabajaban, sus familias no podían darse el lujo de enviarlos a las escuelas, las cuales existían solo para las clases altas. Raikes sabía que si estos niños no aprendían a leer, estarían condenados a pasar el resto de sus vidas como esclavos en los campos de trabajo. Con la carga del corazón de Dios, se comprometió a trabajar para mejorar su situación y darles la oportunidad de cambiar sus vidas. Decidió que la mejor solución era invitarlos a la escuela los domingos, el único día que no tenían que trabajar. La escuela dominical no era solo una clase una hora antes del servicio de iglesia, sino el esfuerzo primordial para educar a las masas de pobres. Todo esto nació a partir de un espíritu de avivamiento que estaba lidiando con las injusticias.

William Wilberforce, un político británico convertido durante el Primer Avivamiento, se turbó cuando descubrió las malvadas realidades de la trata de esclavos. Entregó su vida a erradicar la esclavitud de su nación y usó una variedad de estrategias para dar luz sobre el mal que estaba sucediendo y traerlo a la conciencia pública. Se paró en el parlamento moviendo las cadenas de esclavos alrededor de su cuello gritando: "La sangre de los esclavos alimenta toda nuestra economía. Nuestro dinero está manchado con la sangre de esclavos. Está en nuestras manos". A pesar de muchos intentos fallidos, trabajó incansablemente por casi 20 años antes de que se aprobara el voto en el parlamento prohibiendo que los buques de Inglaterra fueran usados para transportar esclavos.

En la primera parte del siglo XX, las condiciones en la ciudad Gales eran más deplorables que las de Inglaterra. Los mineros pasaban las quincenas en los bares bebiéndose sus ganancias, hasta que llegó el avivamiento. J. Edwin Orr, un historiador del avivamiento, reportó que el avivamiento en Galés produjo resultados interesantes: un incremento en la música, un incremento en la bancarrota y una disminución en la producción de carbón.

EL AVIVAMIENTO TAMBIÉN AFECTÓ LA MORALIDAD SEXUAL. LOS NACIMIENTOS ILEGÍTIMOS BAJARON UN 44% DURANTE EL PRIMER AÑO DEL AVIVAMIENTO

Cuando llegó el avivamiento, los mineros fueron salvos. El crimen disminuyó y la gente hacía filas en las estaciones de policía para confesar sus transgresiones y enmendarlas. Con el crimen decreciendo, la policía no tenía nada que hacer, y por ende, se formaron cuartetos, escribieron música y cantaban canciones; por lo tanto se incrementó la música. Los mineros que típicamente usaban su paga para emborracharse y subsecuentemente llegar a sus hogares para pegarle a sus esposas y romper los muebles, ahora pasaban sin entrar a los bares, iban a sus hogares y les daban sus salarios a sus mujeres para comprar comida para sus familias. Una señora cuando le preguntaron si había visto milagros en el avivamiento, contestó: "Bueno, he visto cerveza convertida en muebles". Para explicar este fenómeno, ella dijo: "Mi esposo solía llegar a casa borracho, pegarme a mí y a los niños y quebrar cada pedazo de mueble que teníamos. Pero ya no lo hace. Así que yo creo que Dios convirtió el vino en mueblería". Los bares quebraron y cerraron en bancarrota. Finalmente, los mineros que maldecían y le pegaban a las mulas para hacer que jalaran los carros llenos de carbón fuera de las minas, fueron salvos. La naturaleza de los hombres cambió tan drásticamente que dejaron de maldecir y de pegarle a los animales. Las mulas, sin estar acostumbradas a un comportamiento tan gentil, no se movían sin la provocación de una paliza. ¿El resultado? La producción de carbón disminuyó. El avivamiento también afectó la moralidad sexual. Los nacimientos ilegítimos disminuyeron un 44% durante el primer año del avivamiento.

Amy Carmichael, una joven frágil originaria de Inglaterra, a finales de 1800, cuando viajó como misionera a la India, vio cómo las pequeñas niñas eran vendidas a la prostitución y a la esclavitud sexual en los templos. A niñas de ocho años las "casaban" con los dioses y las sometían a todo tipo de perversión sexual en nombre de la adoración Hindú. Casadas así, pasaban el resto de sus vidas como propiedad de los sacerdotes en el templo para nunca tener sus propios esposos o familia. Sin embargo, como Amy respondió a ese abuso al hablar, escribir y sacarlo a la luz, las leyes cambiaron y la esclavitud en los templos en la India fue prohibida. Esta injusticia fue identificada y confrontada, y como resultado, la iniquidad fue desarraigada.

El avivamiento siempre ha ido de la mano con la acción contra la injusticia, ejemplificando dos principios del avivamiento.

1. Un gran mal, sin la intervención del pueblo de Dios, garantiza que el mal continuará creciendo más y más. Esta es la ecuación desafortunada de la historia de muchas naciones.

2. Si el pueblo de Dios está presente y responde con el corazón de Dios con respecto a los males de la sociedad que están destruyendo la vida de las personas, el resultado es transformación social y la victoria prometida de Dios. Esta también ha sido la historia de algunas naciones, y oramos para que se convierta una realidad del siglo XXI para nuestra nación.

AVIVAMIENTO Y SEXUALIDAD

¿Cómo se relaciona la adoración a los dioses del sexo con el avivamiento o el juicio de Dios sobre las naciones? En mis lecturas, he descubierto que entre las civilizaciones que han desaparecido entre las cenizas de la historia, hay elementos comunes que han llevado a ese deceso. Jim Nelson Black, en su libro *When Nations Die* (*Cuando las naciones mueren*), enlista 10 elementos comunes que contribuyen a la extinción de culturas. Gibbon, en *The Rise and Fall of the Roman Empire* (La decadencia y caída del imperio Romano), enlista seis factores que llevaron a la caída del imperio Romano. En cada estudio similar, dos elementos estuvieron presentes entre estas sociedades ahora extintas.

- Incremento en la pérdida de respeto por la vida.
- Incremento en la inmoralidad y la perversión sexual.

En otras palabras, sexo y muerte. El sexo fuera de los límites de Dios y la muerte siempre van de la mano; homosexualismo y SIDA; adulterio y enfermedades sexualmente transmitidas; relaciones prematrimoniales y el aborto. El sexo y la muerte siempre van juntos.

SIEMPRE QUE LA IGLESIA SE REHÚSE A CONFRONTAR AL DIOS FALSO DE LA SEXUALIDAD, SEGUIREMOS SIN VER AVIVAMIENTO.

No veremos avivamiento si la Iglesia está en silencio acerca de estos asuntos. Siempre que la Iglesia se rehúse a confrontar al dios falso de la sexualidad, seguiremos sin ver avivamiento. El dios de la inmoralidad sexual no solamente destruye la vida con el sacrificio infantil, también destruye los corazones de las mujeres de una nación. Debemos abordar el daño que se les está causando a nuestras hijas, esposas, hermanas y madres. Debemos identificar y confrontar las imágenes falsas perpetradas por los medios que les dicen a nuestras mujeres que su más alto valor es sexual. Debemos llamar a los hombres a ser protectores de las mujeres, no predadores que las usen para satisfacer sus propios deseos. Debemos desafiar el sistema de citas que causa que muchas de ellas pierdan su virginidad y debemos ofrecer otra forma por la cual la juventud pueda encontrar a su pareja y mantener su pureza. Debemos hablar acerca de la pornografía, la inmoralidad sexual, el aborto en la iglesia, de manera que la gente pueda confesar su pecado, recibir perdón, y dejar sus malos caminos.

¿QUÉ TE MOLESTA?

Dios desea que en nuestra relación con Él —la parte de buscar su rostro en la fórmula del avivamiento— empecemos a amar las cosas que Él ama y a odiar las cosas que odia. Mientras caminas con Dios, ¿qué te molesta de la cultura? Si no ves nada que rompa tu corazón, pídele a Dios que lo suavice; pídele que tu corazón se quebrante con las cosas que rompen el corazón de Él. Dios fragmentó el corazón de Robert Raikes con los niños empobrecidos y no alcanzados. Él quebrantó el corazón de Amy Charmichael por los niños atrapados en la adoración de los dioses del sexo. Quebrantó el corazón de William Wilberforce con respecto a la trata de esclavos. Deja que Dios ate tu corazón a algo de tal manera que te rompas por dentro y te conviertas en parte de la respuesta. Aquí es donde empieza el avivamiento.

EL ABORTO ES EL RESULTADO FINAL DE LA ADORACIÓN A LOS DIOSES DEL SEXO.

Dios me ha dado su odio por algunas cosas. Dios empezó a quebrantar mi corazón en el año de 1989 por la masacre de los niños que aún no nacían. Me llevó a la acción, y yo hice algo al respecto. Viajé a toda la nación para participar en eventos provida en donde intentamos rescatar bebés de la muerte y cerrar clínicas de aborto. A esos eventos, también llegábamos a reunirnos, orábamos y nos arrepentíamos por los pecados de nuestra nación. Dios me movió a empezar a trabajar localmente para movilizar a la iglesia para responder al tema del aborto. Cuando yo hablaba y empezaba a hablar acerca del asunto, Él empezaba a ampliar mi mensaje y abrir puertas para hablar en otros lugares. Mientras más hablaba y mientras más veía, Dios más me mostraba que el aborto no era un tema aislado, es el resultado final de una nación que adora al sexo. Para poder ver a este mal exterminado, necesitamos ir a la raíz del problema y exponer el ataque de la cultural del sexo que el enemigo ha perpetrado en las naciones de la tierra.

No solo odio el aborto, ahora también odio el daño resultante que la adoración de los dioses del sexo ha logrado hacer en las mujeres. Anhelo ver a los hombres volverse protectores, no predadores de las mujeres que los rodean. Anhelo ver la auténtica hombría restaurada. Anhelo ver familias enteras, intactas, convirtiéndose en la norma otra vez para que todo niño y niña pueda crecer con su madre y su padre en el hogar. Yo quiero padres que hablen diariamente a sus hijos e hijas diciéndoles: "Hijo, estoy orgulloso de ti". Y "Cariño, eres hermosa. Eres preciosa para mí". Quiero que los clubes de baile y los bares se cierren, quiero ver estadios de basquetbol y futbol llenos de miles de jóvenes adorando a Dios. Ese es mi sueño.

Otros tienen diferentes cargas de parte de Dios. Unos tienen carga sobre los asuntos de la esclavitud sexual. Otros tienen una carga por las madres solteras, o los pobres, o los destituidos, o por el tema de la adopción. Las cargas del corazón de Dios son vastas. Yo creo que Dios nos ha dado la llave. Si hacemos lo que podemos hacer, Dios hará lo que no podemos hacer. Permítele a Dios que te de una pieza de su corazón.

Permite que te comparta una de sus cargas. Luego pregúntale lo que quiere hacer al respecto. Tal y como ocurrió con Robert Raikes, Amy Carmichael y William Wilberforce, Dios, a través nuestro, puede hacer una diferencia. Nosotros, a través de nuestro arrepentimiento, nuestras oraciones y nuestras acciones justas, podemos ayudar a provocar un avivamiento.

PREGUNTAS

1. ¿Cuáles son las cuatro cosas que debemos hacer como cristianos para apresurar un avivamiento?

2. Si hacemos esas cuatro cosas, ¿cuáles son las tres cosas que Dios prometió hacer?

3. ¿Qué cosas hace Dios para castigar a una nación? ¿Qué tipo de respuesta está buscando?

4. Describa los dos tipos de copas que son llenadas en el Cielo y qué diferencia hacen nuestras oraciones para determinar las copas que serán derramadas en la tierra.

5. ¿Qué necesitamos que suceda en nuestras vidas para que nuestras oraciones sean escuchadas por Dios?

6. Escriba algunos ejemplos de como un verdadero avivamiento causó que la gente cambiara la injusticia de la sociedad en el pasado.

7. Comparta los dos elementos que se encuentran presentes de manera consistente en la extinción de las naciones. ¿De qué manera están presentes estos dos elementos en nuestra nación?

CAPÍTULO DIEZ
FECHA DE VIOLACIÓN A.C.

Protección, esa es una palabra que uso para describir una de las cosas primordiales que toda hija necesita tener de parte de su padre. Sin embargo, frecuentemente cuando la uso en este contexto, me confrontan las miradas y protestas enardecidas. Las espaldas de las mujeres se erigen y las que eran una vez caras amigables se ponen rojas y se llenan de indignación. Este una de los campos de batalla en el cual ha sido concentrada la guerra diabólica contra nuestro lenguaje. Algunas palabras han sido el blanco de los golpes que han sido asestados queriendo lograr que los significados originales sean tan oscurecidos, que la palabra ahora tenga una connotación negativa. El concepto de la palabra *protección* ha sido tan alterado por el movimiento feminista que una generación entera de jóvenes mujeres ahora grita: "¡No queremos ni necesitamos ninguna protección!". La protección se ha vuelto anatema para ellas, sinónimo de falta de inteligencia y sabiduría. En el léxico actual, alguien que necesite protección se describe como una persona que es incapaz, que no puede defenderse por ella misma y no tiene nada importante con lo cual contribuir a la sociedad.

CUANDO USO LA PALABRA PROTECCIÓN, NO TIENE NADA QUE VER CON FALTA DE SABIDURÍA, TALENTO, CAPACIDAD O DONES.

Sin embargo, cuando uso la palabra *protección*, no pretendo dar a entender nada que tenga que ver con falta de sabiduría, talento, capacidad o dones. Mis hijas son capaces, inteligentes, talentosas y llenas de recursos, tienen tanto que contribuir al Reino de Dios y a la sociedad. Son predicadoras ungidas, intercesoras, líderes de alabanza, diseñadoras de modas, líderes de negocios y emprendedoras. Algunas de ellas son madres y esposas maravillosas. Van a cambiar la historia del mundo. No son cobardes irremediables. Pero debo decirte que siempre que estén bajo mi cuidado, yo las protejo. El enemigo dice: "O haces una cosa o la otra". Yo digo que ambas cosas. Las considero capaces, pero también las cubro de protección.

AMNÓN Y TAMAR

Permítanme ilustrar la historia de Amnón y Tamar en 2 Samuel 13 como un escalón que me sirve para explicar el concepto de protección. Aquí está una versión concentrada de la historia. Absalón, el hijo de David, tenía una hermana hermosa llamada Tamar. Amnón, su medio hermano, la amaba. Tamar era virgen y Amnón se frustró tanto por su incapacidad de seducirla que hasta se enfermó físicamente. Tenía un amigo malvado llamado Jonadab, y en la típica escena moderna de los vestidores de gimnasio modernos, Jonadab planeó una estrategia para que Amnón pudiera atrapar sola a Tamar y violarla.

Le dijo a Amnón que fingiera estar enfermo y le pidiera al rey que enviara a Tamar a prepararle una comida en privado. El rey David creyendo la historia de Amnón envió a Tamar a atender a su hermano enfermo. Cuando Tamar llegó, Amnón despidió a los sirvientes y la violó. Luego de haber satisfecho su lujuria física, la echó fuera.

Cuando vemos los diferentes aspectos de la historia, podemos aprender algunas cosas que nos ayudarán.

EL PROBLEMA CON LA LUJURIA

Amnón notó a Tamar. No estaba pensando: "¡Oh, Tamar! Sus

pensamientos son exquisitos. Me encanta su forma de pensar y su forma de comunicar sus ideas tan claramente. ¡Deberían de ver cómo discute las ciencias políticas! Me encanta".

NO PUEDES EVITAR QUE LAS AVES VUELEN SOBRE TU CABEZA, PERO CIERTAMENTE PUEDES EVITAR QUE CONSTRUYAN SU NIDO EN TU PELO.

Dicho de otra manera, él la deseaba; notó su belleza y luego permitió que esos pensamientos se volvieran lujuria. Su atracción original hacia ella no fue precisamente pecado, sino lo que hiciera con esa atracción es lo que determinaba si se volvía pecado o no. Todos notamos al sexo opuesto y todos enfrentamos la tentación. "Ustedes no han sufrido ninguna tentación que no sea común al género humano. Pero Dios es fiel, y no permitirá que ustedes sean tentados más allá de lo que puedan aguantar. Más bien, cuando llegue la tentación, él les dará también una salida a fin de que puedan resistir" (1 Corintios 10:13). *Los pensamientos* de tentación sexual no son motivo de condenación. Sin embargo, lo que hacemos con esos pensamientos son el factor determinante. Frecuentemente uso la analogía de Martín Lutero sobre las aves cuando discuto con hombres jóvenes, ya que ellos especialmente se sienten condenados cuando son tentados sexualmente en su mente. Lutero dijo: "No puedes evitar que las *aves vuelen sobre tu cabeza*, pero puedes evitar que hagan su nido en tu pelo". El punto de este pensamiento es que los pensamientos por los cuales no somos responsables vendrán a nosotros de parte de los poderes de las tinieblas. No los invitamos, ni los generamos. Son las aves que vuelan sobre nuestra cabeza". Si estas tocan a nuestra puerta buscando un lugar donde posar y simplemente abrimos, si vemos que es y la volvemos a cerrar en la cara de los visitantes no deseados, somos absueltos de culpa. Sin embargo, si les permitimos entrar, este es un pensamiento que estamos permitiendo que haga su nido en nuestro pelo. En vez de ejercitar dominio propio, Amnón permitió que su atracción por Tamar se volviera pensamientos lujuriosos que le llevaron a una acción y a la violación, como dice en Santiago 1:15: *Cuando el deseo ha concebido, da a luz el pecado.* Su lujuria definitivamente dio a luz al pecado.

> MUCHOS HOMBRES PIERDEN TODA PRETENSIÓN DE SER PROTECTORES Y SE VUELVEN SOLAMENTE PREDADORES. LAS MUJERES PARTICIPAN VOLUNTARIAMENTE CON LA ESPERANZA DE QUE UN HOMBRE EVENTUALMENTE SE COMPROMETA CON ELLAS.

Mucho de lo que ocurre en el sistema de citas del mundo está basado en la lujuria. Una gran cantidad de chicos abordan las relaciones de la forma en la que lo hizo Amnón. Ven a una chica atractiva, la desean, hacen un plan para conquistarla y luego satisfacen sus deseos sexuales con ella. Después, la abandonan por otra conquista. Muchos hombres pierden toda pretensión de ser protectores para volverse solamente predadores que satisfacen solo sus deseos. Las mujeres participan voluntariamente con la esperanza de que algún día un hombre se comprometa con ellas. En el proceso, hombres y mujeres se distancian más y más de los roles ordenados por Dios: los hombres dan lugar a su baja naturaleza lujuriosa y depravada, y las mujeres entregan su pureza y son heridas, sus corazones se endurecen. Las vidas se quiebran y las esperanzas de tener matrimonios y familias sanas en el futuro se hacen una meta imposible fuera de la gracia y la restauración de Dios.

Dios tiene un camino mejor.

Veamos una forma totalmente diferente de abordar las relaciones. Deuteronomio nos presenta una escritura única que explica las reglas para tratar con el botín de guerra: *Cuando salgas a la guerra contra tus enemigos, y el Señor tu Dios los entregue en tus manos y los hagas prisioneros, si ves entre las cautivas alguna mujer hermosa que te atraiga, podrás tomarla por esposa. La llevarás a tu casa...* (Deuteronomio 21:12). Este pasaje empieza de forma parecida a nuestra primera historia. Un soldado ve a una hermosa mujer entre los cautivos y la desea; pero en nuestra historia anterior, la atracción inicial rápidamente se vuelve lujuria y violación. ¿Dónde estaban las instrucciones de qué hacer cuando la atracción inicial llegara a esa instancia? "La llevarás a tu casa y harás que se rape la cabeza, se corte las uñas y se deshaga de su ropa de cautiva. Después de que haya vivido en tu casa y guardado luto por su padre y su madre durante todo un mes, podrás unirte a ella y serán marido y mujer" (Deuteronomio 21:12-13).

Yo llamo a estos pasajes la "escritura de las relaciones". Contiene las instrucciones de Dios para los jóvenes soldados hebreos para que supieran iniciar una relación que pudiera terminar en matrimonio. Los componentes normales estaban presentes como en toda relación. El soldado ve una mujer hermosa. Esta es una parte normal de la vida. Como les digo frecuentemente a los estudiantes en las escuelas en donde enseño, si esto fuera pecado, estarían pecando todo el día cuando observan a las señoritas singularmente hermosas de su escuela. Notar a un miembro atractivo del sexo opuesto no es pecado. De nuevo digo, es lo que hacemos con esos pensamientos iniciales lo que determina si esos pensamientos se vuelven pecado o no.

El próximo componente que notamos es que el soldado la desea. Eso debe estar mal, ¿verdad? ¡Deseos! Esto tal vez esté conectado al sexo de alguna manera. ¿¡Y ahora!?

Bueno, el deseo es normal, y está conectado directamente al próximo componente.

Él quería tomarla como esposa para él. La parte del *deseo sexual* y la parte de *tomarla como* esposa están conectados. Así es como Dios ordenó que las relaciones continuaran: atracción inicial, progreso a deseo, y el deseo consumado en el matrimonio. Simple.

Sin embargo, Dios insertó inteligentemente los próximos pasos, asegurando que las relaciones progresaran de una manera que le honraran a Él y a todos los involucrados. Primero, el joven la tenía que llevar a su casa, en donde sus padres invariablemente estaban presentes ya que los jóvenes adultos no vivían solos en apartamentos o condominios en la cultura de aquel tiempo. Pareciera ser que su relación debía empezar en el contexto de una familia. En medio de ese contexto, la pareja no podía estar sola sino que estaría trabajando e interactuando con la familia día a día. La gente que sabía y le amaba debería observar su amistad floreciente. Estar en el contexto familiar aseguraba que la pureza de la moralidad hebrea sería honrada. De acuerdo a la Escritura, los soldados hebreos trataban a sus cautivos de guerra de una forma completamente diferente a cómo lo hacían otras naciones.

Se dice que las otras naciones cortaban los vientres de las mujeres embarazadas que tomaban cautivas. Solo podemos imaginar qué sería de las vírgenes. Dios instruyó que la mujer debería raparse la cabeza completamente (probablemente incluyendo sus cejas) y cortar sus uñas. Finalmente ella debería pasar por una *modestía mejor* al quitar sus vestiduras y cambiarlas por unas más sencillas ofrecidas por la familia del soldado.

EL ENFOQUE DEL MUNDO ACERCA DE LAS RELACIONES ENFATIZA LA ATRACCIÓN FÍSICA, LA BELLEZA EXTERNA, LAS HORMONAS Y LA GRATIFICACIÓN INMEDIATA DEL DESEO SEXUAL.

Encima de todo, ella estaba lamentando la pérdida de lo que amaba. Su espíritu probablemente estaba consumido por la angustia y el dolor. En ese estado, el hombre debería evaluar a su futura esposa y decidir si quería casarse con ella. El plan de Dios para las relaciones es muy opuesto al del mundo. El enfoque del mundo acerca de las relaciones enfatiza la atracción física, la belleza externa, las hormonas y la gratificación sexual inmediata. Dios sabe que cada una de esas cosas son un fundamento pobre para construir una relación y un futuro matrimonio. La formula de Deuteronomio quita el énfasis en cada una de esas cosas y fuerza a los hombres y a las mujeres a descartar la belleza y la atracción externa para evaluar lo que realmente importa.

¿Qué conclusión sacamos de estas directrices del Señor? Tal

vez Dios está diciendo a través de esta historia, que Él no quiere relaciones basadas en la pasión del momento. Dicho de otra manera, Dios no está interesado en relaciones hormonales o glandulares. Tras sus mandamientos, está el conocimiento del corazón de una hija. Creo que Dios no quiso nunca que una mujer se preguntara por qué razón la quería un hombre. Usando la fórmula de Deuteronomio, ella sabría seguramente que era deseada por lo que era como persona, no solamente por sus cualidades sexuales y físicas.

AL GRADO QUE UNA MUJER ENFATICE EN SU BELLEZA EXTERNA, A ESE GRADO ATRAERÁ A JÓVENES POR ESAS RAZONES.

El día de hoy no hay mujer que sea mandada a hacer ninguna de estas cosas. Sin embargo, sería de beneficio para todas ellas quitar el énfasis de su belleza externa en sus relaciones con los jóvenes, y cultivar las cualidades internas de su corazón y su carácter. Al grado en que una mujer enfatice en su belleza externa, a ese grado atraerá a los hombres por esas razones, contribuyendo así a su futura infelicidad. Por otro lado, si una mujer primordialmente enfatiza en sus cualidades internas, atraerá a jóvenes que estén primordialmente atraídos a ella por lo que es como persona, llenando así el deseo más profundo de ella. Esto contribuirá a su futura felicidad y al éxito de su futuro matrimonio. Cuando quitas todo lo externo y te esfuerzas a ver al núcleo interno de una persona, es mucho más probable que hagas una decisión sabia con respecto a tu futura pareja. Por supuesto, este consejo de Deuteronomio fue directamente aplicable al botín de guerra, pero creo que sus principios tienen mucha sabiduría para que la apliquemos a las relaciones modernas.

MENTIRAS Y ENGAÑO

Noto diferentes aspectos de nuestra historia acerca de Amnón que ocurren hoy en día de forma rutinaria. Primero, Amnón y su amigo prepararon una trama y cultivaron un espíritu mentiroso y engañador para poder aprovecharse de una hija. Su ardid era llegar a atraparla sola para que Amnón pudiera violarla. Los hombres hoy en día tienen sus dichos favoritos que usan con las chicas. Deliberadamente llenan el alma vacía de algunas mujeres con palabras engañosas de amor y con promesas para poder aprovecharse de ellas.

EL TRABAJO DE LOS PADRES ES DISCERNIR LOS ESPÍRITUS DE LOS JÓVENES QUE QUIEREN PASAR TIEMPO CON SUS HIJAS. ES PARTE DE SU PROTECCIÓN.

Muchas mujeres están desesperadas por amor y atención e ignorarán señales de advertencia, escogen creer que las palabras son verdaderas y sinceras. El trabajo de los padres es discernir los espíritus de los jóvenes que quieren pasar tiempo con sus hijas. Es parte de su protección.

No todos los jóvenes son emisarios del inframundo cuando se trata de motivación sexual. Sin embargo, sin Cristo, sus prácticas relacionales con las jóvenes frecuentemente terminan pareciéndose a aquellas de Amnón y Jonadab con Tamar. Cuando predico en Rusia, frecuentemente invito a un joven a dramatizar algo conmigo. Escojo a un joven en la audiencia y hago que se ponga de pie. Luego le digo: "Así que, ¿estás interesado en empezar una amistad con mi hija?".

El joven parece un poco confundido, pero eventualmente me sigue la corriente y dice: "Sí, creo que sí".

Yo asiento y contesto: "Bueno, eso está muy bien, pero quiero dejarte saber que ella es muy, pero muy importante para mí, y si haces algo para aprovecharte de ella o le dices algo que la hiera de alguna manera, vas a tener que responderme a mí. ¿Me entiendes?". Su rostro usualmente se enrojece y todos se ríen. Yo sonrío y digo: "Bueno, te bendigo. Puedes sentarte".

"SI YO HUBIESE TENIDO ESA PROTECCIÓN EN MI VIDA, NO HUBIERA TERMINADO EN TANTAS SITUACIONES QUE ME CAUSARON DOLOR".

Cuando hago eso en una audiencia de mujeres que se han hecho un promedio de seis abortos y han experimentado primordialmente relaciones predadoras toda su vida, puedo sentir sus corazones, y literalmente, escucharlas suspirar al unísono. Colectivamente parecen estar diciendo: "¿Es eso posible? Yo no lo tuve. Ojalá lo hubiera tenido. Con esa protección en mi vida, no habría terminado en tantas situaciones que me causaron dolor". Ese es el tipo de protección que Dios quiere que los padres provean a sus hijas, no un control abusivo, sino un involucramiento que les provea seguridad y protección. Es un lugar de bendición y seguridad en el que el padre dice: "Te amo, quiero solo lo mejor para ti. Quiero pararme entre tú y cualquier cosas que quiera hacerte daño". La mayoría de las mujeres recibirían con entusiasmo ese tipo de protección.

PATERNIDAD FALLIDA

Yo creo que David falló como padre en esta situación. Al creer en Amnón, demostró falta de discernimiento y envió a su hija a una situación que no era segura, sobre todo, sin supervisión.

> SIN PENSARLO MUCHO, ENVIAMOS A NUESTRAS HIJAS A QUE SALGAN CON JÓVENES QUE APENAS CONOCEMOS.

Como mencioné en el capítulo anterior, sin pensarlo mucho enviamos a nuestras hijas a que salgan con jóvenes que apenas conocemos. Escuchamos las breves palabras corteses en la puerta y no nos tomamos el tiempo de mirar qué hay bajo la superficie y de qué esta hecho el muchacho. Es como si nuestra generación sufriera de amnesia moral, olvidando lo que estábamos pensando y lo que estábamos haciendo con las chicas cuando éramos jóvenes. Yo sé cómo le hablaba a mis amigos y de qué me jactaba cuando era joven. No estoy orgulloso de eso; de hecho, es algo de lo que Dios me ha librado. ¿Cómo nos podemos olvidar tan rápido cómo era lidiar con esta área en la juventud? Si cuidamos a nuestras hijas de la manera en la que Dios quiere que las cuidemos, tomaremos el tiempo para discernir las motivaciones e intenciones de cualquier joven que venga a buscárlas. No sé si David estaba ocupado con otras cosas o desinteresado o distraído, sea cual sea la razón o las razones, no discernió el espíritu engañoso atrás de las palabras de Amnón, y como resultado David envió a su hija a una situación extremadamente dañina. De nuevo, creo que tendría la razón si yo colocara la culpa de la pérdida de la pureza de Tamar a la puerta de su padre.

Abraham fue instruido a mandar a sus hijos a que siguieran al Señor. "Yo (Dios) lo he elegido (a Abraham), para que instruya a sus hijos y a su familia, a fin de que se mantengan en el camino del Señor, y pongan en práctica lo que es justo y recto" (Génesis 18:19). Dios está buscando padres que tomen en serio el mandamiento de entrenar, proteger y guardar a sus hijos. A Adán, el primer hombre, se le dijo que debería de atender el jardín. Algunas definiciones de atender son *retener en posesión; tener en custodia para la seguridad y preservación; preservar del peligro; proteger y guardar.* Adán falló en su cargo de proteger a Eva. Su fracaso resultó en consecuencias devastadoras para sus propias vidas y las vidas de toda la humanidad. Hay muchas más cosas involucradas en la paternidad, más que solamente la mera procreación. Con la responsabilidad que Dios le dio a Abraham y a Adán, y por lo tanto, a todos los hombres, no podemos darnos el lujo de estar desconectados, ausentes o demasiado ocupados. Mi familia es mi responsabilidad, y la seguridad de mi hija junto con su bienestar también es mi responsabilidad. A la luz de lo anterior, sería muy poco decir que no estoy de acuerdo con el sistema de citas del mundo. Yo he visto cómo devasta las vidas de multitud de hombres y mujeres jóvenes. Nosotros, como familia, hemos escogido un medio totalmente diferente de llevar a nuestros hijos al matrimonio, uno en donde, como padre, estoy involucrado, al tanto de las cosas y extremadamente invertido en el asunto.

MUCHOS PADRES NO GUÍAN A SUS FAMILIAS O HABLAN AL RESPECTO DE LAS VIDAS SEXUALES DE SUS HIJOS DEBIDO A SU PROPIA

CULPA Y FRACASO SEXUAL.

Sin embargo, mucho padres no guían a sus familias o hablan al respecto de las vidas sexuales de sus hijos debido a su propia culpa y fracaso sexual. David actuó horrendamente con Betsabé. Cometió adulterio con ella y se las arregló para que su esposo muriera en la batalla. Luego se arrepintió por sus pecados al ser confrontado por el profeta, pero me pregunto si habrá lidiado con su propia culpa. Es posible que la culpa de su fracaso con Betsabé descalificara a David ante sus propios ojos (1) con respecto a entrenar a su hijo para que honrara a las mujeres, (2) y para posicionarse para proteger a su hija. ¿Será que su culpa le previno de hablar con sus hijos y advertirles acerca de la tentación sexual y la necesidad de dominio propio? Basado en lo que pasó con Amnón, me aventuraré a decir que David nunca discutió este asunto con él. Ya que tanto Tamar como Amnón eran sus hijos (de diferentes esposas); David era responsable de entrenar a Amnón para proteger a Tamar. Cuando descuidó ver a su hijo cara a cara, discernir su corazón y desafiar sus motivos, David silenciosamente y sin saberlo facilitó el asalto.

LA VERGÜENZA NOS PARALIZA Y NOS DESCALIFICA PARA LIDERAR A NUESTRAS FAMILIAS Y PROTEGERLAS.

La vergüenza nos silencia. Los hombres no se pueden dar el lujo de esconderse en su vergüenza y pensar que van a poder estar listos y disponibles en el momento en que su hija necesite protección. Si quieres cumplir el rol ordenado por Dios en tu familia, ahora necesitas caminar en arrepentimiento, libertad y pureza. La vergüenza nos paraliza y nos descalifica para liderar a nuestras familias y protegerlas. La vergüenza te dejará en silencio cuando intentes hablarle a tus hijos acerca de asuntos sexuales. Si te encuentras en las garras de la pornografía, busca ayuda. Habla con un mentor espiritual, confiesa tu pecado y haz un plan para librarte. Si la vergüenza del pecado sexual pasado te paraliza, busca un lugar de sanidad y liberación. Si estás tentado sexualmente en el lugar de trabajo, habla con un mentor espiritual para que alguien sepa y tú puedas responderle a esa persona. La Escritura nos dice que José *corrió* cuando fue tentado por el adulterio. 2 Timoteo 2:22 nos dice que huyamos de las pasiones juveniles. Tal vez necesites tomar acciones drásticas para librarte del pecado sexual y la tentación. Sea cual sea el costo, haz lo necesario para liberarte para poder funcionar completamente como un padre al entrenar a tus hijos para que protejan a tus hijas. La salud y bienestar de nuestras futuras familias dependen de eso, así como la salud y el bienestar de nuestra nación.

EL PROBLEMA DE AISLARSE

La intimidad sexual siempre se lleva a cabo en privado. Las únicas excepciones son cuando un individuo perturbado despliega un acto público indecente, y usualmente eso resulta en un arresto, o cuando toda la decencia moral ha sido ignorada en un despliegue abierto de sexo y es aprobado o abrazado como cuando ocurre una orgía. Normalmente, el sexo es algo completamente privado. Amnón solo pudo violar a Tamar porque la aisló. La llevó a su casa bajo la excusa de que le preparara una comida, y una vez que estaba ella ahí, él sacó a los sirvientes para poder estar solo con ella. Eso saca a la luz otro problema que veo con el actual sistema de citas: las parejas tienden a asilarse. Aun el más ardiente creyente en pureza moral encontrará difícil ejercitar auto control cuando se presentan períodos extendidos de tiempo a solas con alguien a quien él o ella se siente atraído (a). Es un lugar perfecto para la inmoralidad sexual. Como cristianos, estamos llamados a caminar con dominio propio. Es tonto ponernos a nosotros mismos en situaciones en donde dicho dominio será extremadamente probado. Sin embargo, el aislamiento es el escenario en el que muchos de nosotros, sin pensarlo, nos ponemos a nosotros o a nuestros hijos. Algunos jóvenes continuamente se exponen a la tentación de pasar tiempo a solas, en situaciones aisladas, con el sexo opuesto, sabiendo exactamente a donde llevará todo esto; sin embargo, lo hacen fingiendo ignorancia. Al hacerlo, se están mintiendo a ellos mismos y a Dios cuando pretenden ser puros.

HE HABLADO CON JÓVENES MUJERES QUE PERDIERON SU PUREZA SIMPLEMENTE PORQUE VIVÍAN SOLAS Y TUVIERON UN ATAQUE DE SOLEDAD.

El tema del aislamiento debería darnos la pausa para pensar acerca de la práctica actual que tenemos de enviar a nuestras hijas a la escuela o ponerlas en apartamentos para que vivan por su cuenta. No estoy contra la educación o la emancipación de nuestras hijas. Sin embargo, creo firmemente en proteger la pureza de ellas. La práctica de enviar a hijas, con corazones vacíos o llenos, a un lugar en donde tiene poca protección, si es que la tienen, o cobertura, resulta siempre en devastación para muchas de ellas. Muy pronto empiezan a escuchar cosas que les dicen los jóvenes y quieren responder a ellas, especialmente si hay lugares vacíos en sus corazones. ¿Cuántas veces una hija con el corazón vacío necesita *ser golpeada* en un lugar en donde no hay protección o cobertura antes de que se de cuenta de que se aprovechan de ella? Para que alguien se aproveche de una hija, ella debe estar desprotegida y aislada. El asilamiento puede llevar rápidamente a la explotación. Si las mujeres se vuelven objetos de conquista, primero deben ser separadas de sus padres, pastores y otros que están ahí para protegerlas y cuidarlas.

Enviamos a nuestras hijas a la escuela. Mandamos a nuestras hijas cristianas a la escuela cristiana. Las ponemos solas en apartamentos. Su cobertura no existe. Luego nos sorprendemos cuando se involucran en una relación claramente equivocada, pierden su pureza, se embarazan, confiesan el uso de pastillas anticonceptivas o admiten un aborto secreto. He hablado con jóvenes mujeres que perdieron su pureza simplemente porque vivían solas y tuvieron un ataque de soledad. En esa situación solo se requiere de un momento para que le pregunte a un joven: "¿Te gustaría subir a mi apartamento?". En esta época, esa invitación es sinónimo a tener sexo. Sin una llenura continua y apropiada en sus corazones, las mujeres se vuelven vulnerables a la atención inadecuada de los jóvenes, lo que resulta en consecuencias devastadoras en sus vidas.

¿Estoy siendo demasiado dramático con las necesidades de protección de nuestras hijas? Déjame contarte algunos testimonios de jóvenes mujeres cuyas vidas fueron devastadas por esta situación.

En el libro, *Unprotected*, de la Dra. Miriam Grossman, una joven cuenta sus experiencias. Entendamos más ampliamente el corazón de una hija al verla contar acerca de las cosas que ella deseaba en una relación, las cuales iban más allá de una mera experiencia sexual, cosas que Dios había diseñado para que ella recibiera en una relación. En su testimonio menciona el término *amigos con derechos*. El término describe una práctica común entre los jóvenes en donde hay actividades sexuales con el entendimiento de que no hay expectativas de que ocurra ninguna otra dinámica relacional, ninguna expectativa de compromiso. Se entiende que la relación es puramente sexual.

> Heather tenía diecinueve años y estaba estudiando Artes Escénicas. Vino a pedir consultoría psicológica debido a arranques emocionales y arrebatos de llanto que llegaban sin causa aparente. Heather, quien normalmente era alegre y social, siempre estaba lista para pasarla bien. Pero en los últimos meses frecuentemente se aislaba en su cuarto sintiéndose sin valor alguno y con sentimientos de odio hacia sí misma. Estos episodios eran dolorosos y empezaron a interferir con las clases y las amistades. Trató de comer mejor y practicar yoga, pero Heather no podía regresar a ser ella misma y no sabía por qué. El psicólogo la mandó a mi consultorio.
>
> A medida que hablamos, enfatizó que sus cambios de humor no tenían sentido porque su vida era buena y no podía quejarse de nada. A ella le gustaba estudiar y tenía muchos amigos. Su familia la apoyaba. Tenía suficiente dinero. Su salud estaba bien.

¿Por cuánto tiempo ha estado sucediendo esto?, pregunté.

Oh, no sé. Tal vez… Creo que desde Año Nuevo. Siempre he tenido baja autoestima, pero ahora está peor que nunca.

¿Te ocurrió algo durante esas fechas? —lo pensó un poco—. No, no lo creo… No se me ocurre nada.

Hay veces en las que los síntomas pueden aparecer sin ningún motivo.

Decidí preguntar otra vez.

Heather, por favor piensa cuidadosamente. En el otoño o al empezar el invierno, ¿perdiste a alguien a quien amabas o se murió alguna mascota? ¿Te ocurrió algo amenazador, peligroso o atemorizante? ¿Empezó o terminó alguna relación? Ella lo pensó.

Bueno, puedo pensar en una cosa: desde el Día de Acción de Gracias he tenido un *amigo con derechos*. Y de hecho estoy algo confundida al respecto.

¿En serio? Cuéntame más.

ESTOY CONFUNDIDA PORQUE YO NUNCA OBTENGO LA PARTE DE AMIGOS PERO ÉL SIEMPRE DISFRUTA LOS *DERECHOS*.

Bueno, lo conocí en una fiesta, y de verdad me gusta, pero hay un problema. Quiero pasar más tiempo con él e ir de compras o ver una película. Eso es lo que significa una amistad para mí. Pero él dice que no porque si hacemos esas cosas, entonces, en su opinión, tendríamos una relación y eso es más de lo que él quiere. Estoy confundida porque parece que yo no obtengo la parte de *amigos* pero él siempre disfruta los *derechos*.

Ella estaba genuinamente confundida. No tenía idea de lo que estaba pasando.

Yo creo que mucha gente se sentiría de la misma forma en que te sientes —le dije—. Tú le estás dando lo que él quiere, pero no estás obteniendo lo que tú quieres.

Sí —asintió ella—. Esto me hace muy infeliz. Es difícil estar con él y luego ir a casa para estar sola.

Hablamos acerca de su frustración y su deseo de que las cosas fueran diferentes. ¿Piensas tú —me aventuré a preguntar—, que estos cambios emocionales, cuando estás infeliz y te criticas a ti misma muy duramente, tienen que ver con esto?

Ella consideró mi pregunta. No sé... Tal vez... ¿Qué piensas tú?

La historia de Heather ejemplifica el peligro que sufren las jóvenes cuando, en un estado de corazón medio vacío y sin protección, ceden e intercambian sus sueños y su pureza por una relación. Podemos leer el testimonio de Heather y decir que ella se metió en problemas porque no tenía una relación con Dios ni asistía a una iglesia. Podemos pensar que esto no le podría pasar a ninguna de las chicas de nuestra congregación. Así que, déjenme compartir otro testimonio que aclarará la idea errónea de que nuestras muchachas cristianas no están en peligro.

Al crecer como una buena chica cristiana en una familia increíble, siempre tuve una relación con Jesús. Durante toda la escuela superior estaba encendida por el Señor. Mi pasión estaba alimentada constantemente por mi iglesia, mi grupo de jóvenes y mi familia. Dejé mi hogar para buscar mis sueños en la escuela de enfermería. En el proceso también dejé mis fundamentos cristianos, sin darme cuenta que no tenía un fundamento fuerte dentro de mí. Caminé hacia mi educación superior con mucha pasión pero sin estabilidad. Solo tomó tres días para que notara la atención de bastantes muchachos, y un día más para que yo empezara a ceder mi estándar. La vergüenza, la culpa y la condenación inmediatamente me aplastaron. Aunque había tratado de arrepentirme, sentía que era como tratar de poner pasta dental de nuevo en el tubo. La tibieza llevó a más tibieza. Y hacer de todo *menos el coito* nunca me salvó de ningún dolor o culpa. Sabía que estaba vendiendo mis principios y sabía que había un mejor camino. La vergüenza me hundió más y más profundamente, y empecé a creer la mentira de que aun si pudiera dejar todo esto atrás, ningún hombre de Dios me querría. Me veía a mí misma como mercancía usada. Todos los chicos que frecuentaba me veían como una oportunidad sensual.

EN NUESTRA CULTURA, PARA QUE LAS MUJERES SEAN CONVERTIDAS EN OBJETOS DE LOS QUE SE PUEDE SACAR VENTAJA, DEBEN PRIMERO SER AISLADAS DE LA PROTECCIÓN PARA LA QUE FUERON DISEÑADAS.

Afortunadamente, esta hija quebrantada encontró un lugar de arrepentimiento, sanidad y restauración. Hay que notar que sus problemas empezaron cuando dejó el hogar y entró a una esfera en donde estaba sola, apartada de la protección y la cobertura. Desearía poder decir que su historia es poco común. No lo es. En nuestra cultura, para que las mujeres sean convertidas en objetos de los que se puede sacar ventaja, deben primero ser aisladas de la protección para la que fueron diseñadas.

EL ESPÍRITU MATERNAL

"Tamar fue a casa de su hermano Amnón y lo encontró acostado. Tomó harina, la amasó, preparó las tortas allí mismo, y las coció.

Luego tomó la sartén para servirle" (2 Samuel 13:8-9). Amnón estaba enfermo supuestamente y Tamar hizo lo que era natural para una mujer: fue y le ministró satisfaciendo sus necesidades. Dios puso un hermoso espíritu de cuidado en la mujer, un espíritu que desea dar y bendecir a otros. Lo vemos en la vida de Jesús, quien estaba rodeado por mujeres que constantemente proveyeron para él. Tanto en Mateo 27:55-56 y en Marcos 15:41 se enlista a María Magdalena y a las madres de Santiago y José, así como a la mamá de Santiago y Juan entre el grupo de mujeres que seguían a Jesús y le servían. La naturaleza de una mujer, por diseño de Dios, es la de nutrir y desatar bendición.

SI EL ESPÍRITU MATERNAL ES DAÑADO O SUPRIMIDO EN UNA NACIÓN, LA ESPÍRITU MASCULINO PREDADOR, BÁRBARO E INDÓMITO PUEDE FÁCILMENTE VOLVERSE LA FUERZA DOMINANTE.

Si hay una apropiada protección en la vida de una mujer y ella no tiene temor, se siente entonces en libertad de desatar ese espíritu maternal, primero en su familia, luego en otros, soltando sanidad sobre su nación. Un espíritu maternal fuerte en una nación contribuye a la salud de los hijos y de las familias, lo cual a su vez contribuye a que la nación sea fuerte y saludable. Dios quiere que los espíritus masculinos y femeninos se balanceen el uno al otro en la sociedad. Si el espíritu maternal es dañado o suprimido en una nación, la espíritu masculino predador, bárbaro e indómito puede fácilmente volverse la fuerza dominante. Sin embargo, si las mujeres no están protegidas y no se sienten seguras, si sus corazones están heridos, la belleza, la sanidad y la forma en que sus espíritus nutren, no se desata para ser una bendición en los hogares, en las comunidades y en las naciones.

MUCHAS MUJERES ENTRAN EN RELACIONES DESTRUCTIVAS TRATANDO DE SANAR A UN CHICO MALO.

Desafortunadamente, a través del fraude y el engaño, Amnón se aprovechó de la ternura de Tamar para poder satisfacer su propia lujuria. Cuando Tamar escuchó que Amnón estaba enfermo y que él pidió su cuidado, fue natural que ella quisiera atender. Para eso fue creado el corazón de una hija. Puedo escuchar su forma de pensar: "Él es un hijo del rey, un hombre de Dios, mi hermano. Quiero bendecirlo. Está enfermo y quiero apoyarlo. Quiero ayudar para que este príncipe enfermo se mejore. Me necesita". Hay algo en el corazón de una mujer que está diseñado para ser deseado, necesitado. Ser violada fue, sin duda alguna, la cosa que jamás le pasó por la mente. Aun así, el espíritu maternal de una mujer puede ser la mismísima cosa que la ponga en peligro. Muchas mujeres entran en una relación destructiva tratando de sanar a un *chico malo*. Muchas jóvenes pasan de *tratar de ser una mamá* para alguien, a literalmente *volverse una mamá* en un momento fatal. He hablado con innumerables mujeres que han entrado a relaciones con hombres que son claramente parejas no deseables, con la esperanza de que pueden ellas ayudarlos a volverse los hombres que deberían ser. Muchas son atraídas a hombres que tienen potencial pero también tienen fallas de carácter monumentales. En su desesperación por un hombre, voluntariamente pasan por alto sus errores y la honesta preocupación de otros, pensando que pueden ayudarle a sobreponerse de sus debilidades. El chico malo usualmente no sana, y la mujer típicamente se quema en el proceso. ¿Alguna vez ha escuchado acerca del noviazgo misionero? De vez en cuando hay una historia de éxito pero creo que es una excepción muy rara. Muchas veces un hombre buscando a una mujer en este tipo de situación se *reformará* o responderá a sus intentos de sanarlo, aun al punto de asegurar su conversión a Cristo. Solo después de que han obtenido lo que quieren saldrán a luz sus verdaderos colores. Cinco años después, la joven madre asiste sola a la iglesia con sus hijos mientras su esposo se queda en casa viendo un evento deportivo en la televisión. En tal situación en donde un *príncipe enfermo* de repente parece ser sanado gracias a la atención de la enfermera piadosa, es beneficioso tener la presencia de un padre sabio u otros consejeros que disciernan las verdaderas motivaciones de un joven, de nuevo, no para controlar la vida de la chica, sino para asegurar sus mejores intereses.

LA VIOLACIÓN DEFINITIVA

Pero cuando Tamar se le acercó a Amnón para darle de comer, *él la agarró por la fuerza y le dijo: —¡Ven, hermanita; acuéstate conmigo! Pero ella exclamó: —¡No, hermano mío! No me humilles, que esto no se hace en Israel. ¡No cometas esta infamia!* (2 Samuel 13:11-12). El asalto sucede. Como Tamar, por la irresponsabilidad de hombres que operan con egoísmo e interés propio, muchas hijas reciben reprimendas en situaciones en donde ellas son las que están tratando de sostener el estándar de rectitud. Tamar continuó: "¿A dónde iría yo con mi vergüenza? ¿Y qué sería de ti? ¡Serías visto en Israel como un depravado! Yo te ruego que hables con el rey; con toda seguridad, no se opondrá a que yo sea tu esposa" (2 Samuel 13:13). En lugar de decir: "El sexo es horrible. ¡Para!", ella razonó con mucha gracia dando a entender que el deseo de él no era deshonorable sino que había una forma correcta de lidiar con el mismo. Ella le pidió que pidiera su mano en matrimonio, indicando que probablemente su padre no se la negaría y concedería su petición. De esta manera la bendición de Dios estaría en su relación. Aun ella quiso asegurarle su honor al prevenir la vergüenza que el pecado sexual le traería a él. *Pero Amnón no le hizo caso sino que, aprovechándose de su fuerza, se acostó con ella y la violó. Pero el odio que sintió por ella después de violarla fue mayor que el amor que antes le había tenido. Así que le dijo: —¡Levántate y vete! —¡No me eches de aquí! —replicó ella—. Después de lo que has hecho conmigo, ¡echarme de aquí sería una maldad aun más terrible! Pero él no le hizo caso, sino que llamó a su criado y le ordenó: —¡Echa de aquí a esta mujer! Y luego que la hayas echado, cierra bien la puerta* (2 Samuel 13:14-17). Escenarios similares a este se reviven vez tras vez en nuestra cultura. Los hombres toman una hija sin intención de comprometerse o cuidarla por lo que ella es como persona. Todo se trata solamente acerca de la satisfacción personal del hombre. Tamar le rogó, como hacen las mujeres hoy en día: "Un momento. No me puedes echar después de lo que has hecho. Necesitas comprometerte conmigo. Es lo honorable. Necesitas ir y pedir mi mano. Si tienes un poco de honor...". Aun así él no la escuchó. De nuevo, un hombre satisface su deseo y la mujer es violada y después abandonada.

UN ESPÍRITU DE COMPLICIDAD

Uno de los elementos críticos de la historia es Jonadab, el amigo de Amnón. Es casi tan culpable como Amnón por idear el plan y promover un espíritu que explotara a Tamar. Supongamos que Jonadab hubiese tenido un espíritu diferente y hubiese sugerido algo distinto a Amnón. ¿Qué habría pasado si al menos él hubiera sido neutral? Esa hubiera sido una mejor alternativa. Aun así, la neutralidad ante la maldad es complicidad. Como hemos dicho antes muchas veces, hay un asalto siendo perpetrado contra las hijas de nuestra nación a través de las ondas etéreas de los anuncios comerciales y las películas. Cuando pagamos para ver una película, leer una revista o comprar en una tienda que usa la explotación y la sexualidad sin compromiso, somos cómplices en alimentar y desatar ese espíritu. No es realista pensar que podemos evitar esas imágenes mensajes o productos totalmente, pero creo que Dios honra nuestros intentos de hacerlo.

> LUEGO DE VER IMAGEN TRAS IMAGEN, ES DIFÍCIL PARA NUESTRAS HIJAS PENSAR QUE NO TIENEN QUE SER SENSUALES PARA PODER ATRAER A UN HOMBRE.

Tanto como sea posible, tratamos de evitar las cosas que promueven específicamente esa agenda. Adicionalmente, hablamos frecuentemente con nuestros hijos acerca de lo que están viendo y escuchando alrededor en la cultura en la que están inmersos. Los mensajes sexuales están en todas partes; no podemos darnos el lujo de no hablar de ellos con nuestros hijos. Luego de ver imagen tras imagen, es difícil para nuestras hijas no pensar que necesitan ser sensuales para poder atraer a un hombre. Necesitamos advertir a nuestros hijos para que no emulen el espíritu predatorio de los hombres en la cultura. Necesitamos discutir abiertamente estos temas con nuestros hijos y nuestras hijas e ir contra la influencia de la cultura usando las verdades de Dios.

Como hombres, no podemos ser neutrales. Necesitamos tomar una posición proactiva contra el espíritu de asalto sexual. Un día, un amigo misionero se subió al metro subterráneo de Japón. Vio a un hombre de negocios toqueteando a una joven en medio del gentío. Chris no podía creer lo que estaba viendo. "¡Quítale las manos de encima ahora!", demandó Chris. El hombre paró. Lo impresionante fue lo atónito de la cara de la mujer –obviamente nadie había intervenido antes—. El perpetrador paró porque Chris, un padre, no estaba dispuesto a ser neutral y ha no involucrarse, sino que estaba dispuesto a intervenir y rescatar a una hija. Eso es exactamente lo que estamos llamados a hacer como padres.

CONCLUSIÓN

En la historia antigua de la violación de Tamar, la cual es idéntica en casi cada aspecto a las violaciones en las citas del siglo XXI, vimos diferentes aspectos que contribuían a la violación de la relación: un joven preso de la lujuria, el consejo pervertido de su amigo, la paternidad fallida, el potencial de que el espíritu maternal resulte en una mala jugada, el problema del aislamiento y el aprobar al espíritu sexual del siglo a través de la complicidad.

PREGUNTAS

1. ¿Cuál fue su primera reacción cuando el autor utilizó la palabra protección? ¿De qué manera influyó este capítulo en su perspectiva sobre este tema?

2. ¿Por qué la atracción de Amón hacia Tamar fue lujuria en lugar de amor?

3. Explique la aplicación práctica de esta frase en cuanto a la tentación sexual: "No puedes evitar que las aves vuelen sobre tu cabeza, pero desde luego puedes evitar que construyan un nido sobre tu cabello".

4. Describa la diferencia entre el sistetma que tiene el mundo en cuanto al noviazgo y la Escritura sobre las relaciones encontrada en Deuteronomio.

5. Hablando de relaciones, ¿cuáles son los beneficios para una mujer que desarrolla sus cualidades internas en vez de enfocarse solamente en su belleza externa?

6. Describa la protección apropiada que un Padre está llamado a proveer para la vida de su hija.

7. ¿Por qué la vergüenza le impide a un hombre instruir a sus hijos y proteger a sus hijas?

8. Explique el problema del aislamiento y cómo evitarlo.

CAPÍTULO ONCE
ROBO DE IDENTIDAD

Hemos observado lo obvio: estamos bajo un asalto sexual cultural. Estamos inundados constantemente con ideologías falsas acerca del maravilloso regalo de la sexualidad que Dios nos dio. Como resultado de este asalto, una generación entera de jóvenes ha experimentado un *robo de identidad* —ha permitido que se le robe la identidad que Dios le dio adoptando la falta identidad sexual de este siglo—. Este robo ocurre sutilmente en nuestras vidas, con el transcurso del tiempo, cuando nos golpea mentira tras mentira y no ofrecemos refutación ni resistencia. Con el tiempo, esas mentiras o ideas crean patrones de pensamiento que se arraigan en nuestras mentes. Esos patrones de pensamiento se vuelven fortalezas espirituales que determinan las decisiones que tomamos y la forma en que vivimos. Identificar y confrontar las mentiras iniciales y las fortalezas resultantes es parte de la obra profética que está llamado a hacer un reformador. Los expertos financieros nos dicen que puede tomarnos cerca de 300 horas recuperar la identidad robada cuando nuestras cuentas del banco han sido comprometidas, cuando el número secreto de la tarjeta de crédito ha sido usurpado y la información personal ha sido robada. Restaurar nuestro historial crediticio es relativamente fácil comparado con la restauración de la pureza de una hija, su inocencia y sus sueños, o el sentido de honor de un hijo. Sin embargo, eso es lo que estamos llamados a hacer como líderes o reformadores. Así que, ¿cómo ayudamos a restaurar a una hija o un hijo que ha experimentado un diabólico robo de identidad?

> RESTAURAR NUESTRA HISTORIA CREDITICIA ES RELATIVAMENTE FÁCIL COMPARADO CON LA RESTAURACIÓN DE LA PUREZA DE UNA HIJA, SU INOCENCIA Y SUS SUEÑOS, O EL SENTIDO DE HONOR DE UN HIJO.

La misma serpiente que le susurró mentiras a Eva en el Jardín, ahora está susurrando mentiras en los oídos de esta generación. Está convenciéndola acerca de una de las áreas más críticas de sus vidas: el regalo de la sexualidad que Dios le ha otorgado. Las mentiras de la serpiente deben ser identificadas y expuestas antes de que podamos desmantelar las fortalezas que ellas provocan. ¿Cuáles son algunas de las mentiras comunes que deben ser expuestas y derribadas en la cultura de hoy en día? ¿Cuáles son las mentiras que están afectando la identidad de una generación de jóvenes, tanto hombres como mujeres, y como resultado están influyendo en sus decisiones y en sus estilos de vida? Identifiquemos algunas de esas mentiras, y luego presentaré las verdades correspondientes de Dios que pueden contrarrestarlas.

NUESTRA VERDADERA IDENTIDAD

Una de las mentiras que está provocando el robo de identidad es creer que lo más importante de nosotros es la sexualidad. Por lo tanto, dice la cultura, es imperativo que cultivemos y ejercitemos esa parte de nuestro ser. Los cosméticos Dirty Girl (*Chica Sucia*) les dice a las chicas *Desata la chica sucia dentro de ti y Piensa cosas sucias*. Jane Cosmetics le dice a las chicas que *dentro de toda chica dulce hay una diva dramática esperando revelar su lado oscuro*. La revista *Cosmopolitan* explota con artículos sexuales. Se comercializan tangas para niñas de 11 años. Las películas saturadas de sexo y los anuncios son parte de la estrategia de las tinieblas para crear una identidad destructiva falsa en una generación que busca una verdadera identidad. Si el enemigo logra convencer

> SI EL ENEMIGO LOGRA CONVENCER A
> UNA MUJER QUE SU IDENTIDAD RADICA EN
> SU CUERPO Y EN SU SEXUALIDAD, PUEDE
> ENTONCES DESTRUIR SU VIDA Y COLOCARLA
> EN UNA PRISIÓN DE POR VIDA, UNA PRISIÓN
> DE SUEÑOS ROTOS.

a una mujer que su identidad radica en su cuerpo y en su sexualidad, puede entonces destruir su vida y colocarla en una prisión de
por vida, una prisión de sueños rotos. Desde los primeros años de
la vida de ella, este espíritu demoníaco intenta estampar su marca
para lograr ese fin. Mucho del asalto, como hemos mencionado,
es contra la persona de una mujer. Una mujer *no desatará la chica
sucia de su interior* o no *pensará cosas sucias* a menos que su
identidad haya sido aporreada por la cultura, al punto de que su
inocencia y sus inhibiciones naturales hayan sido erosionadas por
el constante bombardeo de la ideología falsa.

La secuencia del jardín del Edén no ha cambiado. Así como el
engaño de Eva llevó a la caída de Adán, cuando una mujer cede a
las mentiras del enemigo, tiende a acceder a la naturaleza más baja
de los hombres en la cultura y hacer que ellos dejen su verdadera
identidad y valor también. La serpiente tentó a Eva. Ella cedió a
la tentación y ofreció del fruto a Adán. En ese momento crítico,
Adán tuvo que haberse rehusado a su oferta y tenía que haberla
llevado de vuelta a la obediencia a Dios. En vez de proteger a Eva
y resistir él mismo la tentación, cedió y aceptó el fruto. Como
resultado, ambos cayeron y fueron separados de sus verdaderas
identidades en Dios.

Contrarresta la mentira de la falsa identidad con la verdad de
Dios: la persona que eres es lo más importante de tu identidad. Tu
sexualidad solo es una parte de tu identidad y solo debe ser expresada dentro de los límites protectores del matrimonio.

PUNTO DE CONEXIÓN RELACIONAL

Parte de la trama del robo de identidad es crear un punto de conexión entre los miembros del sexo opuesto, una conexión físico-sexual más que relacional-personal. ¿Qué quiero decir con esto? Por años, he visto cómo la generación joven utiliza las redes sociales y sus herramientas en su deseo de conectividad. My Space, Facebook, mensajes de texto y herramientas similares de redes sociales fueron diseñadas y están siendo usadas en un intento de crear un sentido de comunidad y relaciones auténticas. Para algunos, estas herramientas les permiten experimentar un sentido de intimidad sin riesgo de rechazo. No entienden que parte de la vida requiere dar pasos hacia la intimidad y que el riesgo de rechazo es inherente al construir verdaderas relaciones. Una de las razones por las cuales la gente se conecta a un nivel físico-sexual es porque permite una sensación de cercanía instantánea y profunda en donde, por lo menos inicialmente, no hay riesgo de rechazo. Cercanía sin rechazo y la intimidad instantánea, ¡qué maravilloso! Desafortunadamente, ese punto de conexión sexual deja a la gente sintiéndose vacía y extremadamente decepcionada porque fueron diseñados por Dios para la *verdadera* intimidad. El punto de conexión físico solo puede entregar una experiencia sexual, no la intimidad ordenada por Dios.

> CUANDO UNA MUJER ADQUIERE EL HÁBITO DE CONECTARSE CON LOS JÓVENES USANDO SU SEXUALIDAD, DESCUBRE PRONTAMENTE QUE NO TIENE EL VALOR DE RELACIONARSE DE NINGUNA OTRA MANERA.

Si el enemigo puede hacer que una mujer adopte el contacto sexual como su punto de conexión con los hombres, su vida será un caos. Cuando una joven mujer adquiere el hábito de conectarse con los hombres usando su sexualidad, descubre prontamente que no tiene el valor de relacionarse de ninguna otra manera; no puede confiar en Dios con respecto a su futuro porque ella ha estado a cargo de asegurarlo con el poder de su propia seducción. Se vuelve más y más temerosa de intentar relacionarse de una forma personal y no sexual, porque teme que no será amada por lo que es como persona (su personalidad, las cosas que le gustan, sus sueños). Desafortunadamente, ella no se da cuenta que relacionarse con la gente basándose en su "poder de atracción" la deja vacía y no da lugar a las relaciones basadas en la realidad.

ELLA ESTABA EN EL DOLOROSO PROCESO DE DESCUBRIR QUE LA VIDA ES MUCHO MÁS QUE SOLO ENCUENTROS SEXUALES.

Yo conocía a una joven que tenía fama de tener una historia de relaciones inmorales continuas. Cada relación empezó con emoción, promesa y esperanza. Con cada nuevo comienzo, existía la posibilidad de que esta nueva relación fuera permanente y diferente. Por el temor que tenía de relacionarse solo a nivel personal-relacional, el sexo se volvió una parte importante de esas relaciones, incrementando el sentido de emoción y cercanía instantánea. Sin embargo, demasiado pronto la incompatibilidad relacional salió a flote, especialmente cuando era honesta con ella misma en cuanto a lo que ellos tenían —una relación basada en sexo—. Discutimos el patrón en su vida y hablamos acerca de cómo ella podía comprometerse a relacionarse con los jóvenes solo a nivel personal-relacional, abrazando el estándar de Dios de pureza como parte de una filosofía de cortejo que ahora ella quería acoger. Con esta revelación, empezó una nueva relación y pronto se quejó de que esta no tenía la pasión y la emoción caracterizada por tantas de sus relaciones inmorales. De hecho, ella lloraba por el hecho de que su relación no parecía natural sino rara, por la ausencia de esos elementos de intimidad instantánea a la que se había acostumbrado. Cuando yo le pregunté acerca de la razón de sus sentimientos, ella me dijo que relacionarse sexualmente era mucho más fácil que edificar una amistad pura, y el primer tipo de relación casi siempre garantizaba resultados, aunque a corto plazo. Admitió que tenía temor de intentar una relación a nivel personal-relacional. Estaba en el proceso doloroso de descubrir que la vida es mucho más que encuentros sexuales. En otras palabras, hay una increíble cantidad de vida que ocurre fuera de la recámara. Más allá de eso, es degradante hacer que tu cuerpo sea la esencia de tu valor. Las relaciones personales deben ser construidas sobre algo más que solamente una conexión física. Para que ella pudiera probar las relaciones como Dios diseñó que fueran experimentadas, ella necesitaba encontrar la valentía para aprender una nueva forma de relacionarse. Necesitamos recordar su historia a medida que buscamos traer sanidad, dentro y fuera de las iglesias, a incontables jóvenes atrapadas en ciclos de relaciones destructivas.

LOS NECESITAMOS, PAPÁS

No puedo enfatizar suficientemente el poder que ejercen el amor y la presencia de un padre en la vida de su hija para crear una identidad sana en ella. El diseño de desarrollo tan hermoso de Dios en la formación de la identidad de una hija a través de su padre, nos da una gran razón de valorar y promover el fortalecimiento del vínculo padre e hija. Dios tomó todo eso en consideración cuando hizo el plan maestro de una familia. La formación de la identidad empieza durante esos años tempranos importantes en la vida de una joven hija cuando es "femenina pero no sensual". En esa temporada, Dios pretende que ella sea llena con ese sentido de valor y estima que se crea con palabras, caricias puras y atención de parte de su padre. Las tres Aes que deben ser empleadas por un padre en la vida de su hija son:

- **A**firmación - el poder de sus palabras.

> NO PUEDO ENFATIZAR SUFICIENTEMENTE EL PODER DEL AMOR Y LA PRESENCIA DE UN PADRE EN LA VIDA DE SU HIJA PARA CREAR UNA IDENTIDAD SANA EN ELLA.

- **A**fecto - el poder de su toque.
- **A**tención - el poder de su tiempo y el enfoque de su corazón.

Por supuesto que una madre contribuye grandemente también, pero que el padre sea la fuente de estas cosas es crítico para la formación de la identidad de una hija, especialmente en su futura relación con los hombres. Durante los primeros años, debe saber que ella es una princesa, una flor especial, una hija irreemplazable para su padre. Eso no quiere decir que sea una *prima donna* o que no deba recibir corrección o disciplina. Simplemente estoy diciendo que la afirmación y bendición de su padre, crea un fundamento para su identidad que se arraiga en su persona, no en su sexualidad.

> EL PODER DEL AMOR DE UN PADRE EN LA CREACIÓN DE LA IDENTIDAD DE SU HIJA ASEGURA QUE SU CORAZÓN ESTÉ LLENO; LA PROTEGE DE ADOPTAR UNA IDENTIDAD BASADA EN SU SEXUALIDAD.

Después, cuando madura, cambia y pasa a ser una mujer, ya no una pequeña, no estará tentada a hacer de su emergente sexualidad su primera identidad. Más bien, su sexualidad se incorporará a su ya firmemente establecida identidad. El poder del amor de un padre en la creación de la identidad de su hija asegura que su corazón esté lleno; la protege de adoptar una identidad basada en su sexualidad.

Desafortunadamente somos testigos de una generación de jóvenes mujeres cuyos padres han estado ausentes o han descuidado esta importante responsabilidad. El resultado de este olvido son hijas que tienden a usar su sexualidad para intentar satisfacer sus necesidades. Las jóvenes mujeres que no tienen padres necesitan que los hombres en la iglesia funcionen como Mardoqueo lo hizo en la vida de Ester. Necesitan papás que se desempeñen (pero que no tomen el lugar) como sus padres ausentes.

> ES CRUCIAL QUE LOS HOMBRES EN LA IGLESIA ESTÉN LIBRES DE PECADO Y CULPA SEXUAL. SOLO ENTONCES ESTARÁN EN POSICIÓN DE MINISTRAR A HIJAS HERIDAS.

Quiero ser muy cuidadoso aquí. ¡No creo que el lugar de un padre o de una madre natural deba ser reemplazado en la vida de una persona por un padre, madre o mentor espiritual! El honor que se le debe a los padres naturales nunca debe ser otorgado sobre padres y madres espirituales, y si los últimos lo aceptan, yo creo que es ilegal. Habiendo dicho eso, no puedo sobrestimar la importancia de los padres naturales y espirituales en la formación de la identidad de una joven. Por eso es crítico que los hombres en la iglesia estén libres de pecado y culpa sexual. Solo entonces estarán en posición de ministrar a hijas heridas. Escucha en la siguiente carta el clamor de los corazones de las hijas por tener un papá activamente involucrado en su vida:

A DECIR VERDAD, LOS PAPÁS TIENEN UNA CANTIDAD RIDÍCULA DE INFLUENCIA EN NUESTRAS VIDAS

A veces no quiero hablar acerca de ellos. Es un tema un poco vulnerable y atemorizante. Luego, otras veces, quisiera poderle explicar a todos los papás en la tierra lo que realmente está en el corazón de su hija. A decir verdad, los papás tienen una cantidad ridícula de influencia en nuestras vidas. Creo que muchos papás se han hecho para atrás porque muchas hijas modernas parecen tan independientes, capaces, inteligentes y fuertes. Me imagino que el pensamiento atrás de esto es: "Mírenla. Ella está bien. No necesita escuchar nada de mí". Y sí, ella está bien. Pero al mismo tiempo no lo está.

Yo creo que es increíble que Dios se llame a sí mismo *Padre*. Si yo fuera un papá, me resultarían el título y las expectativas correspondientes más que intimidantes. Pero, tal vez es una buena comparación y tal vez podemos aprender algo de ella. Piensa en cuán necesitados estamos delante de Dios. Cuantas veces has necesitado tú (papá y todos los demás) escuchar que estás haciendo un buen trabajo, que tomaste las decisiones correctas, que eres valioso, que eres esto y lo otro... La lista continúa. Constantemente necesitamos la afirmación de Dios. Dios se llama a él mismo Padre y nuestros papás tienen el mismo título. Necesitamos escucharlos a ambos. Interesante.

HAY ALGO ACERCA DE NOSOTROS, LAS HIJAS... TENEMOS ESTA NECESIDAD INTRÍNSECA DE SER CUIDADAS, PROTEGIDAS, APRECIADAS Y CONOCIDAS.

Hay algo acerca de nosotras, las hijas… Tenemos esta necesidad intrínseca de ser cuidadas, protegidas, apreciadas y conocidas. Creo que estas cosas están todas conectadas porque, cuando digo protegidas, no quiero decir encerradas en una torre de marfil e aisladas de la vida. Creo que simplemente significa ser conocida y cuidada. Eso podrá no sonar como protección pero creo que sí lo es. Me siento segura cuando sé que alguien sabe quién soy (me conoce), sabe qué hay en mi corazón (quién soy yo), y están listos para entrar en acción para mostrarme que me protegen (que les intereso) en cualquier momento.

Cuando el pastor Jim regresa a un lugar en el que ha ministrado antes, siempre hay una fila de hijas que quieren un abrazo. Es chistosísimo ver como todas esperan incómodamente. He visto gente esperar por más de 15 minutos. Simplemente no se van. Seguro, el pastor Jim es único. Pero, o están las hijas esperando en fila para ser abrazadas por hombres dispuestos a ser papás o están saliendo en multitudes a buscar a chicos que tienen brazos vacíos y están dispuestos a decir algunas cosas que llegue cerca del corazón de una muchacha. Es la forma en que estamos hechos. Yo tengo que creer que la revelación de lo que es un padre, una madre, una hija o un hijo, viene de Dios y está disponible para todos nosotros. Si Dios puede cambiarme a mí (una chica que preferiría morir que admitir que necesita padres y hermanos para que le hablen a su vida y la rodeen y protejan), entonces seguramente, por el poder de su Espíritu Santo, Dios puede enseñar a los hombres a volverse hermanos y padres según su corazón. Y no pueden haber nunca suficientes hermanos y padres.

Aun así, creo que debe ser intimidante. He escuchado historias de chicos a los que les han gritado por abrirle la puerta del auto a una chica, o los han abofeteado cuando se han ofrecido para cargar algo pesado para una dama. O tal vez esos chicos recibieron miradas hostiles o golpes verbales, o el sentimiento de que lo que tenían que ofrecer no era importante o deseable. O tal vez, ustedes papás recibieron una mirada intensa luego de que dijeron algo bonito acerca de lo que sus hijas llevaban puesto, o trataron de abrazarlas y ellas se paralizaron y se volvieron frías —como si hubieran cometido un pecado imperdonable contra sus hijas adolescentes al invadir su espacio personal—. Yo nunca le he pegado o gritado a nadie, pero sí he sido hostil. Solo somos inseguras. No estamos confiadas al cien por ciento. Por lo menos esa ha sido mi historia. Todos tenemos diferentes razones por las formas en las que nos comportamos.

TODAS NECESITAMOS QUE NUESTROS PAPÁS NOS BUSQUEN Y TRABAJEN DURO PARA CONOCERNOS

Sea como sea, todas necesitamos que nuestros papás nos busquen y trabajen duro para conocernos. Posiblemente somos rudas porque no sabemos nuestro propio valor y estamos viendo si ustedes soportarán nuestra inmadurez y rechazo y seguirán buscándonos. Sí, es trabajo. Y, hay mucha guerra espiritual (tensión espiritual —como un juego de jalar entre el Cielo y el Infierno). Y no, no será cómodo. Pero, si de hecho pudieran ver en nuestros corazones y descubrir el poder que tienen de bendecir nuestras vidas, nuestro entendimiento de nosotras mismas y formar nuestro modo de relacionarnos con los hombres, yo creo que estarían totalmente asombrados y sobrecogidos. Papás, Dios nos entregó a ustedes con un propósito. Ustedes tienen una influencia increíble en nuestras vidas. Nuestros corazones nunca envejecen. Es verdad que en el corazón de una mujer hay una pequeña niña. Pídele a Dios revelación del corazón de una hija y observa cómo las mujeres en tu vida cambian delante de ti mientras te extiendes a bendecirlas y afirmarlas.

PAPÁS, DIOS NOS ENTREGÓ A USTEDES CON UN PROPÓSITO. USTEDES TIENEN UNA INFLUENCIA INCREÍBLE EN NUESTRAS VIDAS.

Una relación saludable entre padre e hija es un factor mayor para proveer protección para una hija. Protección no tanto acerca de crear muros o prohibiciones en torno a la vida de una hija, sino del depósito que un padre hace en el espíritu de ella que la protege de relaciones inmorales, ya que sus necesidades son cubiertas. Me gusta pensar en ellos como una fuerza invisible, creada por un padre, que protege maravillosamente el corazón de una hija a donde quiera que ella vaya.

GENES DE DISEÑADOR

Otra área en la que el enemigo nos miente es en nuestro *diseño* como hombres y mujeres. Esa mentira nos dice que las mujeres no necesitan protección, seguridad, permanencia o compromiso.

Dice que ellas, tanto como los hombres, son primordialmente sexuales por naturaleza. Dice que pueden ser tan desapegadas como
los jóvenes hombres en la cultura cuando se trata de participar en
experiencias sexuales. En otras palabras, el enemigo miente y trata de borrar cualquier diferencia entre los sexos. En verdad, Dios
hizo a hombres y mujeres muy diferentes entre sí. Las mujeres
están diseñadas por Dios para necesitar seguridad, protección, permanencia y compromiso. Esa es la razón por la que el matrimonio
es el contexto dado por Dios para la sexualidad. Diferente a los
hombres, las mujeres son primordialmente relacionales y secundariamente sexuales. Ellas pueden entregarse físicamente de una
manera segura y total a un hombre solo cuando él primeramente
ha llenado su necesidad de seguridad. Eso se logra cuando él pacta
públicamente con ella en un compromiso llamado matrimonio.

La primera indicación con respecto a nuestro diseño dado por
Dios como hombres y mujeres está en Génesis: *Dios creó al hombre a imagen Suya, a imagen de Dios lo creó; varón y hembra los
creó.* (Génesis 1:27 [NBLH]). Este verso muestra la distinción de
identidad entre masculino y femenino. Ambos son creados a la
imagen de Dios pero son distintos y únicos. Esto nunca pretendió
ser una declaración de valor, denotando que uno es mejor que el
otro, sino en vez de eso, de función y diseños diferentes. Interesantemente, la mujer fue tomada de la costilla de Adán. El simbolismo de este acto deliberado de creación no puede ser hecho a un
lado. Dios no tomó a la mujer de la pantorrilla o del pie de Adán,
sino de su costilla, la cual protege y está asociada con su corazón.
Eso representa el nutrir, el afecto y la intimidad. Al usar la costilla
en la creación de la mujer, Dios trata con el tema de la proximidad;
Él pone a la mujer al lado de su esposo para ser parte de su equipo.
Al tomarla de la costilla, cerca del corazón, Dios también lidia con
el asunto de lo que es prioridad porque el corazón es la fuente de
donde salen todas las cosas pertenecientes a la vida. Dios pretende
que los esposos mantengan a sus esposas cerca de sus corazones,
que ellas sean una prioridad y un enfoque en sus vidas.

POR MÁS QUE LA CULTURA QUIERA BORRAR
LAS DIFERENCIAS ENTRE LOS SEXOS, DIOS
DICE QUE SON DIFERENTES, Y YO HE OBSER-
VADO PERSONALMENTE QUE ELLOS SON, DE
HECHO, DIFERENTES.

Por más que la cultura quiera borrar las diferencias entre los sexos, Dios dice que son diferentes, y yo he observado personalmente que ellos son, de hecho, diferentes. He visto las características dadas por Dios tan distintivas y las identidades que se desarrollan de manera natural en mis hijos e hijas. Mis chicas no han tenido que escuchar que deben vestirse como mamá y pretender se princesas. Nunca las forzamos a que jugaran a la "mamá", y con las muñecas construían casitas con sus pequeñas familias adentro. A mis hijos nadie les tuvo que decir que salieran a excavar para encontrar gusanos o que se golpearan, pegaran o lucharan entre ellos. No tuvieron que ser animados a pelear contras las oscuras y grandes fuerzas cósmicas imaginarias en la guerra entre el bien y el mal. Frecuentemente me pregunté lo que nuestros vecinos o transeúntes pensaban cuando nuestro pequeño hijo Santiago estaba en el jardín de enfrente vestido de pirata o ninja o vaquero o un guerrero medieval en luchas de vida o muerte imaginarias en combate mano a mano. Siempre victorioso, Santiago desaparecía de vista, regresaba a su matemática o lectura, y seguía con su batalla épica en el próximo recreo. Eso nunca pasó con nuestras hijas.

Las diferencias entre hombres y mujeres se pueden explicar usando la analogía de las cajas de interruptores eléctricos. Un hombre está programado con circuitos, cada circuito individual representa diferentes áreas de su vida —trabajo, hobbies, carro, salud, finanzas, reputación y deseos sexuales con su esposa—. Estos circuitos eléctricos, representantes de las diferentes áreas de su vida, funcionan independientemente cada uno. Por ejemplo, en un día, él puede perder su trabajo, que sus palos de golf sean robados, estrellar totalmente su carro nuevo de camino a casa, romperse la pierna en el proceso, subir las escaleras de su casa en muletas, ver el correo y enterarse de que hay una demanda en su contra, ver el periódico local reportando dicho suceso y luego querer sexo con su esposa. Cuando un área hace cortocircuito en un hombre, las otras siguen funcionando muy bien. Cada uno de esos circuitos pudieron haber tronado, pero eso no significa que sexo con su esposa también haya fallado, ¡ese circuito todavía funciona muy bien!

Los circuitos de una mujer, en cambio, están totalmente integrados. Su caja de fusibles contiene circuitos eléctricos representando diferentes áreas de su vida, incluyendo la presencia del fusible principal vinculado a cada uno de esos circuitos. En otras palabras, cuando un circuito falla, todos fallan. Lo que pasa en un área de su vida, afecta todas las otras áreas. Por ejemplo, si ella está lamentando la pérdida de un ser querido, su tristeza afectará todas las otras relaciones y actividades. Si está preocupada por las finanzas, esa preocupación coloreará toda su vida. Para ilustrar usando el ejemplo previo, el hombre llega a la casa y su esposa le informa que el sótano está inundado y que todas las fotos de sus hijos fueron destruidas. La inundación inmediatamente apagó todas las circuitos de memorias familiares en su caja de fusible la cual está conectada al fusible principal. Subsecuentemente, el fusible principal se apagó y con él, el resto de circuitos, incluyendo el de tener sexo con su esposo (aunque la noticia de un sótano inundado pudo haber irritado al esposo, él todavía quería tener sexo). La vida real no es blanca y negra como mi ilustración podría sugerir, pero si vamos a ser honestos con nosotros mismos, tenemos que admitir que es un ejemplo honesto sobre los hombres y las mujeres.

Los investigadores han encontrado que el cerebro del feto masculino en el útero es lavado por químicos. Como resultado de ese baño, el cerebro derecho e izquierdo funciona separado uno del otro. Ya que el cerebro femenino no experimenta estos químicos, la integración de los lados izquierdo y derecho es mucho más pronunciada. Tal vez esto explica el porqué las experiencias sexuales negativas han impactado más profundamente una generación de mujeres que a la generación de jóvenes hombres.

MIENTRAS QUE UN JOVEN PUEDE DEJAR LA
ESCENA DE UN ENCUENTRO SEXUAL CASUAL
MUY FÁCILMENTE; UNA MUJER NO SOLO
ENTREGÓ SU CUERPO, DIO TODO SU SER.

Puede ser la razón por la que las memorias y las relaciones parecen tener un mayor nivel de importancia en las mujeres más que
en los hombres. Esa diferencia puede explicar por qué las jóvenes frecuentemente llorarán incontrolablemente por varias horas
luego de haber orado por sanidad de su pecado y culpa. Mientras
que un joven puede dejar la escena de un encuentro casual muy
fácilmente; una mujer no solo entregó su cuerpo, dio todo su ser,
la totalidad de quien es ella. El sexo nunca es algo casual para
una mujer. Las mujeres no están programadas así. Dios diseñó a
una mujer para recibir la memoria e impresión sobre su corazón
a través de una experiencia sexual, la cual se supone que sea una
memoria positiva, permitiendo que su corazón se acerque a su esposo. Esa maravillosa memoria se vuelve una maldición cuando la experiencia sexual de una mujer no es con su esposo. En
vez de memorias positivas con su esposo en el contexto de una
atmósfera de compromiso, puede ser asechada por memorias de
temor, culpa, vergüenza y remordimiento acerca de sus experiencias con otros hombres. Y, como mencioné antes, esas memorias
no pueden ser escondidas convenientemente en una pequeña caja,
ni tampoco desaparecerán simplemente cuando camine hacia el
altar al sonido de la música romántica de bodas en la presencia de
sus amigos y familiares. En vez de eso, ella llevará esas memorias
con ella diariamente.

SI   UNA   MUJER   SE   INVOLUCRA
SEXUALMENTE ANTES DEL MATRIMONIO,
ENTRE UNA EXPERIENCIA SEXUAL Y OTRA,
INEVITABLEMENTE HARÁ LA "PREGUNTA DEL
COMPROMISO".

El diseño de Dios para los sexos tienen consecuencias profundas. Cada célula del cuerpo de una mujer está programada por Dios para necesitar seguridad, protección, permanencia y compromiso. Vemos esto en el instinto que anida una mujer a punto de dar a luz. Se apura con un toque de energía, limpia y prepara la atmósfera para hacerla segura para su pequeño. De su propio deseo de protección y seguridad, una mujer creará una atmósfera de protección y seguridad para sus hijos. Es por eso que una mujer nunca fue creada para tener encuentros sexuales casuales. Si una mujer se involucra sexualmente antes del matrimonio, entre una experiencia sexual y otra, inevitablemente hará la "pregunta del compromiso". Tal vez no lo haga con palabras, pero lo hará con el lenguaje corporal y su expresión facial: *¿Cuándo te comprometerás conmigo?*

¿Recuerdas mi visita a una tienda en donde fui visualmente asaltado por las portadas de las revistas? Interesantemente, el último artículo en la cubierta de Cosmopolitan tenía el título "Cómo hacer que se comprometa contigo". Ese parecía ser un artículo fuera de lugar en una revista que apoya la filosofía cultural de que las mujeres no necesitan la seguridad del compromiso. El departamento de marketing seguramente descubrió que, para poder vender más revistas, no puede ignorar completamente lo que hay en el corazón de una hija.

PREGUNTAS

1. ¿Cuál es la manera en la que podemos luchar contra la mentira que dicta que nuestra sexualidad es el área más importante de lo que somos?

2. ¿Cuáles son los efectos negativos que tiene una mujer al utilizar el contacto sexual como el medio principal para conectarsr con los hombres?

3. ¿Cuáles son las tres cosas más significativas que los Padres pueden hacer para enseñar un sentido de autoestima y valor a sus hijas?

4. Cuando una mujer joven no recibe estas tres cosas por parte de su padre, ¿cuál es el resultado? Mujeres: ¿cómo le afectó la presencia o falta de estas cosas?

5. Mujeres: ¿De qué manera usted se relaciona con el testimonio de la hija narrado en la página 201?

6. En un mundo que dice que el hombre y la mujer son iguales, el Autor dice que ellos son totalmente diferentes. Comente por qué está en acuerdo o desacuerdo con su propuesta.

7. Explique por qué una mujer jamás fue diseñada para tener encuentros sexuales casuales.

CAPÍTULO DOCE
VERDADERA INTIMIDAD

Examinemos otra mentira del enemigo: la verdadera intimidad se logra a través una relación sexual. La verdad de Dios es otra: la verdadera intimidad está compuesta de tres partes secuenciales:
- Ser uno espiritualmente.
- Crecer en unidad en alma y amistad.
- Completarse con la unión física en el matrimonio.

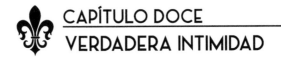

LA DEFINICIÓN COMPLETA DE LA PALABRA YADA ES LO QUE ANHELAN LAS MUJERES EN UNA RELACIÓN: CONOCER Y SER CONOCIDAS Y CUIDADAS.

La Biblia describe a la primera pareja de casados con esta frase: "Adán conoció a Eva". Uno podría decir: "Pero por supuesto que la conocía; era su esposa. Tenía que conocerla". Interesantemente, la palabra *conoció* usada aquí, es una palabra que va más allá de nuestro entendimiento común de lo que significa. La palabra hebrea aquí es *yada* la cual significa "conocer y ser conocido". En adición a la unión sexual, otros significados de *yada* incluyen: compartir amor —dedicar nuestro ser a otra persona para poder estar involucrados con ella al darle nuestro amor y afecto; demostrar misericordia—, entender las necesidades de aquellos alrededor de nosotros y cuidarlos; actuar justamente —vivir piadosamente nuestra relación de pacto con el Señor en toda área de nuestra vida—. Al aplicar esas definiciones en nuestro contexto, podemos decir que Adán conoció completamente a Eva, y ella lo conoció completamente a él. No experimentaron simplemente una unión física, sino que se conocieron completamente —fueron uno en cuerpo, alma y espíritu—. La palabra *yada* nos dice que Adán se dedicó a Eva y vertió su amor y afecto en ella. Él entendió las necesidades de su esposa y las atendió, vivió fielmente su relación de pacto con ella. Esto es totalmente contrario a lo que viven esos hombres que se "conectan" con jóvenes para tener sexo de una sola noche. La completa definición de *yada* es lo que anhela toda mujer en una relación: conocer y ser conocida y cuidada.

Quiero compartir con ustedes un hermoso ejemplo de *yada* vivido en una relación. Como dije previamente, tengo un disgusto fuerte por el sistema actual de relaciones en el mundo. Lo comparo a un a fábrica de refrigeradores que vende unidades que fallan en un 50% de los casos. A pesar de su alta tasa de descompostura, casi todos siguen escogiendo comprar de esta compañía y adquirir sus productos. Eso es exactamente lo que está ocurriendo en el sistema de relaciones del mundo. Este sistema está produciendo una tasa de fracasos matrimoniales del 50%, llevando a mujeres, hombres y niños a un estado de devastación. Irónicamente, nadie llama a cuentas a este sistema, y sin pensar continuamos nuestra participación en él aunque esté resquebrajado. Como resultado, salimos heridos y nuestros seres queridos también. Mi esposa y yo hemos escogido una ruta diferente para nuestros hijos, una ruta que algunos llaman cortejo. Muy diferente al noviazgo tradicional, el cortejo emplea principios de pureza, protección, comunicación, honor y testimonio a medida que una pareja se conoce con miras al matrimonio.

Déjenme contarles acerca del cortejo de nuestra tercera hija Julie y su ahora esposo Lee. Lo vamos a hacer en un formato de preguntas y respuestas.

~ ¿Cómo honraste a tus padres y autoridades
espirituales en tu relación? ~

Ambos papás están en el ministerio de tiempo completo, así que nuestros papás funcionaron como padres espirituales y figuras de autoridad en nuestras vidas. Les honramos en dos formas: con honestidad y con involucramiento. Fuimos abiertos y honestos tanto individualmente y como pareja acerca de nuestros deseos, frustraciones y sentimientos. Pusimos guías para cada etapa de nuestra relación a medida que progresaba, y honramos a nuestros padres al dejarles ser parte de todo. Tienen tanta sabiduría de sus experiencias pasadas, sus errores y muchos años de matrimonio, hubiera sido necedad no recibir su aporte en nuestra relación. Respetamos su consejo, y ellos, a su vez, confiaron en que estábamos escuchando la voz del Señor al tomar decisiones con respecto a nuestra relación. Sabían que nosotros teníamos relaciones fuertes con el Señor y nos permitieron la libertad de buscar a Dios por nosotros mismos. Fuimos capaces de seguir lo que Él nos guió a hacer en nuestro cortejo, ya que este no es acerca de una lista de reglas ya definidas. Es único y diferente para cada pareja, tal y como cada uno de nosotros es único y diferente.

~ ¿Cómo aprendieron a comunicarse entre sí,
y que herramientas utilizaron? ~

Lee y yo tuvimos una relación larga (2 años y medio), y fue a larga distancia, es decir, con el Océano Atlántico y el Continente Americano entre nosotros. La mayoría del tiempo Lee vivió en Alemania y Carolina del Norte, mientras yo estudiaba diseño de modas en Seattle o vivía en casa de mis padres en Spokane. Lee me cortejó escribiendo cartas, con el permiso de mi papá, como una forma de conocernos como amigos durante un año y medio antes de que nuestro cortejo comenzara oficialmente.

DURANTE LA DURACIÓN DE SU CORTEJO, LEE APRENDIÓ A ESTABILIZAR SUS EMOCIONES Y ASEGURARSE QUE EL CENTRO DE SU VIDA FUERA JESUCRISTO, NO JULIE RUTH.

En este punto, yo, Jim, quisiera intervenir y explicar las razones tras de mucho de lo que ocurrió en el cortejo de Lee y Julie. Por supuesto, tengo el permiso de Lee y Julie para hacerlo. Hago esto para ayudarte a entender que no hicimos más lento el proceso de cortejo arbitrariamente. Habían razones atrás de todo lo que hicimos. Lee y Julie se conocieron cuando ella y yo visitamos a mi hijo Luke en Carolina del Norte. Lee era el bajista y Luke era el baterista de su banda llamada *Cannon* Hill. Cuando Lee vino de visita a casa con Luke para el Día de Acción de Gracias, ese mismo año él empezó a sentir que Julie podría ser su futura esposa. Varios meses después, días antes de que su banda tuviera que viajar para vivir una temporada de un año y medio en Alemania, Lee convenció a Luke para que viajaran a Spokane atravesando el país tres días antes de Navidad. Se aparecieron sin anunciar en nuestra puerta a las dos de la mañana, luego de manejar 48 horas en caminos invernados peligrosos, para volver a manejar de regreso 36 horas después. Lee quería ver a su posible futura esposa una última vez antes de irse a Europa. Durante su corta estancia en nuestro hogar, Lee habló conmigo durante unos minutos para decirme que estaba interesado en Julie. Conociendo la naturaleza curiosa de Julie, sabíamos que ella no estaría de acuerdo en ser cortejada por alguien que no conocía. Como resultado, no usamos la palabra cortejo inicialmente con Julie, pero le preguntamos si estaría abierta a conocer a Lee a través de cartas. Ella estuvo de acuerdo. Meses después, luego de un largo tiempo de escribir cartas y de llamadas telefónicas, el corazón de Julie estaba listo para empezar oficialmente un cortejo con Lee.

No solo mantuvimos su relación moviéndose a paso lento por el bien de Julie, sino también vimos aspectos en la vida de Lee que nos llevaron a facilitarlo todo para que las cosas pasaran despacio. Lee es un tipo sensible, emocional (tal como yo soy). Me di cuenta que él podría tener una tendencia a hacer de Julie algo demasiado importante para él, y que frecuentemente él permitía que sus emociones le dominaran. Yo sabía que ninguna de esas cosas sería buena en una relación o en un matrimonio sano. Durante su cortejo, Lee aprendió a estabilizar sus emociones y a asegurarse que el centro de su vida fuera Jesucristo, no Julie Ruth. El y yo nos comunicamos frecuentemente acerca de situaciones en su vida y en su cortejo. El fruto de este largo cortejo fue bueno en ambas vidas. Julie es una bendecida esposa y Lee es un mejor esposo como resultado de la velocidad a la que fuimos.

NO HAN HABIDO SORPRESAS DESPUÉS DE LA BODA EN DONDE VERDADES SORPRENDENTES SALIERON A LUZ O EN DONDE LA PERSONA A LA QUE NOS UNIMOS DE POR VIDA RESULTÓ NO SER LA PERSONA QUE ESPERÁBAMOS.

Ahora, de vuelta a su historia.

Julie: El tiempo de larga distancia y las diferencias de horario (nueve horas de diferencia en Alemania) eran desafiantes, pero en medio de toda la dificultad de la separación, llamadas cortas, conversaciones que se interrumpían y perder las llamadas el uno del otro, en realidad ganamos algo muy valiosos que tendremos el resto de nuestras vidas: aprendimos a comunicarnos. Eso era todo lo que teníamos. No podíamos vernos de forma regular, ni salir por café o pasar tiempo juntos los fines de semana. No podíamos hacer las cosas normales que hacen dos personas cuando están tratando de conocerse. Todo lo que podíamos hacer era hablar. ¡Y vaya si hablamos! Hablamos acerca de la vida, de los sueños, de los temores, de las metas, de la familia, del pasado, del futuro, de los amigos, de las fortalezas, de las debilidades, de los lenguajes del amor, de la comunicación, de las personalidades, de la comida, de todo... Hasta llegar a las cosas más pequeñas que nos gustaban o nos disgustaban. Yo puedo decir honestamente que verdaderamente nos conocíamos bien cuando nos casamos. No han habido sorpresas después de la boda que hayan surgido como verdades decepcionantes o que la persona a la que nos unimos de por vida resultó no ser quien esperábamos. Nos tomamos el tiempo suficientes antes de cualquier cosa e hicimos de la comunicación una prioridad ¡Hablo por ambos cuando digo que ha valido la pena!

JIM ME ASEGURÓ DURANTE TODO EL
PROCESO QUE SERÍAMOS BENDECIDOS AL
FINAL. TENÍA TODA LA RAZÓN. ¡SOMOS TAN
BENDECIDOS!

Lee: No se me permitió hablar acerca de cosas que tocarían innecesariamente las emociones de Julie durante todo ese tiempo. Podíamos hablar como amigos y podíamos conocernos, pero no podíamos ser románticos en ninguna forma. Eso fue difícil para mí, un tipo romántico y expresivo, ya que deseaba expresar mis sentimientos profundos por ella. Sin embargo, Jim me aseguró que era mejor para ambos no dar rienda suelta a nuestras emociones antes de tiempo. Necesitaba morir a esos deseos todos los días. Esa estrategia protectora nos permitió aprender más acerca del otro. Jim me aseguró durante toda ese tiempo que seríamos bendecidos al final. Tenía toda la razón. ¡Somos bendecidos! Ahora puedo decirle todo lo que quiero expresarle y comprarle flores todas las veces que quiera. Ahora ella puede obtener todo el romance que desee, sabiendo que es real y viene de un compromiso de por vida de mi parte.

~ ¿Qué recursos les fueron útiles para
conocerse el uno al otro? ~

Julie: Mis padres nos sugirieron algunos recursos increíbles que nos ayudaron a lidiar con algunas cosas y hablar acerca de otras más importantes que no sabíamos que eran significativos temas de charla. Leímos *Telling Each Other the Truth* (*Diciéndonos la verdad*) de William Backus; *Los cinco lenguajes del amor*, de Gary Smalley; *Amor y Respeto*, de Emerson Eggerichs y *El acto del matrimonio*, de Tim LaHaye (este último lo leímos poco antes de nuestra boda). También hicimos nuestros cuestionarios de personalidad, fortalezas y debilidades, y hablamos acerca de una lista de preguntas que fueron desde simplemente conocernos mejor, hasta tópicos más íntimos a medida que nuestra relación progresó. Ambos admitimos que a veces estos recursos parecían un poco tontos cuando se nos presentaron. Sin embargo, para cuando habíamos completado cada libro o test, nos sentíamos agradecidos de lo valioso que habían sido en ayudarnos a conocernos y lidiar con los asuntos de la vida.

Lee: Cuando empecé a procurar la amistad de Julie, leí los libros que Jim y Lisa habían escrito. Me ayudaron a conocer más a la familia y también abrieron mis ojos a un poco acerca de la verdad con respecto a las mujeres y la familia. Jim y Lisa también me dieron un manual de cortejo que usé a través de nuestra relación. El manual me dio dirección y entendimiento de cómo liderar el cortejo. También me proporcionó preguntas que debía discutir con Julie y que yo nunca había pensado por mi cuenta. La mayoría de las personas no hablan acerca de muchas áreas importantes del matrimonio. Esas preguntas y tópicos fueron importantes al ayudarnos a conocernos el uno al otro en verdad. Algunos temas eran divertidos de discutir, y otros eran incómodos porque teníamos miedo de tener diferentes opiniones.

> SENTIMOS COMO SI HUBIÉRAMOS DESCUBIERTO LLAVES SECRETAS QUE LA GENTE NO DESCUBRE GENERALMENTE HASTA QUE HAN ESTADO CASADOS POR 30 AÑOS.

Julie: Yo creo que uno de los libros más útiles y que me abrió los ojos bendiciendo nuestra amistad, y ahora nuestro matrimonio, fue *Amor y Respeto*. Cuando leíamos, sentimos haber descubierto llaves secretas que la gente no halla generalmente hasta que han estado casados por 30 años. Aprendimos que la necesidad básica de una mujer es amo y la necesidad básica de un hombre es respeto. El libro le da al lector las llaves para entender cómo te hizo Dios y cómo hizo Dios a tu futuro esposo(a), y cómo suplir las necesidades de ambos.

~ ¿Qué pasos dieron para mantenerse puros en su relación?~

Julie: Pusimos unas guías de protección al principio de nuestra relación que nos ayudaron a mantenernos puros y honrarnos durante todo el cortejo. No nos tomamos de las manos ni tuvimos ningún contacto físico al principio. Nos mantuvimos enfocados principalmente en conocernos y ser amigos. Pasamos algún tiempo a solas y también pasamos mucho tiempo con toda la familia, permitiendo que Lee conociera a mi familia y viceversa. Eso creó una atmósfera segura en la cual nuestra amistad pudo florecer. Me sentí segura con la cobertura de mis padres sobre nuestro cortejo, lo cual permitió que lentamente yo abriera mi corazón a Lee.

A medida que nuestra relación progresó, también nuestro deseo el uno por el otro. Recuerdo hablarle a mis padres acerca de tomarnos las manos. Accedieron finalmente y nos pidieron que oyéramos la voz del Señor. Ambos sentimos una luz verde de Dios y nos tomamos la mano la próxima vez que nos vimos. Escogimos no besarnos hasta comprometernos. Nos encantó la etapa del compromiso en nuestra relación. Experimentamos los besos (dentro de los límites), pero teníamos que realmente guardar nuestros corazones y protegernos el uno al otro porque cualquier contacto físico provoca más apetito por más contacto físico. Teníamos que mantenernos abiertos al Señor y a su liderazgo. Nunca quisimos hacer nada más difícil para el otro de lo que tenía que ser.

SI FUERZAS A UNA FLOR PARA QUE SE ABRA ANTES DE TIEMPO, NO SERÁ TAN HERMOSA COMO CUANDO ESPERAS A QUE FLOREZCA EN SU PROPIO TIEMPO.

Lee: ¡Toda esta área de la sexualidad fue tan difícil! Nosotros los hombres siempre queremos ir más allá. ¡Siempre! Sentí que moría físicamente algunas veces. Si fuerzas a una flor para que se abra antes de tiempo, no será tan hermosa como cuando esperas a que florezca en su propio tiempo. De hecho, muchas flores han muerto de esa manera. Yo escogí, en todo el proceso del cortejo, preparar la tierra, regar la flor y cubrir todas las necesidades de ella (para usar la terminología de Jim), para que pudiéramos tener la oportunidad de que se convirtiera en la flor más hermosa posible. Ahora me siento más bendecido de no haber caído en la trampa del diablo al hacer que nosotros los hombres experimentemos cosas prematuramente. Mi esposa ahora es libre para corresponder mi amor sin ningún tipo de vergüenza o culpa que habría experimentado si hubiéramos sido moralmente impuros antes del matrimonio. ¡Todo mi dominio propio valió la pena!

> MI ESPOSA AHORA ES LIBRE PARA CORRESPONDER MI AMOR SIN NADA DE LA CULPA O VERGÜENZA QUE HUBIERA EXPERIMENTADO SI HUBIÉRAMOS SIDO MORALMENTE IMPUROS ANTES DEL MATRIMONIO.

~ ¿Qué tipo de responsabilidad pusieron en práctica? ~

Julie: Éramos responsables delante de nuestros padres principalmente. Mis padres supervisaron nuestro cortejo, primordialmente porque los padres de Lee y su iglesia no tenían mucha información al respecto. Sus padres confiaban en mis padres para que nos ayudaran en el proceso. Lee estaba en comunicación con mi papá todo el tiempo. Mi papá se contactaba con Lee regularmente para ver cómo estaba lidiando con la tentación física. En vez de hablarme a mí acerca de algo importante, Lee primero iba con mi papá. Mi papá era mi cobertura y él estaba ahí para asegurarse de que yo me sintiera segura siempre. Como resultado, me sentía segura porque sabía que si Lee iniciaba una conversación, ya la había hablado con mi papá.

~ ¿Qué metas tenían en su cortejo? ~

Nuestra meta en el cortejo era descubrir si éramos las personas que Dios quería unir en matrimonio y hacerlo de una manera protegida y segura. No estábamos jugando o solo queriendo divertirnos.

Julie: Uno de mis deseos siempre había sido casarme con mi mejor amigo. Cuando Lee y yo empezamos a cortejarnos, solo éramos conocidos. Me toma tiempo tratar a una persona al punto en el que pueda abrirme. Como resultado, nuestro cortejo fue muy lento. Estoy agradecida con Lee de que él dejó que todo progresara a un paso con el que yo me sentía cómoda. Me dio tiempo que necesitaba para empezar a abrirme. Y, puedo decir, realmente terminé casándome con mi mejor amigo.

~ ¿Qué beneficios ves en tu matrimonio
como resultado del cortejo? ~

NO HABÍA TENIDO NOVIO. NUNCA ME SENTÍ MENOS PORQUE, COMO MI PAPÁ PREDICA, ÉL HABÍA LLENADO MI CORAZÓN CON AMOR Y NO NECESITABA LLENAR ESA NECESIDAD CON HOMBRES.

Julie: No había tenido novio. Nunca me sentí menos porque, como mi papá predica, él había llenado mi corazón con amor y no necesitaba llenar esa necesidad con hombres. Nunca había tomado la mano de un chico ni había besado a nadie hasta que conocí a Lee. Él fue mi primer novio y me alegro que haya sido así. Creo que hay tantos beneficios del cortejo antes del matrimonio. Honramos a Dios, a nuestros padres y el uno al otro durante todo el proceso del cortejo hasta que llegó el tiempo de decir "¡Sí, acepto!" en el altar. Cuando haces las cosas a la manera de Dios, al seguir sus principios y mantenerte puro, Dios te está preparando para un matrimonio muy bendecido. Dios te honra cuando tú lo honras con tu pureza; espera su bendición y tiempo perfecto y disfruta su regalo dentro del contexto del matrimonio.

Lee: Tuve muchas novias antes de Julie. El mundo de las citas se trata de emoción y hacer lo que se siente bien. La gente tiende a cegarse con las emociones y sentimientos involucrados y nunca llegan a conocer a la otra persona. Pasas todo el tiempo tratando de ser quien piensas que la otra persona quiere que tú seas. Esas emociones llevan cada vez a menos comunicación, y toda la parte física de las relaciones se vuelve más y más grande. Al final quedas vacío, con dolor y culpa. Yo sé que hay parejas felizmente casadas que nunca supieron nada acerca del cortejo ni usaron sus principios, pero te aseguro que ellos te dirían ahora que el cortejo hubiera sido mucho mejor y más sabio para empezar. Para los padres: ustedes no dejaban que sus hijos tocaran la estufa caliente cuando eran pequeños. Estoy seguro que hoy te dan las gracias por ello. Las citas pueden ser una hornilla caliente. Empieza a hablar con tus hijos acerca de este tema el día de hoy. Sé honesto acerca de tus errores pasados. Comparte con ellos que Dios tiene un camino mucho mejor.

~ ¿Qué le dirías a tu generación acerca del cortejo?~

Vale la pena esperar para tener sexo hasta que has hecho un compromiso hacia la otra persona en el matrimonio. El camino de Dios siempre es mejor. El cortejo es una herramienta tan útil al ayudar a los solteros de todas las edades a preparase para el matrimonio, porque crea una relación fuerte y protegida, un ambiente seguro. Es tan maravilloso tener la cobertura de pastores, padres o mentores guiándote y liderándote durante el proceso. Si tus padres no pueden o no quieren hacerlo, busca otra pareja llena de Dios que lo hará. Es maravilloso tener el conocimiento y el consejo de gente que sabe muchas cosas que tú no sabes a partir de sus años de experiencia. Es especial conocer a la persona con la que quieres casarte y lo que Dios ha puesto dentro de ella (sus sueños, sus pasiones y sus metas) y ver si van de la mano con tus propios sueños dados por Dios, tus pasiones y tus metas. La mejor parte de todo es ver la bendición del Señor vez tras vez a medida que le honras con tu relación. Hemos aprendido a apreciar todo en el tiempo de Dios. Cuando no puedes hacer todo lo que quieres, empiezas a atesorar la dulzura de esas cosas cuando finalmente puedes experimentarlas. Todavía atesoramos aquellas veces en que nos tomamos de la mano, cada beso y cada momento que pasamos juntos porque no los tuvimos durante mucho tiempo.

EL CONOCIMIENTO EXCLUSIVAMENTE SEXUAL NO PUEDE SOSTENER O PROVEER UNA RELACIÓN SALUDABLE.

Julie y Lee no son perfectos, nosotros no somos padres perfectos y el cortejo no es un proceso perfecto. ¿Es este testimonio algo que suena increíblemente pasado de moda? ¡Claro que sí! Sin embargo, como nosotros queríamos algo mejor para nuestras hijas que lo que el mundo podía ofrecer, descubrimos que el cortejo les daba una alternativa maravillosa que ayudó a Lee y Julie a conocerse bien antes de que se casaran (de una forma muy *yada*). También progresaron a través de las tres etapas de conocerse de una forma que honró a Dios y formó un fundamento firme y saludable para su matrimonio —primero al conocerse entre sí de forma espiritual, segundo de forma amistosa y finalmente de forma sexual una vez que estuvieron casados—. La manera del mundo en las relaciones empieza con lo sexual y frecuentemente ni siquiera retrocede para incluir todos los niveles de conocerse. El conocimiento exclusivamente sexual no puede sostener o proveer una relación saludable.

ES MÁS QUE FÍSICO

El mundo está muy equivocado. El sexo no solo es un acto físico como el mundo quiere que creamos. Desafortunadamente, nuestras clases modernas de educación sexual reflejan esa creencia (ofrecen lecciones de *cómo* hacer las cosas y acerca de la contracepción en la cual excluye lidiar con las ramificaciones emocionales o espirituales).

Ya que somos gente integrada, lo que nos ocurre físicamente y por lo tanto sexualmente, tiene ramificaciones en nuestro espíritu, en nuestra mente y en nuestras emociones. Escucha de cerca esta verdad a través del testimonio de una hija quebrantada luego del fracaso de una relación a la que se había entregado. Esta historia también es del libro *Unprotected*, de la doctora Miriam Grossman:

"¿POR QUÉ TE DICEN CÓMO PROTEGER TU CUERPO —DE HERPES Y DE EMBARAZO— PERO NO NOS DICEN QUÉ HACER CON NUESTRO CORAZÓN?".

Olivia, de dieciocho años, era estudiante de primer año. Era la portavoz de su clase de graduación y que-

ría ir a la escuela médica. Pero había estado vomitan-
do seis veces al día. Olivia desarrolló bulimia origi-
nalmente en el noveno grado. Con terapia se mejoró
y pensó que los episodios de comer hasta hartarse y
luego vomitar habían terminado, hasta que llegó a la
universidad. No es la presión académica —está bien
en sus clases—. No, era el fin de un romance que
precipitó la recaída y llevó a Olivia a nuestro centro
de asistencia. Su terapista diagnosticó la depresión
de Olivia y el desorden alimenticio, y me la refirió
para una evaluación. Durante nuestra reunión inicial,
Olivia describió la relación corta, su primera experiencia íntima. "Cuando terminó, dolió tanto —me
dijo llorando—. Pienso en él todo el tiempo, y no voy
a la clase en donde sé que él estará. No estaba prepa-
rada para esto... ¿Por qué doctor —me preguntó—,
por qué nos dicen cómo proteger nuestro cuerpo –de
herpes y de embarazo— pero no nos dicen qué hacer
con nuestro *corazón*?".

En el caso de Olivia, como en el de muchas otras jóvenes con las
que he hablado, el sexo no fue solo un acto físico desprovisto de
cualquier otra consecuencia. Una relación sexual tuvo consecuencias devastadoras para su corazón, su mente y sus emociones.

PUEDES SER SEXUALMENTE ÍNTIMO CON
ALGUIEN EN CUALQUIER MOMENTO, Y DE
ACUERDO A LA DEFINICIÓN DE LA SOCIEDAD,
NO ESTÁ MAL NI LE HARÁ DAÑO A NADIE.

Contradiciendo los límites puestos por Dios alrededor de la sexualidad, el mundo quita las limitaciones en nuestros apetitos sexuales o deseos. Todo se vale. Puedes ser sexualmente íntimo con
alguien en cualquier momento, y de acuerdo a la definición de la
sociedad, no está mal ni le hará daño a nadie. Desafortunadamente, veo una trágica devastación ocurriendo en las vidas de la gente

joven –en sus cuerpos, en sus mentes, y sus espíritus— como resultado de la inmoralidad sexual.

> A LOS QUE HAN SIDO ABUSADOS, LAS VOCES
> DE LAS TINIEBLAS LES DICEN DIARIAMENTE:
> "ERES SUCIO, TÚ QUERÍAS QUE ESTO TE
> SUCEDIERA, ES TU CULPA. HAY ALGO MAL EN
> TU SEXUALIDAD".

Apliquemos esta *sabiduría moderna* a algunos escenarios actuales y veamos que tan ciertos son. Si el sexo fuera de los límites
de Dios no es malo, y si de hecho es solo un acto físico sin ramificaciones, entonces el abuso y el incesto no tendrían efectos
dañinos en la gente; ser tocados por alguien de una morbosa, no
debería molestar al niño o a la niña. Pero, como he visto claramente en tantos años de ministrar esta área, cuando la puerta de
la inocencia se abre de golpe a través de una experiencia sexual
prematura, la sexualidad se despierta mucho antes de tiempo. Los
poderes de las tinieblas usan esa violación para estampar una identidad inapropiada (basada en la sexualidad) en aquellos que fueron
abusados. Además de las imágenes sexuales perpetuadas en el entretenimiento, esta es una de las causas de robo de identidad destructivo. A los que han sido abusados, las voces de las tinieblas les
dicen diariamente: "Eres sucio; tú querías que esto te sucediera; es
tu culpa. Hay algo mal en tu sexualidad".

Hemos visto los efectos de estas experiencias inmorales y
cómo obran para que la gente se odie a sí misma, para que tengan
un comportamiento promiscuo temprano y para que experimenten
con gente del mismo sexo. De hecho, muchos hombres y mujeres
jóvenes que luchan con sentimientos de homosexualidad fueron
abusados de niños. Obviamente, en esos casos, no fue un acto físico sin consecuencias.

Hemos observado que algunas jóvenes que fueron molesta-
das, después suben de peso exageradamente y empiezan a vestirse
poco femeninas, como un mecanismo de defensa subconsciente
para evadir la atención masculina. Hay jóvenes que me confesa-

ron que se propusieron nunca más ser atractivas para ningún hombre debido a su miedo y al dolor que les causó ser femeninas y que había causado una atracción masculina inapropiada. Esta es una conducta auto destructiva, ya que ella desarrolla una falta de confianza global en los hombres, y aún así en lo profundo de su corazón desea un hombre seguro que las quiera. Sin embargo, por su miedo, consciente o subconsciente, sabotean casi toda oportunidad que tienen de una relación.

> HE VISTO Y ESCUCHADO DEMASIADO DURANTE AÑOS COMO PARA ESTAR DE ACUERDO CON UNA CULTURA QUE DICE QUE EL SEXO SOLO ES UN ACTO FÍSICO SIN CONSECUENCIAS.

También vemos matrimonios en donde el abuso infantil o la inmoralidad han manchado la experiencia sexual para alguno de los cónyuges, dejándolos con odio hacia el regalo de la sexualidad que Dios les dio, y que se supone debería unir a los esposos. Para aquellos que no han sido sanados de tales violaciones, el resultado es una pérdida significativa en sus vidas. Los hombres y las mujeres sin sanidad en esta área se vuelven cómplices de la destrucción de sus propis sueños por la vergüenza y el temor que llevan como resultado de ello. He visto y escuchado demasiado durante años como para estar de acuerdo con una cultura que dice que el sexo solo es un acto físico sin consecuencias. Después de muchos años de ministrar sanidad y restauración a los heridos por el pecado sexual, puedo testificar el hecho de que el sexo fuera del matrimonio, en cualquier forma, tiene consecuencias negativas significativas en lo físico, emocional y espiritual. Decir cualquier otra cosa es mentir.

AUN LOS HOMBRES DESEAN MÁS

En nuestra propia sabiduría, hemos reemplazado la verdadera intimidad con la experiencia sexual. Los hombres, especialmente, han sido susceptibles a la mentira de que la verdadera intimidad y las experiencias sexuales son la misma cosa. Cuando hablo en conferencias de hombres o retiros, yo les afirmo: "Hombres, fueron creados para la intimidad". Luego, enfatizo la realidad tridimensional de Dios con respecto a la intimidad —unidad de cuerpo, alma y espíritu—.

> HOMBRES, UNA DE LAS MÁS GRANDES VERDADES QUE PUEDEN OBTENER DE ESTE LIBRO ES QUE EL SEXO NO FUE DISEÑADO NUNCA PARA LLENARLES.

Hombres, una de las más grandes verdades que pueden obtener de este libro es que el sexo no fue diseñado nunca para llenarles. Creer lo contrario es pensar unidimensionalmente y les llevará a una frustración intensa y a una falta de llenura en tu vida. Recientemente vi una foto del fundador de la revista Playboy International, Hugh Hefner, sonriendo, vestido de un esmoquin negro, con una conejita de Playboy en cada brazo. Como fundador y director de dicha publicación, muchos asumirían que es el hombre más satisfecho del mundo, con sexo ilimitado y con un sinnúmero de compañeras en su vida adulta. Les puedo garantizar que eso no es cierto. La razón de mi garantía es que conozco y sé que Dios no creó el sexo para ser nuestra fuente máxima de realización. Solo Dios puede llenar finalmente el hambre de nuestras almas y solo Él puede satisfacernos adecuadamente. Es verdad, el sexo es una de sus bendiciones más grandes, pero no debe ser nunca el enfoque de nuestras vidas.

Adicionalmente, si solo nos enfocamos en una de las tres partes de la intimidad, nunca lograremos intimar verdaderamente. El tipo mafioso con una prostituta en cada brazo no está experimentando la intimidad como Dios la diseñó; solo está teniendo sexo. Está operando con una definición unidimensional de intimidad que no puede satisfacer, porque la intimidad física no fue diseñada para ser experimentada fuera de los otros dos aspectos de la intimidad. ¡No es de extrañarse que haya tantos hombres frustrados! Están en una interminable búsqueda de la mejor experiencia sexual en un intento de experimentar verdadera intimidad y sólo están buscando dentro de los límites de la intimidad, la parte física. Pregúntale a cualquier hombre casado acerca de esta verdad cuando ha tenido una pelea con su esposa. Si han tenido relaciones sexuales antes de estar verdaderamente reconciliados, no experimentará mucha intimidad con su esposa —solo sexo—. Ese esposo dirá prontamente que no experimentó intimidad con su esposa porque ella estaba molesta con él y le estaba reteniendo su espíritu y sus emociones. Luego de que se hayan pedido perdón y restablecido la relación, la mayoría de los hombres podrán decir que hasta entonces experimentaron un nuevo nivel de intimidad con su esposa. Luego de la reconciliación, la esposa está dispuesta a darse a ella misma a su esposo en cuerpo, alma y espíritu, en otras palabras, en verdadera intimidad.

SOLO UN PUNTO DE VISTA MULTIDIMENSIONAL DE LA INTIMIDAD SATISFARÁ A HOMBRES Y A MUJERES.

En el punto de vista unidimensional de la intimidad que sostiene la sociedad, los hombres pretenden encontrar satisfacción. Cuando no lo logran, se frustran más y más; como resultado, intentan añadir experiencia. Pueden añadir pornografía u otra persona, o estar con su esposa pero engañarla. Creo que eso es el porqué de tantos hombres que dejan a sus mujeres cuando experimentan la crisis de la edad media. Si un esposo ha visto su relación física como su medio principal de conectividad excluyendo su amistad y su unidad espiritual, se volverá cada vez más insatisfecho con su esposa a medida que envejecen y su respuesta física se desgasta. Él podrá desear que una nueva esposa más joven lo complazca sexualmente y le dé la realización que desea. Sin embargo, como hemos discutido antes, solo el punto de vista multidimensional de la intimidad satisfará a hombres y mujeres. Y ultimadamente, solo Dios llenará los deseos más profundos del alma.

Similarmente a la esposa en el escenario descrito anteriormente, un joven que está teniendo sexo con una chica fuera del pacto del matrimonio que Dios estableció, no experimentará verdadera intimidad con ella. ¿Por qué? Su falta de compromiso en términos de matrimonio hará que ella no se entregue por completo a él. Podrá darle su cuerpo, pero retendrá porciones de su alma, estorbando la verdadera intimidad.

> ÉL EMPIEZA UNA BÚSQUEDA INTERMINABLE, PASANDO DE MUJER A MUJER EN BUSCA DE LA INTIMIDAD, PERO SOLO EXPERIMENTA SEXO.

Él obtiene sexo, pero se pierde de la unidad de cuerpo, alma y espíritu. En la insatisfacción que resulta de esto podrá pensar: "El problema debe ser la persona con la que estoy. Necesito encontrar una nueva chica que haya leído la última edición de *Cosmopolitan* y sabe todos los trucos sexuales. Entonces seré feliz". Él empieza una caza interminable, pasando de mujer a mujer en busca de la intimidad, pero solo experimenta sexo. En su pretensión confusa por intimidad, acude a los lugares incorrectos. Podrá experimentar a cientos de mujeres como otros hombres y todavía sentirse vacío. Como vimos antes, el rey Asuero tenía a la hermosa reina Vasti como esposa y, probablemente, la promesa de una increíble vida sexual. Cuando la echó del trono y buscó una nueva reina, pareciera que él deseaba algo más que una compañera sexual. Creo que descubrió la verdadera intimidad con Ester.

El rey Salomón era el hombre más sabio del mundo, pero era un tonto en esta área de su vida. Aun este hombre de suprema revelación de Dios aparentemente quedó atrapado en el pensamiento de la intimidad como algo unidimensional. Seguramente estaba buscando realización en todos los lugares equivocados.

LAS MENTIRAS DEL ENEMIGO CONTRA LAS VERDADES DE DIOS

Necesitamos reconocer las siguientes mentiras del enemigo:
- Nuestra identidad es primordialmente sexual. Por lo tanto,

necesitamos cultivar este aspecto de nuestras vidas y usarlo como un medio para atraer y relacionarnos con el sexo opuesto.

• Como los hombres y las mujeres son similares, son primordialmente sexuales en naturaleza. Por lo tanto, las mujeres pueden estar involucradas en encuentros sexuales tan casualmente como los hombres.

• El sexo es un acto unidimensional que no tiene repercusiones en los otros aspectos de nuestra naturaleza. Por lo tanto, cualquier expresión de la sexualidad es inocua.

• La intimidad se logra a través de la sexualidad.

NECESITAMOS ARMARNOS CON ESTAS VERDADES

• Quien eres como persona es lo más importante de tu identidad. Tu sexualidad es solo una parte de ti y únicamente debe expresarse en los límites de Dios en el matrimonio.

• En nuestro diseño divino, los hombres y las mujeres somos diferentes. Las mujeres necesitan seguridad, protección, permanencia y compromiso; son primordialmente relacionales, no sexuales; el sexo nunca es un encuentro casual para ellas como lo puede ser para los hombres.

• El sexo es un acto multidimensional que tiene repercusiones en todos los otros aspectos de nuestra naturaleza. Por lo tanto, cualquier expresión de la sexualidad fuera del matrimonio será perjudicial para nuestro cuerpo, alma y espíritu.

• La verdadera intimidad se logra con unidad en cuerpo, alma y espíritu. Los tres aspectos necesitan ser cultivados y estar presentes en la relación para poder lograr verdadera intimidad.

Con una conciencia clara tanto de las mentiras como de las verdades, nos posicionamos para poder detener el robo de identidad que está siendo perpetrado en esta generación y recobrar nuestra verdadera identidad otorgada por Dios.

PREGUNTAS

1. Escriba la definición de "yada" y compárela con la cultura de ten sexo.

2. Cuáles son los cinco aspectos de las relaciones que están involucrados con el noviazgo.

3. ¿De qué manera Lee y Julie honran a sus padres como autoridades espirituales en su relación? Hablando de su relación con sus padres ¿De qué manera usted puede honrarlos?

4. Escriba diez temas de conversación que puedan ayudar a una pareja a conocerse mutuamente.

5. ¿Cuáles son los pasos que una pareja debe seguir para garantizar que su relación permanezca pura?

6. ¿De qué manera el noviazgo ayuda a una pareja a conocerse mutuamente al estilo de "yada"?

7. Ponga en retrospectiva las mentiras del enemigo frente a las verdades de Dios que se muestran al final del capítulo.

CAPÍTULO TRECE
ES UN ASUNTO DE LIDERAZO

Yo estaba predicando en una reunión de jóvenes adultos cuando detecté *la mirada* —el tipo de mirada que acecha a un padre, especialmente a un padre como yo, con un corazón roto por lo que les está pasando a las mujeres en nuestra cultura—. La mirada vino de un par de jovencitas en la audiencia. Era una expresión que he visto en todas las naciones en donde he ministrado: en el rostro de la mesera búlgara (Daniella); en los ojos de las hijas de las calles de las grandes ciudades de Nueva York, de Washington DC, de Moscú y de Kiev; en los rostros de mujeres de los pequeños pueblos de Guatemala, de Canadá, de Europa Occidental y en los Estados Unidos. Esa mirada transmite dos mensajes diferentes.

Un mensaje es: "Estoy haciendo lo que la cultura me dice para obtener lo que quiero. Soy sofisticada e independiente. Tomo mis propias decisiones en las relaciones que sostengo con los hombres. Decido lo que pienso acerca de su carácter y qué tan involucrada físicamente voy a estar con ellos. Me he hecho a mí misma, soy una mujer independiente del siglo XXI y no necesito protección".

"ESTOY EVITANDO ESTAR MÁS CONSIENTE DE QUE NO SOY ATESORADA POR EL HOMBRE AL QUE ME ESTOY ENTREGANDO".

Sin embargo, el segundo mensaje me dice algo muy diferente.

"Si miras más de cerca, verás la otra parte de mí. La he escondido de la mejor manera posible, ya que no es políticamente correcto mencionarlo, pero tengo dudas acerca de estar teniendo sexo con mi novio. Estoy evitando estar más consiente de que no soy atesorada por el hombre al que me estoy entregando. Él solo me pone atención cuando quiere satisfacción física, y yo no obtengo ni la comunicación ni la intimidad que quiero y necesito. El compromiso de parte de él en el que constantemente pienso, todavía no ha aparecido. Me digo a mí misma que todo está bien. Sin embargo, mi corazón no puede mentirle a mi rostro y eso es lo que tú estás viendo. Mi corazón tiene temor y tengo mucho conflicto internamente. Estoy haciendo todo lo que la cultura me dice que haga pero las promesas no se están cumpliendo. No soy feliz. No me siento amada ni atesorada; me siento robada. Alguien me está mintiendo. La relación que tengo actualmente podrá terminar, y por un tiempo habrá esperanza y emoción acerca de una nueva floreciente relación. Desafortunadamente terminará como las otras y me sentiré usada. Estoy atrapada en este ciclo destructivo que se repite una y otra vez".

> "ESTOY HACIENDO COSAS QUE REALMENTE NO QUIERO HACER Y ME HE CONVERTIDO EN ALGUIEN QUE NO QUIERO SER PARA PODER OBTENER EL AMOR QUE DESEO".

Esa mirada es una mezcla de seducción y confusión. Combina un sentido de conciencia que tiene una mujer al saber que su sexualidad puede influenciar a los hombres, pero también la conciencia de que esa influjo le costará mucho. Siente dolor, confusión, temor, vergüenza y remordimiento. Muchas mujeres me han dicho: "Estoy haciendo cosas que realmente no quiero hacer y me he convertido en alguien que no quiero ser para poder obtener el amor que deseo".

Yo continué predicando mi mensaje y observando a esas jóvenes. El contenido de mi discurso era uno que el Señor había usado muchas veces para traer libertad a la juventud de esta generación.

Estaba esperando que la verdad de Dios les trajera una salvación similar a estas jóvenes —que soltara a los cautivos y sanara a los quebrantados de corazón—. Fue cuando el Señor me habló con voz suave y apacible diciéndome: "Esas chicas que notaste no se van a arrepentir". Eso fue extraño y difícil de escuchar. Inmediatamente empecé una conversación exprés con Dios diciéndole que muchos hombres y mujeres se habían arrepentido después de la predicación de este mensaje y habían encontrado sanidad y liberación de la vergüenza y la culpa del pecado sexual. Continué predicando con menos expectativa por el tiempo de ministración que tengo al final de mi mensaje, menos del que usualmente sentía. Luego escuché las palabras "No pueden arrepentirse". Empecé a discutir con el Señor. Apunté al hecho de que Él era el que le daba a cada hombre libre albedrío, y que yo era un hombre que creía en el arrepentimiento. Le dije que todo mi ministerio y mi mensaje involucraba arrepentimiento. Yo me sentía indignado. Otra gente había escuchado este mensaje y se habían podido arrepentir, entonces ¿por qué ésta chicas no podían hacerlo? Yo sabía que el arrepentimiento traería restauración y sanidad para ellas, lo cual a su vez sería un fuerte y buen fundamento para los matrimonios sanos que podían tener en el futuro.

NO IBAN A RENUNCIAR A LA POCA ATENCIÓN QUE TENÍAN DE LOS HOMBRES… PARA DEPENDER DE UN SISTEMA RELIGIOSO QUE NO SATISFARÍA SUS NECESIDADES.

El Señor empezó a darme entendimiento. Estas jóvenes eran intuitivas, tal y como lo había diseñado Dios en la esencia de cada hija que él había hecho; ellas analizan la atmósfera en la que están y ajustan su comportamiento acorde a ello. Por esa razón estaban tomando decisiones. No iban a renunciar a la poca atención que tenían por parte de los hombres —con todo y el dolor, temor, vergüenza y culpa que eso representaba— para depender de un sistema religioso que no satisfaría sus necesidades. En otras palabras, esta era un asunto de una cultura de iglesia que necesitaba ser abordada por los líderes.

Parte de la solución de la sanidad de las hijas en las naciones de la tierra tiene que ver con los líderes y las decisiones que ellos toman. Cuando los líderes de la Iglesia empiecen a desarrollar estrategias que aborden las necesidades de los corazones de las hijas, y busquen intencionalmente alterar o crear atmósferas en donde sus necesidades puedan ser suplidas en Cristo de forma sana y pura, las jóvenes mujeres estarán más dispuestas a arrepentirse y dispuestas a adoptar una nueva identidad en Cristo.

Hemos fallado en reconocer que cuando llamamos a las jóvenes a seguir a Cristo y dejar su adoración a los ídolos falsos, estamos pidiéndoles que asuman una nueva identidad. Les estamos solicitando que dejen la imagen que los poderes de las tinieblas han buscado imprimir fuertemente sobre ellas desde que eran niñas pequeñas. La imagen es lo que yo llamo una *mujer*

DIOS PERMITE QUE LAS MUJERES SEAN *MUJERES* SOLO EN UNA RELACIÓN DURANTE TODA SU VIDA, CON SUS ESPOSOS.

—un ser humano femenino que actúa sensual y seductoramente en todas sus relaciones con los hombres. Dios permite que las mujeres sean *mujeres* solo en una relación durante toda su vida, con sus esposos. Dios las llama a caminar en todas sus relaciones con el sexo opuesto como madres puras, hermanas puras e hijas puras. Por eso uso el término *hijas* tan frecuentemente en mis escritos y cuando doy charlas. *Hija* habla de una mujer que está caminando en pureza y confianza delante de Dios, segura de que Él satisfará sus necesidades y se encargará de su futuro. ¡Qué alivio sería que muchas mujeres se deshicieran de su sexualidad como identidad primordial y caminaran simplemente como hermanas hacia sus hermanos en Cristo, o como madres para los jóvenes en el Señor, o como una hija para con los padres en el Señor! Pero, ¿cómo puede una mujer adoptar esa nueva identidad si no le ofrecemos esa posibilidad? ¿Qué pasaría si no hay padres puros para que ella se relacione con ellos? ¿Cómo van a caminar los hombres en el Señor como padres si no son entrenados y llamados a ello? ¿Cómo puede una hija del Señor confiar en sus hermanos en Cristo si ellos no han sido enseñados a caminar en pureza y a ser protectores en vez de predadores?

> AHORA SABÍA QUE TAMBIÉN HABÍA SIDO LLAMADO A ANIMAR A LÍDERES, PADRES Y JÓVENES HOMBRES A... CREAR ATMÓSFERAS SEGURAS Y DE APOYO EN SUS IGLESIAS PARA QUE LAS NECESIDADES DE LAS JÓVENES PUDIERAN SER SATISFECHAS EN LA IGLESIA.

Esa reunión llegó a su fin. Esas dos chicas en particular no respondieron al llamado del altar, aunque otras sí lo hicieron. Sin embargo, yo dejé la reunión sabiendo que Dios me había lanzado un reto. Debería continuar ministrando a la juventud en las iglesias y escuelas, como lo había estado haciendo. Sin embargo, en ese punto, pude observar que una parte del pecado de Adán era cómo había abdicado dejándole todo al enemigo. Permitió que la serpiente lograra su plan con su esposa. No mantuvo una atmósfera en la cual Eva pudiera estar protegida de las mentiras del enemigo y las consecuencias de creer esas mentiras —mentiras que alterarían su imagen, su mundo y su opinión acerca de Dios—. En vez de reconocer el efecto del enemigo en la vida de ella, él se unió y permitió que la oferta del fruto prohibido le trajera destrucción a él también. Yo sabía que ahora estaba llamado a animar a líderes, padres y jóvenes a evitar la abdicación de Adán, y en vez de eso, crear atmósferas seguras y de apoyo en sus iglesias para que las necesidades de las jóvenes pudieran ser satisfechas allí.

MI EXPERIENCIA EN SUDÁFRICA

En mi primer viaje a África, encontré casi la misma respuesta de aquellas dos jóvenes de mi historia anterior. Estaba predicando en una conferencia en Sudáfrica en donde no hubo respuesta alguna por parte de las mujeres. En sus rostros y espíritus endurecidos, podía ver que no iban a revelar su dolor a Dios o a ningún otro ministro en un lugar público. Preguntándome y meditando acerca de esta respuesta tan poco frecuente, empecé a sentir que el Señor me decía que las mujeres en esa reunión no responderían, de nuevo, debido a la atmósfera. Escucharon mi discurso acerca del corazón de una mujer, que amaba a mis hijas y que servía y atesoraba a mi esposa —lo cual era muy lindo y maravilloso—.

LOS HOMBRES PREDATORIOS RICOS Y MAYORES – "VIEJOS RABO VERDES"— LES HABÍAN PROPUESTO A SUS HIJAS PAGAR LA ESCUELA, LA ROPA Y LA COMIDA A CAMBIO DE SEXO.

Desafortunadamente, me iba a subir a un avión en una semana y dejaría África, y el África y los hombres que ellas conocían iban a seguir siendo iguales. Los hombres en aquel lugar eran los que las habían abusado, violado, molestado y en algunas tribus, permitido la circuncisión femenina como un rito. Los predatorios hombres ricos y mayores –"viejos rabo verde" (hombres adinerados amantes de una joven)— les habían propuesto a sus hijas pagarles la escuela, la ropa y la comida a cambio de sexo. Sus esposos las habían traicionado y sus padres las habían abusado o las habían abandonado. Las golpizas continuarían. La devaluación del género femenino continuaría. Las filosofías culturales y tribales que propagaban esas conductas no habían sido alteradas. La transformación en potencia de una nación a través del Evangelio había comenzado, pero no había alcanzado las profundidades de esas áreas todavía. Las mujeres sabían eso, y por lo que sentían en la atmósfera y la renuencia y la resistencia de los líderes de la iglesia africana de abordar esos asuntos, escogieron quedarse en su dolor. Funcionarían pero no prosperarían como hijas de Dios. Las reuniones de la iglesia continuarían. Las conferencias se llevarían a cabo. El evangelismo saldría adelante. En medio de todo eso, las mujeres con corazones heridos tienden a vivir como esclavas tratando de ganar el favor de Dios con su servicio. No están completamente libres para desatar los hermosos dones femeninos dentro de ellas que necesitamos tan desesperadamente. Como resultado, sus matrimonios, sus familia, sus iglesias y sus comunidades permanecerán empobrecidas.

SI VAMOS A SER LÍDERES AUTÉNTICOS, CONSTRUIR EL REINO DE DIOS CON ESCLAVOS NO ES UNA OPCIÓN.

Mi ejemplo viene de África, pero es verdad para nuestras iglesias en el occidente también. Si vamos a ser líderes auténticos, construir el reino de Dios con esclavos no es una opción. Jeremías se lamentó repetidamente que los líderes *curan por encima la herida de mi pueblo, y les desean: "¡Paz, paz!", cuando en realidad no hay paz* (Jeremías 8:11). O, como dice la Biblia Traducción Lenguaje Actual: *Con pañitos de agua tibia pretenden curar las heridas del pueblo. Insisten en que todo está bien, cuando en realidad todo está mal.* Como líderes haríamos bien en procurar la sanidad completa y la integridad de las mujeres a nuestro alrededor. Si no lo hacemos, más de la mitad de nuestros miembros estarán lisiados y sufriendo, en pedazos y no enteros, lo cual significa que el Cuerpo está lisiado y sufriendo y en pedazos también. Un verdadero líder no sanará superficialmente las heridas del pueblo, sino procurará una sanidad completa.

YA QUE LAS MUJERES SON SERES INTEGRALES... LA VERGÜENZA, LA CULPA Y EL REMORDIMIENTO NO SANADOS AFECTAN SU SER POR COMPLETO.

Lo volveré a decir — porque creo que lo que estoy diciendo es importante y vale la pena repetirlo —, la vergüenza y el quebrantamiento resultante del pecado sexual y la inmoralidad pueden convertir a una mujer en una esclava. Podrá tratar de compensar por las cosas que ella cree que son imperdonables al tratar de ser la mejor persona de la iglesia. Nuestros programas de iglesia seguirán su curso, las conferencias continuarán y más libros serán publicados sobre el tema, pero muchas veces esas contribuciones medio sanarán a las mujeres. Ya que las mujeres son seres integrados, es decir, lo que ocurre en una parte de sus vidas afecta todo lo demás; la vergüenza, la culpa y el remordimiento sin sanar afectarán su ser por completo. Los hombres, por otro lado, pueden funcionar por compartimientos en los asuntos de su vida y vivir muy efectivamente con la culpa y la vergüenza bien guardados dentro de una pequeña caja. Las mujeres no están programadas de esa forma. La vergüenza y la culpa por un aborto pasado colorea todo lo que esa mujer piensa y siente. La culpa y las heridas del pecado o el abuso sexual continuarán como una nube flotando sobre el espíritu de una mujer. Estas cosas, si no se lidian con ellas, no solo estorbarán su relación con Dios, sino también pondrá en riesgo su relación con su esposo. Eso llevará a otro matrimonio roto, otra familia rota, resultando en hijos despedazados que dudan en la realidad del Reino de Dios.

UNA DECISIÓN DE LIDERAZGO

Todo líder tiene una decisión que tomar. ¿Queremos ser como uno de esos jefes de antes que construían pirámides y canales empleando esclavos? ¿Haremos lo mismo con nuestras iglesias y construiremos con esclavos modernos? ¿Nos contentaremos con evaluar nuestro éxito con números y programas bien lubricados? ¿O seremos esos verdaderos reformadores que escogieron invertir tiempo para lograr una sanidad profunda en la gente a la que fueron llamados a cuidar? Eso significa lidiar directamente con los pasados sexuales de la gente, sus vidas y sus decisiones. Al decidir buscar una sanidad profunda le apuntamos a las relaciones y a los matrimonios futuros de la juventud, a la bendición de los que ya están casados a y la restauración de aquellos cuyo quebrantamiento los ha dejado solos y divorciados. Requerirá un esfuerzo deliberado de nuestra parte como líderes el crear un ambiente en el cual nuestras mujeres puedan reclamar su verdadera identidad. Tomará trabajo ayudar a nuestros hombres a caminar en una hombría auténtica, reflejada por la pureza sexual y una postura de honor con respecto a las mujeres que le rodean.

REQUERIRÁ UN ESFUERZO DELIBERADO DE NUESTRA PARTE COMO LÍDERES EL CREAR UN AMBIENTE EN EL CUAL NUESTRAS MUJERES PUEDAN RECLAMAR SU VERDADERA IDENTIDAD. TOMARÁ TRABAJO EL AYUDAR A NUESTROS HOMBRES A CAMINAR EN UNA HOMBRÍA AUTÉNTICA.

Muy frecuentemente no lidiamos con estos asuntos y luego hacemos muecas cuando escuchamos acerca de otro matrimonio fallido en nuestra iglesia o de una pareja de jóvenes viviendo inmoralmente de forma secreta. O podemos dolernos y aun llorar cuando descubrimos que alguien ha ido a la clínica de aborto o está embarazada fuera del matrimonio. Ese tipo de experiencias sexuales y fracasos ponen estorbos en los fundamentos de la próxima generación de matrimonios. Esta próxima generación de matrimonios debe estar entera y fuerte si hemos de ver a la Iglesia restaurada para ser la Ciudad puesta sobre una colina, lo cual sabemos que es el llamado de Dios para con la misma. Sin una Iglesia fuerte, hecha de matrimonios solidos, familias íntegras e hijos seguros, no veremos un despertar espiritual sostenido y la reforma resultante en nuestra tierra que anhelamos. La sanidad del pecado sexual es un ingrediente clave en la obtención de esos objetivos, simplemente porque el pecado sexual tiene ramificaciones tan extensas en las vidas de las personas.

EL PECADO SEXUAL EN LA IGLESIA

Para que no pienses que estoy exagerando mi llamado acerca de la necesidad de sanidad sexual en nuestra gente, déjame compartir algunas estadísticas perturbadoras. Estaba enseñando mi seminario en una iglesia en California, los brazos de los 400 asientos del auditorio tenían botones electrónicos sensibles al tacto. Podía hacer una pregunta y dar opciones, de la A a la D, para que la gente pudiera responder. Quince segundos después de que ella respondiera, sus respuestas estarían tabuladas y expresadas en forma de porcentajes que yo podía ver. Quería saber cuánta de esta gente estaba lidiando con un sentimiento de vergüenza. Pregunté: "¿Quiénes aquí están lidiando con vergüenza por sus experiencias sexuales pasadas (podía ser vergüenza antigua o nueva)? Sí, presionen A. No, presionen B".

LA MAYORÍA DE NUESTRA GENTE NECESITA SER LIBRE DE LA VERGÜENZA RESULTANTE DEL PECADO SEXUAL, Y UN BUEN PORCENTAJE NECESITA LIDIAR CON ESE PECADO PRESENTE EN SUS VIDAS.

Momentos después me topé con resultados sorprendentes. 80% respondió Sí. 80% de la gente en ese auditorio estaba lidiando contra vergüenza debido a experiencias sexuales pasadas o presentes (¡320 de las 400 personas!). Luego les pregunté si la vergüenza era pasada o era presente. 75% reportaron que la vergüenza que cargaban era pasada, 25% (80 personas) indicaron que estaban experimentando nueva vergüenza sobre algún pecado sexual actual que no habían confesado a nadie todavía. ¡Ese día ochenta personas *en la iglesia* estaban lidiando con pecado sexual *reciente*! Esto ocurrió en una iglesia carismática, llena de vida. ¡Y con gente que estaba lo suficientemente motivada como para atender un seminario acerca de la sexualidad! Somos ingenuos, como líderes, si pensamos que podemos pastorear a nuestra gente efectivamente sin tratar con el asunto de la sexualidad. La mayoría de las personas necesita ser liberada de la vergüenza que viene de dicho pecado y un buen porcentaje necesita lidiar con pecado sexual presente.

Cuando estoy en el mostrador de una aerolínea para abordar un vuelo, una asistente amigablemente me pregunta: "¿Cuántas maletas va a chequear el día de hoy?". Me recuerda con frecuencia lo que hace la vergüenza con la juventud cuando llegan al mostrador del matrimonio. Mucha de la gente joven tendrían que dar dos pasos atrás, apuntar a una línea de maletas y preguntar: "¿Hay lugar para todo esto? Tengo tanto equipaje… Traigo mucho que vengo arrastrando a esta relación. Tengo temor de los hombres. He sido herida profundamente y no he perdonado a mi propio padre. Asocio cosas negativas a las experiencias sexuales y tengo memorias de múltiples relaciones que he tenido. ¿Puede haber ayuda para mí? ¿Hay sanidad para mí?".

Sí, hay sanidad en Jesucristo. No necesitamos cargar con nuestra historia sexual y nuestra vergüenza cuando caminamos hacia el futuro. Nosotros, como líderes, seríamos sabios al dar la atención necesaria a esos asuntos que profundamente afectan a la gran mayoría de nuestras ovejas.

EL EJEMPLO DE NEHEMÍAS

Nehemías era un líder así. Noten su respuesta cuando escuchó acerca de la devastación de la ciudad y del pueblo de Dios: "Cuando oí esto, me senté a llorar, y durante varios días estuve muy triste y no comí nada. Entonces le dije a Dios en oración: 'Dios grande y poderoso; ante ti todo el mundo tiembla de miedo. Tú cumples tus promesas a los que te aman y te obedecen. Escúchame y atiende mi oración, pues soy tu servidor. Día y noche te he rogado por los israelitas, que también son tus servidores. Reconozco que todos hemos pecado contra ti. He pecado yo, y también mis antepasados'" (Nehemías 1:4-6 [TLA]). El profeta se arrepintió de su pecado y del de su pueblo, pero tomó otras acciones: "Y le contesté al rey: Si le parece bien a Su Majestad, y quiere hacerme un favor, permítame ir a Judá, para reconstruir la ciudad donde están las tumbas de mis antepasados" (Nehemías 2:5 [TLA]). Nehemías no se detuvo solo al tener un corazón quebrantado por la condición de la gente, sino que hizo un plan para ver restaurados esos lugares destruidos. Hizo una evaluación honesta de la condición del pueblo de Dios y luego realizó un plan que prometiera restauración.

PARA CAMBIAR LA ATMÓSFERA SEXUAL Y TÓXICA DE UNA GENERACIÓN O UNA NACIÓN, SE NECESITAN LÍDERES QUE DECIDAN SER INTENCIONALES Y DETERMINADOS ACERCA DEL CAMBIO.

Para cambiar la atmósfera sexual y tóxica de una generación o una nación, se necesitan líderes que decidan ser intencionales y determinados acerca del cambio. El rey Josías, al derribar los altares, tuvo que haber entendido la fórmula apostólica y profética para el cambio. Como mencioné antes en la discusión de los obituarios de los reyes, derribar los lugares altos era la primera cosa que un rey reformador hacía para traer avivamiento. Y, recuerden, esos altares representaban la adoración de los falsos dioses del sexo. Le tomó seis años enteros derribar los altares y purgar la tierra de la idolatría y la prostitución resultante, la cual estaba acompañada de sexualidad. ¡Seis largos años! La duración del tiempo que requirió erradicar la adoración a ídolos demuestra hasta qué grado la adoración falsa había permeado la cultura. Después, y solo después de hacerlo, el rey dio órdenes para reparar la casa del Señor. Uno pensaría, como líder, que todas nuestras energías deberían estar primero en la estabilización y el fortalecimiento de la casa del Señor. Aquí, sin embargo, la obra de sanidad y restauración de la iglesia empezó primero al tratar con los lugares altos de la adoración falsa. Es casi como si no pudiéramos ver la sanidad de nuestra tierra a menos que derribemos los altares como parte de nuestro plan maestro para la construcción. Justo como con Nehemías y Josías, no vamos a ver cambios atmosféricos en nuestras iglesias en una semana, ni como resultado de una conferencia o una visita especial de un orador. Todas esas cosas pueden ser parte de un paquete que Dios emplea para ver que las fortalezas sean derribadas, pero la llave para un cambio atmosférico está en que los líderes implementen una estrategia constante. Los líderes deben ver la necesidad, obtener un plan maestro de parte de Dios y luego perseguir tenazmente el objetivo durante un largo tiempo. Creo que las vidas de la próxima generación valen la pena. Yo creo que los sueños de nuestros hijos e hijas son lo suficientemente preciosos como para requerir nada menos de nuestra parte.

CONFRONTANDO EL PECADO SEXUAL

A medida que yo meditaba en la necesidad de este tipo de

reformadores, el Señor me trajo a la mente a Juan el Bautista. Juan anunció la llegada de Jesús, esperado durante tanto tiempo, y estaba preparando el camino del Señor. Pero también derribó fortalezas modernas, los altares de su época, aunque la mayoría de nosotros no piensa en él en este contexto. Veámoslo en la siguiente escritura: *Tiempo atrás, Juan el Bautista le había dicho a Herodes: «¡Lo que has hecho no está bien! Herodías es la esposa de tu hermano Filipo, y tú se la quitaste para casarte con ella...»* (Mateo 14:3-4 [TLA]).

PARA JUAN, EL LLAMADO A LA PUREZA Y ANUNCIAR LA VENIDA DEL SALVADOR IBAN DE LA MANO.

Juan era un reformador del Nuevo Testamento que siguió el patrón de Josías y Ezequías en el Antiguo Testamento. Para Juan, el llamado a la pureza y anunciar la venida del Salvador iban de la mano. Declarar la verdad eterna de la persona de Jesús y crear una atmósfera que honrara los estándares sexuales de Dios, eran parte del paquete de la misión de Juan. Confrontar a Herodes por su pecado, no fue un arranque momentáneo de intolerancia de su parte, no era algo que resultaría en una vergüenza para la verdadera causa de Cristo. Todo lo contrario, era una convicción compatible por la cual él estaba dispuesto a arriesgar su vida y su ministerio. Denunciar el pecado del gobernador lo llevó a su decapitación.

¿EN QUIÉN CONFIAREMOS?

Mientras estaba leyendo acerca de la vida del rey Ezequías, noté una escritura que me ayudó a entender cómo ese rey trajo aviamiento a su nación: "Aunque adoraban al Señor, servían también a sus propios dioses, según las costumbres de las naciones de donde habían sido deportados". (2 Reyes 17:33). Sigue diciendo que *adoraban al Señor, y al mismo tiempo servían a sus propios ídolos.* (2 Reyes 17:41). En otras palabras, el pueblo de Dios estaba intentando vivir un tipo de compromiso con el único Dios verdadero, pero al mismo tiempo servían a sus dioses falsos, a los ídolos de aquellas tierras. Ezequías llamó al pueblo de Dios para que dejaran la adoración politeísta, la cual era la costumbre de las naciones. Tuvo el valor de confrontar su duplicidad, llamando al pueblo a confiar en el Señor y solo en el Señor. Obviamente, eso requería llamarlos a que salieran de la inmoralidad sexual y del sacrificio infantil que requería la adoración de esos dioses falsos, y guiarlos a la pureza que caracteriza a la adoración del único Dios verdadero.

No le tomó mucho tiempo a Ezequías para que su fe en Dios fuera probada. Al empezar su reinado, Judá fue sitiada por los bárbaros de Asiria. No fue una amenaza común. El ejército asirio ya había conquistado la mayoría de las naciones del mundo. Más allá de eso, eran un pueblo brutal y déspota. Los emisarios asirios se burlaban de Dios y de su habilidad de librar a su pueblo (como está registrado en 2 Reyes 18). Sin embargo, Ezequías se sostuvo firmemente y le dijo al emisario que confiaría en Dios y solamente en Él y no buscaría a otros dioses en auxilio. La burla del emisario continuó e hizo pronunciamientos al pueblo en el muro de la ciudad: Así ha dicho el rey: "No os engañe Ezequías, porque no os podrá librar de mi mano. Y no os haga Ezequías confiar en Jehová, diciendo: Ciertamente nos librará Jehová, y esta ciudad no será entregada en mano del rey de Asiria. No escuchéis a Ezequías, porque así dice el rey de Asiria: Haced conmigo paz, y salid a mí, y coma cada uno de su vid y de su higuera, y beba cada uno las aguas de su pozo, hasta que yo venga y os lleve a una tierra como la vuestra, tierra de grano y de vino, tierra de pan y de viñas, tierra de olivas, de aceite, y de miel; y viviréis, y no moriréis. No oigáis a Ezequías, porque os engaña cuando dice: Jehová nos librará". (2 Reyes 18:29-32).

LA ADORACIÓN DEL ÚNICO DIOS VERDADERO DEMANDA QUE CAMINEMOS EN PUREZA SEXUAL Y CONFIEMOS SOLO EN ÉL PARA SUPLIR NUESTRAS NECESIDADES.

El enemigo del pueblo de Dios los atormentó con temor vez tras vez y luego les prometió bendiciones si se rendían. El enemigo usa la misma táctica el día de hoy con el pueblo de Dios, tentándoles para que dejen de confiar en el Señor, asaltándolos con temor y luego prometiéndoles todo lo que desean si se vuelven sus aliados. Es la misma táctica que usa contra las hijas actualmente. Dios está llamando a las jóvenes a someter su belleza a Él y caminar en pureza y confianza. El enemigo les hace la guerra asaltándolas con un temor implacable con respecto a su futuro y a sus prospectos de matrimonio. Ridiculiza su confianza y su fe en la sabiduría de Dios y su habilidad de proveer para ellas. Les miente y promete gran bendición si le siguen y les sirven. Tal como en el caso de Ezequías, requiere gran valentía y fe pararse firmes contra ese asalto, rehusarse a escuchar las mentiras y poner nuestra vida y futuro totalmente en las manos de Dios. Incontables mujeres se rinden ante el enemigo y ceden usando la seducción, la manipulación y su belleza física para intentar capturar a un hombre y asegurar su futuro. Como siempre, el enemigo promete vida pero entrega solamente muerte —una realidad que la mayoría de las hijas descubre muy tarde—. El rey Ezequías puso toda su confianza en el Señor. Delante de nosotros está la misma decisión diariamente: ¿En quién confiaremos para que sacie nuestras necesidades? Por eso es que la pureza moral es tan importante, especialmente para una joven. Al escoger caminar santamente y no emplear su sexualidad y su belleza física para seducir a un hombre, ella confía en que Dios se mueva a su favor para saciar sus deseos y satisfacer sus necesidades. Lo que ella hace con su sexualidad es un asunto de adoración. La adoración falsa a dioses demanda que nos entreguemos a nosotros mismos sexualmente. La adoración del único Dios verdadero demanda que caminemos en pureza sexual y confiemos solo en Él para suplir nuestras necesidades. Como el pueblo de Dios en el Antiguo Testamento, no podemos adorar a Dios y a los ídolos falsos simultáneamente; no es aceptable asistir a la iglesia y luego llevar una vida sexualmente impura. Las dos son diametralmente opuestos. O adoramos a Dios y caminamos en pureza, o adoramos a los ídolos falsos que requieren inmoralidad sexual.

LA OBRA DE UN LÍDER

Vemos en el escarnio del enemigo una de las descripciones de trabajo de un verdadero líder y reformador: "No dejen que Ezequías los persuada a confiar en el Señor, diciendo: 'Sin duda el Señor nos librará; ¡esta ciudad no caerá en manos del rey de Asiria!'" (2 Reyes 18:30). Un líder ayudará al pueblo al que sirve a confiar en el Señor en cada situación. Ezequías no declaró una confianza fingida en el Señor para luego, en secreto, buscar otra alternativa para su liberación. Todas las naciones politeístas ya habían caído ante este ejército vicioso. El sabía que su única esperanza era la ayuda y la liberación que vendría de Dios. Después, en la oración que él hizo pidiendo liberación, declaró su confianza en el Señor y usó un lenguaje monoteísta cuando clamó al Señor. Ezequías oró delante del Señor y dijo: "...Señor, Dios de Israel, entronizado sobre los querubines: sólo tú eres el Dios de todos los reinos de la tierra. Tú has hecho los cielos y la tierra… Ahora, pues, Señor y Dios nuestro, por favor, sálvanos de su mano, para que todos los reinos de la tierra sepan que sólo tú, Señor, eres Dios" (2 Reyes 19:15, 19). Hay que notar cómo declaró que Dios era el verdadero Dios. La frase hermosa *sólo tú* es usada dos veces en esta oración. Le estaba recordando a la gente que no podían servir y confiar en Dios y a la vez en otros dioses simultáneamente. En esa situación tan real de vida o muerte, escogió confiar en Dios.

> HAY GENTE JOVEN Y GRANDE QUE SE INVOLUCRA EN REUNIONES Y ACTIVIDADES DE LA IGLESIA, PERO AÚN ASÍ ADORAN EN LOS ALTARES DEL SEXO QUE PROLIFERAN EN NUESTRA CULTURA MODERNA DE HOY.

El día de hoy, hay decisiones de vida o muerte que la gente tiene que tomar acerca de sus vidas. Hay gente joven y anciana que se involucra en reuniones y actividades de la iglesia, pero aún así adoran en los altares del sexo que proliferan en nuestra cultura moderna. El enemigo acecha implacablemente a la gente con temor y luego les ofrece bendiciones y realización si se alían a él. Diariamente, las jóvenes encaran decisiones de vida o muerte en cuanto a seguir y confiar al Dios verdadero o a los dioses del sexo de nuestra cultura moderna. Frecuentemente fallamos en entender la presión demoníaca que encara una mujer cuando está esperando casarse y está caminando en pureza. Vive en medio de una cultura que adora los falsos dioses de la sexualidad en donde *todos los demás* están ejercitando su sexualidad en un intento de satisfacer sus necesidades. Su situación de vida o muerte es tan real como la que encaró Ezequías cuando los asirios sitiaron a Jerusalén. O ella confía en Dios por su futuro y dice no a la tentación sexual, o cede ante el supuesto atajo a la bendición, dejando que le roben su pureza y que le destruyan sus sueños. Muchos no tienen la fe y el coraje de confiar solamente en Dios. He orado con miles de jóvenes que han pagado un alto precio por caminar en la duplicidad moderna de alabar a Jesús con sus labios y luego postrarse ante el altar de la sexualidad. Para los jóvenes hombres, la misma duplicidad ha causado que cedan ente el hábito de alimentar sus naturalezas bajas, resultando en esclavitud a la lujuria, la pornografía y a una postura predadora en las relaciones. Es nuestro trabajo como líderes el ayudarlos a confiar y seguir al Señor en estas situaciones, y luego apoyarlos a medida que cumplen su compromiso de caminar en pureza.

ELLOS NOS NECESITAN

La mayoría de los líderes quieren dejar un legado duradero. Creo que el más grande legado que podemos dejar serían las vidas transformadas de la siguiente generación, junto a corazones ardientes por Dios, familias piadosas y matrimonios fuertes. La decisión más importante que hará un joven es la decisión de seguir a Jesucristo. ¿Cuál es la segunda decisión más importante? Es la decisión sobre con quién se casarán, con quién los unirá Dios para ver que los propósitos de su Reino avancen en la tierra. La apropiada selección de un esposo o una esposa determinará grandemente la habilidad de la persona o su inhabilidad de cumplir con la voluntad de Dios en sus vidas. Muy frecuentemente vemos el efecto devastador en aquellos que no siguieron el plan claro de Dios de estar en un yugo igual en el matrimonio. Establecer el objetivo de tener matrimonios fuertes en la próxima generación es muy bueno para los líderes. Ayudarles prácticamente a llegar ahí, es totalmente otro asunto. La disparidad entre nuestro objetivo declarado de tener matrimonios fuertes y la ayuda que ofrecemos para hacer que esa sea una realidad tangible, es muchas veces más grande de lo que queremos admitir. Es un asunto que demanda nuestra atención como líderes en la iglesia.

> CREO QUE EL MÁS GRANDE LEGADO QUE PODEMOS DEJAR SERÍAN LAS VIDAS TRANSFORMADAS DE LA SIGUIENTE GENERACIÓN, JUNTO A CORAZONES ARDIENTES POR DIOS, FAMILIAS PIADOSAS Y MATRIMONIOS FUERTES.

Necesitamos tener respuestas para la miríada de preguntas que la juventud está haciendo en el área de las relaciones y la sexualidad:

- ¿Qué hago con las necesidades insatisfechas que tengo de atención y afecto como mujer joven si crecí sin un papá, o mi papá no llenó esas necesidades?

- ¿Qué hago con mi *poder de atracción* como mujer joven?

- ¿Cómo puedo ser sano(a) de las memorias que me atormentan acerca de mis experiencias sexuales pasadas?

- ¿Cómo puedo aprender a confiar en los hombres otra vez y aún tener esperanza de casarme cuando tengo falta de confianza en los hombres basada en mi experiencia pasada?

- Como hombre, ¿cómo me deshago de las imágenes sexualizadas de las mujeres a las que me he acostumbrado para honrar a las mujeres de la forma correcta?

- ¿Qué hago con la vergüenza que cargo de mis pecados sexuales del pasado?

- ¿Cómo puedo ser libre de la necesidad de que el sexo opuesto me responda para sentirme bien conmigo mismo(a)?

- ¿Cómo me puedo relacionar con el sexo opuesto en una manera que honre a Dios?

- ¿Cómo empiezo una relación que nos lleve al matrimonio?

- ¿Cómo sé lo que es emocional y físicamente apropiado en una relación?

- ¿Cómo me sobrepongo a viejos hábitos y patrones de relacionarme con el sexo opuesto que, en el pasado, le han traído destrucción a mi vida?

- ¿Qué hago con la confusión que tengo acerca de mi género que permanece en mi corazón por la experimentación sexual?

- El sistema de citas parece ser disfuncional, pero ¿qué hay que lo pueda reemplazar?

- ¿Cómo puedo tener una relación que no esté basada en fantasía emocional sino en realidad?

- ¿Cómo entro a una relación futura cuando tengo tanto bagaje de mis pasadas relaciones?

- ¿Qué puedo hacer acerca del asalto sexual en mi vida que me ha hecho disgustarme por el regalo que Dios nos dio en la sexualidad?

- ¿Qué puedo hacer acerca del abuso sexual que experimenté que me hace odiar ser mujer o ser hombre?

- ¿Cómo me libero de los años de pornografía que han alterado la forma en que veo a las mujeres?
- ¿Cómo puedo lidiar con le hecho de que el divorcio de mis papás me ha dejado con temor al compromiso del matrimonio?

Todas estas son preguntas pertinentes y asuntos que encaran los jóvenes hoy en día. Idealmente, la iglesia debería ser la que ayude a la juventud a encontrar las respuestas a estas preguntas. Aun así, sugiero que eso significa que necesitamos enfocarnos en el asunto de la sexualidad más que solo una vez al año en nuestros grupos de adolescentes o de jóvenes adultos. Si este asunto es de verdad el segundo más importante con el que la juventud tendrá que lidiar en sus vidas, y las ramificaciones de sus decisiones en esta área afectará su futuro y destino en formas importantísimas, entonces seríamos sabios, como líderes, si le diéramos a este asunto la atención necesaria que merece. Yo creo que debe ser una parte enorme del plan maestro de cuidar a la gente de Dios.

PROVEYENDO AYUDA

No hace mucho tiempo escuché a una pareja cuyo matrimonio había fracasado. Recuerdo haber tenido preguntas acerca de su relación desde el principio, preguntándome si sus pasados y sus puntos de vista de la sexualidad y la intimidad pudieron haber causado un camino escabroso en su matrimonio. Yo recuerdo haberme preguntado si iban a poder lidiar con los asuntos antiguos lo suficiente como para poder poner un fundamento fuerte para su futuro y superar las inevitables pruebas que vienen a cada matrimonio. Hay una probabilidad de que nunca hayan recibido las respuestas y ayuda que necesitaban para que su matrimonio tuviera la posibilidad de éxito. Al ver las señales de advertencia, tener esperanza contra esperanza de que una pareja joven tendrá éxito, no es suficiente. Proveer respuestas a una generación desesperada por ser exitosa en el matrimonio y ayudarlos a lidiar con los asun-

tos de la vida real en torno a la sexualidad, es una versión moderna
de derribar los altares paganos.

> PROVEER RESPUESTAS A UNA GENERACIÓN
> DESESPERADA POR SER EXITOSA EN EL
> MATRIMONIO Y AYUDARLOS A LIDIAR CON
> LOS ASUNTOS DE LA VIDA REAL EN TORNO A
> LA SEXUALIDAD, ES UNA VERSIÓN MODERNA
> DE DERRIBAR LOS ALTARES PAGANOS.

Veamos algunas formas prácticas en las que nosotros, como líderes,
podemos ayudar al pueblo de Dios a tratar con asuntos sexuales:

- Exponer y presentar la verdad de Dios en reuniones de hombres, en reuniones de mujeres, en reuniones de adolescentes y jóvenes adultos.

- Hablar acerca de la tentación sexual y la pornografía en reuniones de hombres y ofrecer oportunidades de responsabilidad y arrepentimiento.

- Hablar acerca del abuso y el incesto con nuestros hombres. En muchos casos, un horrible 30% de los jóvenes en las escuelas de discipulado en las que he enseñado han sido abusados. No estoy insinuando que los padres son siempre los culpables. Sin embargo, si los hombres son llamados a ser como Adán y proteger a aquellos bajo su cuidado, entonces nuestra protección ha sido negligente, de acuerdo a estas estadísticas.

- Enseñar a los padres acerca de la importancia de sus palabras de bendición, afecto apropiado y el tiempo y la atención que deben a la vida de sus hijas (son las llaves para proteger la pureza de sus hijas).

- Enseñar a nuestros hombres la importancia de ser sinceros, hombres humildes de Dios en sus hogares y con sus familias. Los hombres están llamados a proteger a sus hijas, pero muchas hijas no están dispuestas a someterse a la protección de su padre si él no ha construido una relación con ella al pasar de los años, o si él es un hipócrita en su propio caminar con el Señor.

- Entrenar a nuestros padres acerca de cómo entrenar a sus hijos en la pureza.

- Hablarle mucho a los jóvenes acerca del sexo. Más que una vez al año, necesitamos hablar acerca de la sexualidad y las relaciones, porque eso ocupa su enfoque muchas veces al día. Ocupó el nuestro, pero se nos olvida.

- Hablar acerca del sistema de citas tan viciado y presentar alternativas piadosas.

- Hablar regularmente acerca del sexo desde el púlpito y proveer oportunidades de sanidad de pecado y vergüenza sexual.

"Romper la barrera de sonido" —hablar acerca de estas situaciones— en estas maneras y en estos escenarios ayudará a esta generación a ser libre y contribuirá a su éxito en los matrimonios y en las familias futuras que ellos formen.

> DIOS ESTÁ BUSCANDO JOSÍAS MODERNOS QUE ENTIENDAN QUE EL AVIVAMIENTO NACIONAL Y LA REFORMA QUE ESTAMOS BUSCANDO DEPENDE DE QUE DERRIBEMOS LOS ALTARES MODERNOS DE BAAL.

En el tiempo de Josías, la estrategia de liberación de Dios incluía un entendimiento de lo que necesitaba ser abordado antes de que el resto de la victoria de Dios ocurriera y su estrategia pudiera ser empleada. Josías derribó primeramente los altares de adoración a los ídolos y luego construyó para Dios. La adoración al dios de la sexualidad, junto al derramamiento de sangre a través del aborto, es el equivalente moderno de la adoración pagana. Creo que la misma estrategia que funcionó en los días de Josías es el principio que hemos pasado por alto hoy en día en nuestra lucha contra las fortalezas culturales y espirituales. Creo que Dios está buscando Josías modernos que entiendan que el avivamiento nacional y la reforma que estamos buscando depende de que derribemos los altares modernos de Baal. Haríamos bien empezar en donde Josías comenzó: con la destrucción de la adoración a los dioses del sexo y todo lo que eso requiera, y después de eso, comprometernos a crear una atmósfera de pureza sexual en la cual nuestros hijos e hijas puedan crecer.

En el libro de Jeremías, el profeta recibió su llamado de parte de Dios con un conjunto específico de direcciones y prescribió la secuencia de acciones que había que seguir: "Mira, hoy te doy autoridad sobre naciones y reinos, para arrancar y derribar, para destruir y demoler, para construir y plantar" (Jeremías1:10). La primera función del profeta era arrancar y derribar, destruir y demoler. Jeremías estaba involucrado en el doble derribamiento y desarraigo, que en la acción de construir y plantar. Dios está ayudándonos a ver que la parte de la obra positiva de reforma requiere destruir las fortalezas. Por supuesto, la reforma requerirá construir y plantar, pero solo después de haber derribado y desarraigado las ideologías demoníacas y las fortalezas culturales que, si se dejan sin tratar, destruirán la vida de las personas. Eso me recuerda al reto que nos hizo Pablo: *No tengan nada que ver con las obras infructuosas de la oscuridad, sino más bien denúncienlas* (Efesios 5:11). Parte de construir para Dios es, primero, identificar la obra del enemigo, exponer sus planes que obran destrucción en las vidas de las personas. Nuestro trabajo es identificar y derribar los sistemas rotos que destruyen una generación y dejarles sin salida, y luego construir estructuras nuevas, dadoras de vida, basadas en la verdad de Dios.

SI LOS DIOSES FALSOS SON ADORADOS POR LA INMORALIDAD SEXUAL — LO CUAL OCURRE

Y EL DIOS VERDADERO ES ADORADO POR LA PUREZA   Y ES ASÍ   ENTONCES EL ASUNTO DE LA SEXUALIDAD NO ES SECUNDARIO EN LA IGLESIA SINO EXTREMADAMENTE IMPORTANTE.

Si los dioses falsos son adorados por la inmoralidad sexual —lo cual ocurre— y el Dios verdadero es adorado por la pureza —y es así— entonces el asunto de la sexualidad no es secundario en la iglesia sino extremadamente importante. Lo que hacemos sexualmente es un asunto de adoración; no podemos permitir adoración hipócrita y de duplicidad en la iglesia. Si el aborto (el derramamiento de sangre inocente) y la inmoralidad sexual traen una maldición en la tierra e invitan el juicio de Dios en nuestra nación —lo cual pasa así—, entonces necesitamos erradicar esas cosas de en medio nuestro. Para hacerlo, debemos abordar la raíz, no solo el fruto resultante. Nunca erradicaremos el aborto ni revertiremos la maldición, a menos que reconozcamos que el aborto es simplemente el resultado de una cultura que adora al sexo. Cuando expongamos el asalto sexual cultural, derribemos los altares, liberemos y sanemos a los heridos por el pecado sexual, cuando le enseñemos a los padres a entrenar a sus hijos y proteger a sus hijas y lideremos a nuestros hijos e hijas hacia las identidades que Dios les dio, entonces seremos parte del cumplimiento de Malaquías 4:6: *Él hará que los padres se reconcilien con sus hijos y los hijos con sus padres, y así no vendré a herir la tierra con destrucción total.* Solo entonces veremos cómo se levanta la maldición de nuestra tierra. Ese es el legado que quiero dejarle a mis hijos y a mis nietos.

PREGUNTAS

1. Describa la diferencia entre una mujer y una hija.

2. ¿Qué cambios deben ocurrir en los hombres de la iglesia para que las mujeres sientan la completa seguridad para deshacerse del concepto de que su identidad primaria es fungir como un ser sexual?

3. ¿Por qué la vergüenza y el quebrantamiento del pecado sexual provocan que muchas mujeres sean esclavas?

4. ¿Por qué es importante que los líderes de la iglesia traten con el pasado sexual de la gente, con su vida y sus decisiones?

5. Explique cómo el enemigo utiliza el miedo para burlarse de las mujeres en el área de la sexualidad.

6. Explique por qué la sexualidad es un problema de idolatría.

7. ¿De qué manera los líderes pueden ayudar a la siguiente generación a alcanzar la meta de tener familias y matrimonios sólidos?

INFORMACIÓN DE CONTACTO Y RECURSOS

A LIFELINE MINISTRIES MINISTRY

PO BOX 8071
SPOKANE, WA 99203

509.325.2852

INFO@SEXUALITYUNMASKED.ORG

WWW.SEXUALITYUNMASKED.ORG

www.ingramcontent.com/pod-product-compliance
Lightning Source LLC
Jackson TN
JSHW011947131224
75386JS00042B/1584